브랜드 심리학자의 강의록

이 책에 사용된 이미지는 최대한 출처를 표기하려고 노력하였습니다. 만약 저작권 문제가 있는 이미지의 경우 출판사로 알려주시면 관련 내용 확인 후 조속히 해결하겠습니다.

브랜드 심리학자의 강의록

디스 이즈 브랜딩 THIS IS BRANDING

발 행 일	2019년 3월 4일 초판 1쇄
	2023년 11월 30일 초판 5쇄
저 자	김지헌
발행인	강민호
펴낸곳	㈜턴어라운드
출판기획 · 마케팅	유연수
출판전략	정호정
디자인	문지용
출판등록	2018.04.10 제 2018-000106호
주소	서울시 강남구 압구정로4길 13-7 오피스라인 401호
전화	02-529-9963
웹사이트	www.tabook.kr
이메일	turnbook@naver.com
ISBN	979-11-963721-4-9 (13320)

이 도서의 국립중앙도서관 출판예정도서목록(CIP)은 서지정보유통지원시스템 홈페이지(http://seoji.nl.go.kr)와 국가자료종합목록시스템(http://www.nl.go.kr/kolisnet)에서 이용하실 수 있습니다.
(CIP제어번호 : CIP2019003325)

디스
이즈
브랜딩

프롤로그

얼마 전 초등학교 1학년인 아들이 가족 하이킹 참가신청서를 가져왔습니다. 토요일 학교 주변에 있는 길을 따라 걸으며 가족들의 가을 추억을 만들기 위해 학교에서 마련한 행사였습니다. 그런데 아들이 신청서를 한참을 들여다보더니 매우 근심스러운 표정으로 마지막 일정이 너무 힘들 것 같아 신청을 해도 될지 고민이라는 겁니다. 가벼운 조깅 정도로 생각했기에 "에이, 설마"하는 의심을 가지고 일정표를 보니 마지막 일정이 "해산(解散)"이었습니다. 집합했던 가족들이 흩어져 집으로 돌아가라는 의미였죠. 그런데 한자 공부를 막 시작한 아들은 바다(海)에 있는 높은 산(山)을 오른다고 생각했고 높은 산에 올라본 경험이 없는 아들은 매우 두렵고 당황스러웠던 것입니다.

제 아들의 모습은 어쩌면 우리가 가진 새로운 학문에 대한 두려움과 별반 다르지 않다고 생각합니다. 한 번도 해보지 않은 새로운 영역에 관한 지식을 배울 때 우리는 익숙하지 않은 용어 하나에도 매우 당황하고 불안해합니다. 그리고 평범한 용어 몇 개를 이해하는 데에도 수많은 지식이 필요하고 매우 높은 산을 올라야 할 것 같은 두려움을 가지게 됩니다. 저 역시 처음 브랜드 공부를 시작할 때 비슷한 마음이었던 것 같습니다. 하지만 막상 해당 분야의 박사학위를 받고 교수가 되고 나니 그때의 마음은 지나친 기우였다는 생각이 듭니다. 현업에 필요한 브랜드 지식을 습득하기 위해 높은 산이 아닌 가벼운 동네 뒷산 정도를 오르는 것만으로도 충분하다는 것을 알게 되었기 때문입니다. 물론 동네 뒷산을 오르는 것도 다소 힘겨워하시는 분들이 분명 계십니다. 그들을 위해서는 약간의 인내가 필요한 체력훈련이 필수입니다. 저는 그분들의 체력 훈련을 돕기 위해 이 책을 쓰게 되었습니다.

이 책은 6년 만에 다시 쓴 브랜드 전략 이론서입니다. 제가 6년 전 "소비자의 기억을 잡아라"라는 책을 세상에 선보였을 때, 프롤로그에 썼던 책의 집필동기를 다시 읽어보았습니다. 기업에서 처음 브랜드 관련 업무를 맡은 후, 관련 지식에 대한 목마름을 느끼며 퇴근 후 외부에서 진행되는 여러 브랜드 교육 프로그램들에 참여하였는데, 주제별로 여러 명의 강사들이 진행하는 일관성이 부족한 옴

니버스 방식의 교육에 한계를 느꼈습니다. 강사들마다 사용하는 용어와 관점들이 달라 배운 지식들이 체계적으로 정리가 되지 않았던 것이죠. 그 답답함이 저를 박사과정 진학으로 이끌었고 브랜드관련 공부를 좀 더 깊이 있게 하게 된 계기가 되었습니다. 즉, 실무를 하며 느꼈던 답답함을 이론적으로 풀어보겠다는 마음으로 공부하며 모으고 기록해 둔 자료를 첫 책으로 만들었던 것입니다.

과거에 비해 많이 개선되긴 하였지만 오랜 세월이 지난 지금에도 브랜드 관련 교육시장은 크게 달라지지 않은 듯합니다. 많은 교육업체들이 여전히 옴니버스 방식의 강의들을 고수하고 있으며(이런 방식의 교육을 선호하는 수강생들의 문제이기도 합니다), 강사들은 제각각 다른 관점과 의미로 같은 용어와 이론들을 설명하고 있습니다. 사실 브랜드 전략을 학문적으로 집대성한 데이비드 아커(David Aaker) 교수조차도 일관된 용어를 쓰고 있지 않아 커뮤니케이션에 혼선을 주고 있습니다. 예를 들면, 그는 오랜 기간 여러 저서에서 브랜드의 이상적 지향점을 의미하는 브랜드 아이덴티티(brand identity)라는 용어를 사용했으나, 2014년 출간한 "Aaker on Branding"이라는 책에서는 브랜드 비전(brand vision)이란 용어로 대체해서 사용하고 있습니다. 브랜드 아이덴티티가 현업에서 지나치게 시각적 디자인과 관련된 용어로 사용되는 문제가 있어 본연의 의미를 더 잘 표현하기 위해 용어 변경이 불가피하다는 이유에는 저도 공감을 합니다. 하지만 만약 아커 교수의 서로 다른 책들을 읽은 분들이 한자리에 모여 토의를 한다면, 커뮤니케이션에 혼란이 있을 수밖에 없습니다.

그래서 저는 브랜드 공부를 어떻게 시작해야 하는지에 대한 조언을 구하는 분들께 항상 여러 책을 조금씩 읽지 말고 가장 최근의 책, 특히 저명한 학자의 이론서 한 권을 처음부터 끝까지 읽어볼 것을 조언합니다. 하지만 안타깝게도 양질의 이론서들의 대부분은 내용이 너무 방대할 뿐 아니라 영어로 되어 있어 단기간에 흥미를 잃지 않고 꾸준히 공부를 하는데 어려움이 있습니다. 또한 이를 번역한 책들은 지나치게 직역을 해서 저자가 전달하려는 원래의 의미가 퇴색되거나 외국 사례 중심으로 설명되어 선뜻 이해가 쉽지 않은 경우들이 있습니다. 반면, 이 책은 현업에서 일하는 브랜드 매니저들이 알아 두면 유용할 여러 학자들이 제시한 다양한 브랜드 전략 이론들을, 원서내용을 직역한 것이 아닌 제가 이해하고 재해석한 쉬운 언어로 한국 사례를 추가하여 다시 집필하였다는 장점이 있습니다. 책의 형식과 이야기의 방식은 브랜드 전략 강의록 방식을 취하고 있습니다. 이는 마치 강의를 직접 듣는 것과 같이 편하게 책을 읽을 수 있도록 하기 위한 구성이며, 실제로 제가 수년간 학부와 MBA 학생들을 위해 한 학기 동안 강의하고 있는 내용을 그대로

담은 것이라 할 수 있습니다.[1)]

물론 저는 이 책이 모든 독자들을 만족시킬 수 있는 최고의 브랜드 전략 이론서라 생각하지 않습니다. 독자에 따라서는 오히려 장점보다는 단점을 더 많이 발견할 수 있을지도 모릅니다. 또한 대부분의 책들과 마찬가지로 이 책에서도 많은 이론과 사례들이 직접 개발한 것이 아닌 기존 책의 내용을 인용한 것들이 많습니다. 다만 가능한 한 그대로 인용하기보다 제 나름의 관점을 적용해서 다른 각도에서 한 번 더 해석해보려 노력했습니다.[2)] 여러분이 만약 제가 오래 전 생소한 학문에 대해 느꼈던 바로 그 답답함과 두려움을 가지고 있지만, 시간과 비용의 한계로 집중화(intensive)된 교육을 받지 못하고 브랜드 분야의 지식에 목말라 하고 있다면 이 책은 분명 한번쯤 정독해 볼 만한 가치가 있습니다. 단언컨대 저는 브랜드 지식을 가장 효과적으로 학습하는 방법은 한 권의 좋은 책을 끝까지 읽는데 있다고 생각합니다. 이를 통해 전체적인 학문적 뼈대를 우선 갖춘 후에 풍성한 살을 붙이기 위해 여러 강사들이 진행하는 다양한 브랜드 교육에 참여할 것을 권해드립니다. 산을 오르기도 전

---

1) 1강-6강까지는 한 강의 당 2주씩, 7강을 한 주 진행하면 모두 13주 강의가 되어 대학의 수업교재로도 유용하게 활용될 수 있습니다. 실제로 저는 이 책의 내용으로 한 학기 강의를 충분히 소화해내고 있습니다.

2) 이 책은 제가 지난 10여 년간 여러 언론기관에 게재한 칼럼들(예, 더피알, 제일기획, 이노션, 롯데GRS 등)의 내용을 상당수 포함하고 있으며 해당 기관의 허가 하에 수록하였습니다.

에 미리 두려워하지 마십시오. 또한 오르다가 중간에 포기하지도 마십시오. 이 책이 여러분을 산 중턱까지는 편하게 안내할 것입니다. 자, 그럼 제가 강의하고 있는 현장으로 함께 들어가 볼까요?

목차

3강 브랜드 지식구조의 관리

4강 브랜드 지식구조의 활용

5강 브랜드의 자기다움과 내부 브랜딩

6강 브랜드 개발과 포트폴리오 전략

7강 디지털 시대의 브랜딩 전략

1강

브랜드 전략의 기본기 다지기

생각을 먼저 지배하는 것은 우리들이지만,

그다음에는 생각이 우리를 지배한다.

우리는 자신이 보는 것을 믿는 것이 아니라 믿는 것을 보는 것이다.

- 브라이언 트레이시의 성취심리 中 -

아는 것이 브랜드다

"우리는 음악을 귀가 아닌 뇌로 듣는다"

몇 해 전 EBS에서 방영된 "인간의 두 얼굴"이라는 프로그램을 보신 분이 계신가요? 매우 다양한 주제로 수십 개의 실험을 통해 우리가 미처 생각하지 못한 인간의 심리와 행동의 진실을 보여주는 다큐멘터리 프로그램입니다. 이 프로그램에서 방영된 여러 실험들 중 특히 저는 두 명의 바이올린 연주가가 길거리에서 연주를 한 후 지나가던 시민들의 반응을 모니터링 한 실험이 기억에 남습니다. 고속버스 터미널 역에서 크리스마스 장식을 뒤로하고 두 명의 바이올린 연주가가 열심히 연주를 합니다. 하지만 사람들은 자신이 가던 길을 갈 뿐, 반응이 매우 시큰둥합니다. 잠시 후 똑같은 장소에서 똑같은 음악가가 연주를 하면서 한 가지 조건만 바꿔봅니다. 연주가들이 해외에서 유학한 천재 바이올리니스트 '조듀오'라고 소개하는 X배너를 세워 둔 것입니다. 사실 조듀오라는 이름도 그들의 약력도 모두 만들어낸 거짓 정보입니다. 시민들은 어떤 반응을 보였을까요? 가던 길을 멈추고 음악에 집중하는 사람들이 눈에 띄기 시작합니다. 일부 사람들은 이처럼 훌륭한 음악을 길거리에서 들을 수 있는 기회가 흔치 않다는 생각에 기록을 남기고자 핸드폰을 꺼내 사진이나 동영상을 찍기도 합니다. 사람들이 제법 많이 모여들면서 고속버스 터미널에 작은 공연장이 만들어진 듯 착각할 정도입니다. 제작진이 음악을 듣고 있던 한 시민에게 바이올린 연주가 어땠는지 물어봅니다. 하나같이 연주가 너무 훌륭했다고 극찬을 합니다. 심지어 어떤 시민은 조듀오란 이름을 어디서 들어본 것 같다고 말합니다.

똑같은 음악을 들었던 시민들의 반응이 이렇게 확연하게 달라진 이유가 뭘까요? 제작진이 한 것이라고는 연주가들에게 이름을 지어주고 그들이 어떤 사람인지에 대한 정보를 준 것뿐입니다. 정말 별거 아니죠? 그런데 사실 이 별거 아닌 것이 바로 브랜딩(branding)입니다. 특정 대상(예, 제품)의 이름을 짓고, 그 이름에 의미를 부여하는 것이죠. 우리는 눈, 코, 귀 등의 감각기관을 통해 새롭게 유입된 정보를 있는 그대로 받아들이고 해석하지 않습니다. 우리가 알고 있던 브랜드와 관련된 기억(즉, 사전 지식)에 따라 이 정보를 선택하고 조직하여 해석합니다. 따라서 기업은 긍정적인 왜곡(bias)이 일어날 수 있도록 소비자들의 기억을 관리할 필요가 있습니다. 이처럼 소비자의 기억을 브랜드에게 유리한 방향으로 구축, 관리하는 것이 브랜드 전략의 핵심이라 할 수 있습니다.

소비자의 기억을 관리하는 일이 왜 중요한지는 "확인편향(confirmation bias)"이라는 개념이 잘 설명해 줍니다.[3] 2002년 노벨 경제학상을 수상한 행동 경제학자 대니얼 카너먼(Daniel Kahneman) 교수는 인간이 불확실성 하에서 의사결정을 할 때 모든 정보를 처리한 후 합리적인 의사결정을 하기보다 제한된 정보를 바탕으로 편향된 사고와 의사결정을 하게 된다고 주장하였습니다. 확인편향은 인간의 편향된 정보처리 과정의 하나로 새로운 정보가 주어질 때 기존에 자신이 가지고 있던 믿음과 일치하는 방향으로 정보를 선택, 조직, 해석하는 경향을 의미합니다. 예를 들어, 여러분들의 직장상사 중에 아주 지독하게 자신의 이익만을 탐하는 A라는 사람이 있다고 가정해 봅시다. 직장상사 A가 어느 날 이른 아침 여러분들에게 스타벅스 커피 한 잔을 건넨다면, 여러분들은 어떻게 생각할까요? 아마도 "무슨 다른 의도가 있을 거야. 뭔가 자기 것을 더

---

3) Nickerson (1998), "Confirmation bias: A ubiquitous phenomenon in many guises", Review of General Psychology, 2(2), pp. 175-220

챙기려고 나한테 잘해주는 거겠지?"라고 부정적으로 생각할 가능성이 큽니다. 반대로 직장상사 A는 평소에 후배 직원들을 잘 챙기는 따뜻한 선배로 알려져 있다고 가정해 봅시다. 어느 날 여러분들에게 호의적인 행동을 베푼다면, 이번에도 여러분은 그 행동을 나쁘게 해석할까요? 그렇지 않습니다. 아마도 역시 직장상사 A는 참 좋은 분이라고 해석할 것입니다. 사실 직장상사 A의 커피를 주는 행동은 여러분에게 똑같은 정보입니다. 하지만 여러분은 그에게 가지고 있던 사전지식 또는 믿음과 일치하는 방향으로 그의 행동을 서로 다르게 해석하게 된 것입니다(확인편향).

몇 해 전 지인이 저에게 매우 흥미로운 얘기를 들려주었습니다. 그는 유난히 무더웠던 그 해 여름에 부모님을 위해 S전자의 에어컨을 선물해드렸는데 다음 해 여름에 고장이 났다고 합니다. 그는 부모님을 대신해서 AS를 신청한 후 바쁜 일로 신경을 쓰지 못하다 뒤늦게 확인해보니 한참이 지난 후에야 수리가 완료된 것을 알 수 있었습니다. 그는 부모님께 너무나 죄송한 마음에 전화를 걸어 더운 여름에 얼마나 고생이 많으셨는지 위로함과 동시에 S전자의 AS가 형편없다고 비난했다고 합니다. 하지만 부모님의 반응은 화가 난 그와 사뭇 달랐습니다. 부모님은 "S전자니까 그나마 이렇게 빨리 수리가 되었지, 다른 기업이었으면 아직도 수리가 안 되었을 거야. 바쁜 여름철인데 너무 비난하지 말거라."라고 말씀하셨다고 합니다.

부모님이 가진 "S전자=AS 최고"라는 고정관념은 다소 부정적으로 보이는 새로운 정보마저도 긍정적으로 재해석하도록 만든 것입니다.

"맥주의 맛은 소비자의 사전지식과 경험이 좌우"

또 다른 예를 한 번 살펴볼까요? 여러분들은 어떤 맥주를 좋아하시나요? 저는 아사히 죽센(Asahi Jukusen) 프리미엄 맥주를 특히 좋아합니다. 8월의 무더운 여름, 일본에서 개최하는 학회에 발표자로 참가한 적이 있습니다. 발표를 마치고 도쿄의 숨막히는 더위에 지쳐서 호텔로 향하는 길에 편의점에서 금빛 캔의 맥주를 하나 샀습니다. 샤워를 한 후 한 캔을 따서 꿀꺽꿀꺽 단숨에 들이켰던, 그때의 청량감과 부드러운 거품 맛을 지금도 저는 잊을 수가 없습니다. 그 맥주가 바로 아사히 죽센 프리미엄이었습니다. 여러분들은 아마도 맥주들마다 고유한 맛을 가지고 있으며 그 맛의 차이를 구분할 수 있다고 생각할지도 모르겠습니다. 사람들은 흔히 호가든(Hoegaarden) 맥주는 향이 좋고, 하이네켄(Heineken) 맥주는 청량감이 뛰어나며, 기린 이치방(KIRIN ICHIBAN) 맥주는 목 넘김이 좋다고 이야기합니다. 하지만 래리 퍼시(Larry Percy) 박사가 맥주 소비자들을 대상으로 수행한 실험결과는 맥주 맛을 구분할 수 있다는 소비자의 자신감에 의문을 남깁니다(앞서 언급한 맥주들로 진행한 실험은 아니었습니다).

그는 먼저 6개의 맥주 브랜드들(Coors, Pabst, Colt45, Miller Lite, Budweiser, Guiness)의 브랜드 네임을 노출한 채 각각의 맥주들을 마시게 한 후, 소비자들이 이들 맥주들간 맛의 차이를 구분할 수 있는 지를 조사하였습니다.[4] 그 결과, 소비자들은 놀랍게도 6개 맥주들이 모두 다른 맛을 가지고 있으며 이를 구분할 수 있는 것으로 나타났습니다. 다음으로 브랜드 네임을 노출하지 않는 블라인드 테스트로 동일한 실험을 한 번 더 수행하였습니다. 흥미롭게도 소비자들은 흑맥주이며 거품이 확연히 많은 기네스 맥주(Guiness)를 제외한 5개의 맥주들간에는 맛의 차이를 구분할 수 없는 것으로 나타났습니다. 물론 5개의 맥주들 맛이 완전히 동일할 수는 없겠지만, 그 차이는 인간이 지각할 수 있는 수준(Just Noticeable Difference: J.N.D) 이하이기 때문일 것입니다. 최근에는 소비자들의 다양한 맥주에 대한 경험치가 높아져 JND의 수준이 낮아짐에 따라 과거와 달리 제법 맛을 잘 구분하게 된 것 같습니다. 예를 들면, 상면 발효방식으로 강한 향을 가진 에일맥주(ale)와 하면 발효방식으로 청량감이 있는 라거맥주(larger)는 이제 저도 어느 정도 구분할 수 있을 듯

4) Strategic Brand Management: Building, Measuring, and Managing Brand Equity, Third Edition, Pearson International Edition, 2008, Kevin Lane Keller 저, pp. 49-50

합니다. 하지만 같은 발효법으로 만들어진 맥주라면 정확한 브랜드를 구분해내는 것은 여전히 어려운 일입니다.

그렇다면 소비자들은 어떻게 구분할 수 없는 맛의 차이를 브랜드 네임을 노출한 경우에는 구분할 수 있었던 것일까요? 그것은 브랜드 네임에 노출되면 그 브랜드에 대해 소비자들이 알고 있던 사전지식과 경험들이 의식적으로든 무의식적으로든 머릿속에 떠올라 맛을 지각하는 데 영향을 주기 때문입니다. 저 역시 아사히 죽센 프리미엄이라는 브랜드 네임을 볼 때마다 일본학회에서 발표를 마치고 돌아와 호텔에서 느꼈던 안도감과 성취감이 함께 떠올라 지금까지도 가장 맛있는 맥주로 인식하게 되는 것입니다. 몇 해 전 국내 대형마트에서 아내와 장을 보던 중 아사히 죽센 프리미엄 맥주를 발견하였습니다. 기쁨에 넘쳐 여러 개를 구매하면서 아내에게 "이 맥주 맛을 보면 깜짝 놀랄 거야."라고 소개를 했지만, 아내는 집에 돌아와서 마셔본 후 매우 시큰둥한 반응을 보였습니다. 같은 맥주를 마셨지만 제가 가지고 있던 기억들을 가지고 있지 않은 탓이겠지요. 이제 브랜드가 무엇인지 조금은 느낌이 오시나요? 아직 감을 못 잡으신 분들을 위해서 마지막으로 지난 100년 동안 코카콜라가 펩시콜라와 치른 콜라전쟁(Cola-War)에서 저지른 가장 큰 실수로 평

가받는 뉴코크(New Coke) 실패사례에 대해 말씀드리겠습니다.[5]

"코카콜라의 경쟁력은 맛이 아니라 정서적 의미"

1975년 펩시콜라(PEPSI)는 상표명을 가리고 콜라의 맛을 평가할 경우 코카콜라(COKE)보다 펩시콜라를 선택하는 소비자들이 더 많다는 블라인드 테스트 결과를 이용한 펩시챌린지(Pepsi challenge) 캠페인을 대대적으로 실시하였습니다. 펩시콜라는 코카콜라보다 톡 쏘는 맛은 덜하고 단맛이 강한데, 특히 젊은 소비자들이 이러한 펩시콜라의 맛을 더 선호하는 것으로 나타났습니다. 텍사스에서 시작된 펩시챌린지 캠페인이 전국으로 확대되면서 위협을 느낀 코카콜라는 좀 더 단맛이 나는 뉴코크를 개발하였으며, 25개 도시에서 무려 20만 명을 대상으로 한 블라인드 테스트에서 펩시콜라보다 맛이 뛰어나다는 평가를 받았습니다. 자신감을 얻은 코카콜라는 뉴코크를 대대적인 홍보와 함께 시장에 출시하였습니다. 하지만 시장의 반응은 무관심을 넘어 부정적이기까지 하였습니다. 심지어 은퇴한 부동산 투자업자인 게이 멀린스(Gay Mullins)는 "미국의 옛날 콜라를 마시는 사람들(Old Cola Drinkers of America)"이라는 단체를 설

---

5) Strategic Brand Management: Building, Measuring, and Managing Brand Equity, Third Edition, Pearson International Edition, 2008, Kevin Lane Keller 저, pp. 6-7

립하고 순식간에 유명인사가 되었으며, 뉴코크를 반대하는 셔츠를 만들어 유포하며 시민운동과 법적대응을 주도했습니다. 또한 베버리힐즈의 한 와인상가에서는 500상자의 예전 콜라(Vintage Coke)를 확보하여 프리미엄 가격에 판매하기도 하였으며, 코카콜라 본사에서는 예전 콜라를 돌려달라는 항의전화를 하루에 약 1,500통 이상을 받아야 했습니다. 결국 몇 달간의 매출하락을 경험한 코카콜라는 예전 콜라를 코카콜라 클래식(Coca-Cola Classic)이라는 이름으로 재 출시하게 되었습니다.

블라인드 테스트에서 펩시콜라보다 더 맛있는 콜라로 평가받았던 뉴코크가 시장에서 외면당한 이유는 무엇일까요? 설득의 심리학의 저자인 로버트 치알디니(Robert Cialdini) 교수는 이를 "더 좋은 것(뉴코크)과 잃어버린 것(클래식 코크)의 차이"로 설명합니다.[6] 즉, 소비자는 더 이상 가질 수 없다고 생각하는 순간 제품의 가치를 더 높게 평가하는 희소성의 원칙이 적용된다는 것입니다. 신제품 출시 전 맛 테스트를 할 때에는 신제품이 희소한 제품이었기에 선호도가 증가했지만, 실제 신제품이 출시된 후에는 기존 제품이 희소한 제품이었기에 결과가 반대로 나왔다는 설명입니다. 이러한 주장도 어느 정도 일리가 있어 보입니다만, 뉴코크의 실패를 단순히

---

6) 로버트 치알디니 저, "설득의 심리학2: Yes를 끌어내는 설득의 50가지 비밀" 21세기북스, pp. 178-181

희소성의 차이만으로 설명하는 데에는 다소 무리가 있어 보입니다.

신경과학자인 몬태규 박사(Read Montague)가 67명의 미국인 피험자를 대상으로 시행한 기능성자기공명영상(functional Magnetic Resonance Imaging; 이하 fMRI) 실험결과는 다른 해석을 할 수 있는 실마리를 제공합니다.[7] fMRI는 특정 자극에 대한 반응으로 활성화된 뇌의 부위를 보여줌으로써 피험자의 자극에 대한 생각과 감정의 변화를 감지할 수 있도록 해 줍니다. 몬태규 박사는 먼저 피험자들에게 콜라의 브랜드 네임을 숨긴 채 코카콜라와 펩시콜라를 마시도록 한 후 fMRI 결과를 비교하였습니다. 그 결과 두 브랜드 모두 뇌에서 달콤한 맛을 지각하는 부위인 측중격핵이 활성화된 것으로 나타났습니다. 하지만 브랜드 네임을 노출한 후 동일한 실험을 반복하였을 때에는 흥미로운 결과를 얻을 수 있었습니다. 펩시콜라를 마실 때에는 이전 실험결과와 동일하게 측중격핵만이 활성화된 반면, 코카콜라를 마실 때에는 측중격핵 외에도 정서적 판단을 하는 부위인 복내측 전전두엽 피질도 함께 활성화되었습니다. 이는 코카콜라가 갈증을 없애주고 기분을 좋게 해주는 단순한 음료가 아니라 소풍 때 마셨던 어릴 적 향수(nostalgia), 윗세대로부터 물려받은 소중한 유산(heritage), 비밀스러운 제조공법에 담긴 신비스러움(mystique)과 같은 정서적 의미를 함께 담고 있는 브랜드라는

7) 맛 좋은 펩시가 코카콜라를 못 이긴 이유, 동아비즈니스리뷰, 2009년 12월 2호, 정재승

것을 의미합니다. 따라서 뉴코크가 실패한 것은 맛이 아닌 소비자들이 코카콜라에 대해 가지고 있는 이러한 정서적 의미들이 펩시콜라를 이길 수 있는 경쟁력이 되고 있다는 사실을 간과하였기 때문일 것입니다.

자, 이제 브랜드가 무엇인지 대략 감을 잡으셨으리라 생각됩니다. 브랜드는 제품 그 자체가 아니라 제품에 대해 소비자가 알고 있는 지식들의 집합을 의미합니다. 앞서 제시한 사례들에서 볼 수 있듯이 특정 대상에 대해 소비자가 가지고 있는 이러한 지식들의 집합이 새롭게 유입된 정보를 기존 정보와 통합하는 과정에서 편향된 해석을 하도록 유도하는 것입니다. 제품과 관련된 지식들의 집합은 마구잡이로 산재되어 있는 것이 아니라 체계적인 구조물의 형태를 가집니다. 따라서 "브랜드는 특정제품에 대해 소비자의 머릿속에 구축된 지식구조(knowledge structure)"라고 볼 수 있습니다.

브랜드 전략의 핵심, "고정관념"

브랜드의 개념을 제대로 이해했는지 확인하기 위해 질문을 하나 드려보겠습니다. 2015년 4월 이마트는 PB(Private Brand; 유통업체 자체 개발)인 노브랜드(No Brand)를 출시하였습니다.[8] "브랜드가 아니다, 소비자다"라는 슬로건을 내세우며 소위 말하는 "가성비갑"이라는 평을 받으며 소비자들의 뜨거운 반응을 끌어냈습니다. 건전지, 욕실화 등 9개의 제품으로 시작한 노브랜드는 1,000여 개의 품목으로 확대되면서 더 이상 이마트 내에서만 판매되지 않고 독립매장을 열기도 하였습니다. 캐나다의 "NO NAME"이라는 브랜드를 단순 모방했다고 좋지 않은 평을 하는 사람들도 있지만, 경쟁중

8) 고승연, 이승연 (2017년 1월 issue 1) "이름 말고 품질을 봐 주세요" 유통거인 이마트 노브랜드 혁명, DBR Case Study: 이마트 노브랜드의 성공전략

심이 아닌 소비자 관점에서 다양한 제품들을 합리적인 가격에 지속적으로 출시함으로써 지금은 명실공히 유통업체 최고의 PB로 자리를 잡았다 해도 과언이 아닙니다. 그렇다면 노브랜드는 슬로건처럼 정말 브랜드가 아닐까요? 아닙니다. '노브랜드'라는 브랜드입니다. 노브랜드를 직, 간접적으로 경험한 소비자는 이미 노브랜드에 대한 지식들(예, 합리적인 가격의 브랜드)을 가지고 있을 뿐 아니라, 노란색 패키지 바탕색에 검정색 글씨의 제품명을 볼 때 이마트가 간접적으로 보증(shadow endorsement)하고 있다는 것을 알 수 있습니다. 따라서 자신도 모르게 이마트에 대한 기억 연상들을 떠올릴 수 있을 것입니다.

결국 제품과 브랜드를 구분 짓는 기준은 지식구조가 소비자의 기억 속에 저장되어 있는지 여부입니다. 이러한 지식구조는 브랜드와 관련된 소비자들의 직접 또는 간접경험(구전, 광고 등)을 통한 학습의 결과로 형성될 수 있습니다. 따라서 기업은 소비자들의 제품과 관련된 다양한 경험들을 좋은 기억과 지식들로 남길 수 있도록 마케팅활동을 계획, 관리, 통제해야 합니다. 이를 통해 소비자들의 머릿속에 브랜드에 대한 긍정적인 고정관념(stereotype)을 형성하여 새롭게 유입되는 추가정보를 브랜드에 유리한 방향으로 편향된 해석을 하도록 유도할 수 있습니다. 이것이 바로 전략적 브랜드 관리의 핵심이라 할 수 있습니다.

그렇다면, 브랜드에 대한 긍정적 고정관념을 형성할 수 있는 효과적인 방법은 무엇일까요? 그것은 소비자들이 브랜드를 (1)경험하는 (2)모든 접점에서 (3)다양한 마케팅 커뮤니케이션 매체들을 시너지가 발생할 수 있게 효과적으로 통합하여 하나의 메시지를 일관성 있게 전달하는 것입니다. 여러분들은 아마도 고객경험관리(Customer Experience Management), 브랜드 접점(Brand Touch Point)관리, 통합적 마케팅 커뮤니케이션(Integrated Marketing Communication; IMC)이란 말들을 들어본 적이 있을 것입니다. 이들의 명칭은 다르지만 모두 "일관성(consistency)"이라는 핵심 DNA를 공유하고 있습니다. 고객경험관리는 브랜드에 대한 고정관념을 형성하기 위해 소비자의 "일관된 경험을 디자인"하는 방법에, 브랜드 접점관리는 소비자가 브랜드에 대한 일관된 경험을 하도록 "브랜드 경험이 발생하는 접점들을 관리"하는 방법에, 통합적 마케팅 커뮤니케이션은 각각의 접점에서 하나의 일관된 메시지를 전달하기 위해 "다양한 마케팅 커뮤니케이션 매체들을 통합"하는 방법에 초점을 맞춘 개념입니다. 이를 종합하면 소비자가 브랜드를 경험하는 모든 접점들을 찾아내어 이들 접점에서 발생하는 소비자의 경험들을 분석한 후 일관된 메시지를 통합된 마케팅 커뮤니케이션을 활용하여 지속적으로 전달해야 한다는 것입니다. 이때 주의할 점은 하나의 브랜드와 관련된 여러 개의 고정관념을 동시에 소비자의 머릿속에 심어주려고 시도해서는 안 된다는 것입니다. 이는 브랜드 커뮤니케이션의 일관성을 저해하기 때문에 하나의 고정관념도 성공적으로 형성하기 어렵습니다. 만에 하나 여러 개의 고정관념을 성공적으로 형성하였다 할지라도 소비자가 브랜드를 생각할 때 각각의 고정관념들이 떠오를 가능성이 상대적으로 줄어들어 효과적인 전략이 되지 못할 가능성이 높습니다.

스타벅스의 CEO인 하워드 슐츠(Howard Schultz)는 성공비결을 묻는 질문에 "늘 똑같은 일을 반복하는 것이죠."라고 답하였습니다.[9] 이는 브랜드 관리에 있어 일관성의 중요성을 강조한 말입니다. 스타벅스는 단순히 커피만을 파는 브랜드가 아니며 직장, 집이 아닌 제3의 공간에서 즐거운 경험을 함께 제공하는 브랜드라는 점을 지속적으로 강조함으로써 큰 성공을 거둘 수 있었습니다. 하지만 스타벅스도 한때 브랜드의 일관성을 벗어난 행동을 하면서 큰 폭의 매출하락을 경험하였습니다. 비용을 줄이고 좀 더 효율적으로 사업을 하기 위해 수천 개의 매장에 에스프레소 자동화기기를 도입하였던 것입니다. 이는 고객들에게 스타벅스가 이제 커피만을 팔겠다는 메시지를 전달하는 것과 다름이 없습니다. 고객들은 더 이상 바리스타가 커피를 뽑는 시각적, 청각적 즐거움을 느낄 수가 없었으며 스타벅스에 대한 긍정적 고정관념은 마침내 무너지고 말았습니다. 이러한 문제를 바로잡기 위해 2000년에 CEO자리에서 물러났던 하

9) 브랜드 심플, 비즈니스맵, 2008, 앨런 애덤슨 저, 이장우, 정윤미 번역, pp. 43-45

워드 슐츠가 2008년 다시 경영에 복귀하였으며 브랜드의 일관성을 되찾기 위한 노력을 계속하고 있습니다. 하지만 최근에도 해외 매장 몇몇 곳에서 스타벅스가 배달 사업을 진행하고 있다는 얘기가 들려옵니다. 예를 들면, 2018년 10월 스타벅스는 중국시장에서 급성장하고 있는 루이싱커피(luckin coffee)에 맞서기 위해 상하이와 베이징에서 배달 사업을 시작하였습니다.[10] 루이싱커피는 스타벅스에서 2번째로 큰 사이즈인 그란데 사이즈만 판매하며, 라떼의 경우 가격이 24위안(3,900원)으로 배달료 6위안(980원)을 포함해도 같은 사이즈 스타벅스 라떼의 가격인 31위안(5,000원)보다 저렴하다고 합니다. 루이싱커피는 심지어 35위안 이상 주문하면 배달료가 없고 배달시간 최대 30분을 보장한다고 합니다. 스타벅스의 배달 서비스 도입은 이러한 현지 업체와의 경쟁에서 승리하기 위한 어쩔 수 없는 선택인지 모르겠지만, 개인적으로 스타벅스의 브랜드 일관성 측면만 고려한다면 그다지 좋은 전략은 아닌 듯 보입니다.

---

10) 한정수 기자 (2018.7.30), "스타벅스 코를 납작하게 만든 중국 루이싱 커피" TTIMES

브랜드 컨셉의 개념과 도출방법

새로운 브랜드를 출시할 때 가장 선행되어야 할 것이 브랜드의 컨셉을 정하는 일이라고 흔히 얘기합니다. 브랜드 컨셉(Brand Concept)은 무엇일까요? 김근배 교수는 "끌리는 컨셉의 법칙"이라는 책에서 영어단어 CONCEPT의 어원을 분석하여 그 의미를 명확히 설명하고 있습니다.[11] 간단히 함께 살펴볼까요? 먼저 "CON"은 "여럿을 하나로"라는 의미를 가지고 있습니다. 여럿을 중심으로 모은다는 "concentrate(집중하다)"도 "CON"의 의미를 알면 쉽게 기억할 수 있습니다. 다음으로, "CEPT"는 "잡다"라는 의미를 가지고 있습니다. 따라서 스포츠 경기에서 가로채기를 의미하는 "인터셉트(intercept)"라는 말도 "CEPT"의 "잡다"라는 의미가 녹아 있다고 할

---

11) 김근배 저, "끌리는 컨셉의 법칙: 세계적 히트상품 속 정교한 컨셉의 비밀 17" 중앙북스

수 있습니다. 자, 그럼 이제 CON과 CEPT를 합쳐볼까요? 그렇습니다. 컨셉은 바로 흩어져 있는 여러 가지 복잡한 개념을 하나로 잡아 모은 것을 의미합니다. 따라서 브랜드 컨셉은 브랜드가 소비자에게 전달하고자 하는 핵심개념을 하나로 함축한 것을 말합니다. 이는 브랜드 컨셉이란 말자체가 앞서 얘기한 통합적 마케팅 커뮤니케이션의 핵심개념인 일관성을 함의하고 있음을 의미합니다. 브랜드 컨셉이 중요한 이유는 브랜드와 관련된 모든 마케팅활동을 의미하는 브랜딩(branding)에 있어 컨트롤 타워의 역할을 수행하기 때문입니다. 성공적인 브랜딩을 위해서는 무엇을 해야 하는지 보다 무엇을 하지 말아야 하는지를 아는 것이 중요하다는 말이 있습니다. 이는 브랜드 컨셉의 일관성을 저해하는 어떤 행동도 해서는 안 된다는 것을 의미합니다.

저는 한때 승승장구하던 프랜차이즈 카페 브랜드인 카페베네가 파산하고 고전을 면치 못한 이유를 일부 전문가들이 분석하는 것처럼 로스팅 방법의 변화로 커피 맛이 나빠졌기 때문이라고 생각하지 않습니다. 물론 부분적으로 영향을 미친 건 맞겠지만, 적어도 본질적 이유는 아니었다는 얘기입니다. 저는 카페베네가 “유럽형 디저트 카페”라는 브랜드 컨셉의 일관성을 버리고 커피 전문점으로 변화하면서 하락의 길을 걷게 되었다고 믿습니다. 소위 잘 나가던 시절에는 유럽형 디저트 카페라는 브랜드 컨셉을 중심으로 모든 브랜드 마케팅이 전개되었고, 소비자의 기억 속에 확고한 고정관념으로 유지될 수 있었습니다. 카페베네는 커피뿐 아니라 벨기에의 와플, 이탈리아의 젤라또 아이스크림, 스위스의 초콜릿 등을 주력으로 팔았고, 저도 커피를 마시기 위해서가 아니라 와플을 먹기 위해 처음 방문했던 것을 분명히 기억합니다. 또한 매장의 분위기도 모던한 스타벅스와 달리 원목 스타일의 유럽 느낌을 물씬 풍겼습니다. 하지만 언젠가부터 홍삼라떼와 미숫가루가 등장하고, 팥빙수의 광고물이 매장에 붙기 시작하면서 유럽형 디저트 카페가 아닌 그냥 흔한 커피전문점이 되고 말았습니다. 그러자 소비자는 커피 맛에 대한 불평이 나오기 시작했습니다. 다른 유명 커피 프랜차이즈 브랜드들의 커피 맛과 비교하게 되고 커피 맛이 나쁘다고 생각이 되는 순간 더 이상 매장을 찾을 이유가 없게 된 것이죠. 이제 스타벅스와 같이 최종 목적지로 찾아가는 매장(final destination)이 아닌, 가는 길에 보이면 들어가는 매장이 되어 버린 것입니다. 브랜드 컨셉을 지키는 일이 쉽지 않은 이유는 단기적 관점에서 볼 때 잃는 것이 너무 많아 보이기 때문입니다. 경쟁 브랜드들이 홍삼음료, 미숫가루로 매출을 올리기 시작하면 마음이 흔들릴 수밖에 없습니다. 이때 중요한 것은 브랜드 컨셉이 콘트롤 타워의 역할을 하는 범위 내에서 대응을 해야 한다는 점입니다. 예를 들어, 홍삼이나 미숫가루로 만든 음료를 만들더라도 유럽냄새가 물씬 풍기는 원재료를 가미해서 유럽형 디저트 카페의 정체성은 지켜 나가야 한다는 의미입니다.

저희 학교 근처의 인적이 드문 골목에는 “롬곡”이라는 카페가 하나 있습니다. 요즘은 젊은이들 사이에 “롬곡옾높(폭풍눈물을 뒤집은 말)”이란 말이 유행하면서 롬곡이 눈물을 의미한다는 사실을 아는 분들이 많지만, 불과 몇 년 전까지만 해도 아는 분들이 많지 않았습니다. 저는 방콕처럼 약간 동남아 느낌이 나는 롬곡이란 브랜드 네임을 만들게 된 배경이 궁금해 사장님께 직접 물어 보고서야 커피를 눈물로 표현했다는 사실을 알게 되었습니다. 커피와 눈물, 왠지 멋진 조합의 브랜드 컨셉이지 않나요? 그런데 아쉽게도 이 매장 어느 곳에도 눈물의 느낌은 나지 않습니다. 즉, 브랜딩에 있어 컨셉의 일관성이 유지되고 있지 않다는 말입니다. 어떻게 바꾸면 좋을까요? 만약 저라면 먼저 “커피는 눈물이다”라는 브랜드 슬로건을 만들어 롬곡 글자 바로 밑에 넣을 것 같습니다. 또한 매일 추천하는 커피를 오늘의 커피대신 “오늘의 눈물”, 에티오피아 커피를 “에티오피아의 눈물” 등으로 모든 메뉴에 눈물이라는 요소를 녹여내려고 노력했을 것입니다. 뿐만 아니라 매장 곳곳에 눈물과 관련된 사진, 조형물로 인테리어를 꾸미고, 커피잔과 디저트 접시에도 눈물의 이미지를 시각화했을 것 같습니다. 얼마 전 플라스틱 빨대가 콧속에 박혀 괴로워하는 바다거북의 사진을 본 적이 있습니다. 이 한 장의 사진이 많은 사람들의 마음속을 파고들었고, 이에 공명한 많은 카페들이 1회용 플라스틱 빨대를 줄이고자 노력하고 있습니다. 어떤가요? 바다거북의 눈물과 롬곡, 뭔가 접점이 있어 보이지 않나요?

이 카페는 어쩌면 "바다거북의 롬곡"이라는 새로운 메뉴를 선보일 기회가 있었을 지도 모르겠습니다. 수익금의 일부를 환경보호에 기부한다면 더 좋았을 테지요. 물론 롬곡 카페는 이러한 브랜드 컨셉 없이도 지금 디저트가 맛있는 카페로 저희 학생들에게 충분히 인기를 누리고 있습니다. 하지만 이 카페가 2호점을 낸다거나 더 오랫동안 인기를 유지하는 것을 목표로 둔다면 제 눈에는 변화가 필요해 보입니다.

지금까지 브랜드 컨셉의 일관성이 얼마나 중요한지 살펴보았습니다. 그렇다면 어떤 브랜드 컨셉이 좋은 컨셉일까요? 독일의 위대한 철학자 칸트(Immanuel Kant)는 "감각이 없는 개념은 공허하고, 개념이 없는 감각은 맹목적이다"라고 얘기했습니다. 이를 브랜드 전략 관점에서 재해석해 본다면, 소비자가 오감으로 느낄 수 없는 브랜드 컨셉은 공허하고, 브랜드 컨셉없이 감각적 경험만을 전달하려는 마케팅활동은 의미가 없다는 것을 말해줍니다. 즉, 브랜드 컨셉을 정하고, 이를 소비자들이 감각적 경험을 통해 느낄 수 있도록 해야 한다는 것을 의미합니다. 예를 들어, "서울에서 두 번째로 맛있는 김치찌개집"이라는 컨셉은 어떤가요? 첫 번째라고 얘기하지 않아 약간은 의아하고, 겸손해 보이는 흥미로운 컨셉입니다. 하지만 오감으로 전달하기는 무척 어려운 것이죠. 두 번째로 맛있는 김치찌개집을 머릿속에 떠올려보세요. 어떤 구체적인 형상을 그리기가 쉽지 않습니다. 이번에 "불타는 김치찌개집"은 어떤가요? 아주 매운 김치찌개를 팔고, 매장 곳곳에 붉은 이미지가 그려지고 불 모양의 캐릭터도 만들어 볼 수 있을 듯하죠. 좀 더 감각적인 표현이 가능합니다. 브랜드가 속한 제품범주에 따라 물론 차이가 있겠지만, 분명한 것은 오감으로 전달 가능한 브랜드 컨셉은 소비자의 경험을 풍성하게 해서 좀 더 깊이 기억에 남길 수 있는 장점이 있습니다.

LMNT의 최장순 대표는 "본질의 발견"이라는 책을 통해 브랜드 컨셉을 통한 본질적 차별화의 중요성을 강조합니다.[12] 그는 튀는 브랜드 네임, 디자인, 커뮤니케이션 방법 등 지나치게 외연적 다름(only one)만을 강조하는 현상적 차별화는 브랜드 인지도는 높일 수 있지만, 제품구매로 이어지는 데에는 한계가 있을 수 있다고 경고합니다. 고객들이 어떤 모습으로 우리 브랜드를 기억하게 할지를 결정하는 브랜드 컨셉이 차별화될 때, 브랜드 충성도를 제고할 수 있는 본질적 차별화가 가능합니다. 고객들이 우리 브랜드의 모습을 긍정적으로 바라볼 수 있게 하는 방법은 두 가지가 있습니다. 첫 번째는 우리 브랜드를 찍은 사진을 포토샵으로 예쁘게 꾸미는 것입니다(현상적 차별화). 비교적 쉽고 간편한 방법이지만, 조금씩 덧칠하다 보면 언젠가는 브랜드의 실체와 매우 다른 모습으로 바뀌어 보기 흉한 모습으로 인식될 수도 있습니다. 성형수술을 수차례 받은

12) 최장순 저, "본질의 발견: 업의 본질로 정의하는 인문학적 컨셉 발견 공식" 틈새책방

분들 중에는 얼굴 각 부분은 너무나 아름답지만 뭔가 조화롭지 못하게 느껴지는 때가 가끔 있습니다. 두 번째 방법은 우리 브랜드의 모습을 제대로 보여줄 수 있는 카메라를 바꾸는 방법입니다(본질적 차별화). 포토샵을 하는 방법과 달리 돈이 많이 들고 쉽지 않은 방법이지만 부작용은 적고 효과는 확실합니다. 하지만 보여줄 "우리 브랜드의 모습이 제대로"가 아니라면 위험할 수 있는 방법이기도 합니다. 즉, 경쟁 브랜드를 압도할 수 있는 차별화된 브랜드 컨셉이 전제되어야 한다는 얘기입니다. 여기서 말한 "차별화"는 무엇을 의미할까요? 유나이티드 브랜드의 김상률 대표는 차별과 차별화를 구분하는 것이 중요하다고 강조합니다. 그는 차별은 "그냥 다름", 차별화는 "의미 있는 다름"이라고 그 차이를 설명하면서 소비자가 우리 브랜드를 단순히 타 브랜드와 다르다고 느끼게 하는 것이 아니라, 자신에게 긍정적 의미를 부여할 수 있는 다름이라고 느끼게 하는 것이 필요하다고 말합니다.

그렇다면 우리는 차별화된 브랜드 컨셉을 도출하기 위해서 무엇을 해야 할까요? 컨셉흥신소의 저자인 서대웅 소장은 의미 있는 컨셉은 제품이 아닌 사람을 바라볼 때 보다 쉽게 발견할 수 있다고 얘기합니다.[13] 좋은 컨셉은 뽑는 것이 아니라 소비자의 7정 즉, 희노애락애오욕을 공감하는 가운데 발견하는 것이라는 점을 강조합니

13) 서대웅 저, "컨셉흥신소: 흥할 컨셉, 찾아드립니다!" 끌리는책

다. 저는 같은 관점에서 브랜드 컨셉을 기획할 때 가장 중요한 것은 "우리 브랜드가 목표로 하는 고객이 누군가"에 대한 진지한 고민이라고 생각합니다. 이는 두 개의 질문으로 나눠질 수 있습니다. 첫째는 우리 브랜드를 구매하는 과정에 참여하는 사람이 누구인지, 둘째는 각각의 사람들이 그 과정에서 어떤 역할을 수행하는지 입니다. 우리는 브랜드에 대한 구매의사결정을 대부분 단독으로 할거라고 생각하지만 사실은 그렇지 않은 경우가 많습니다. 여러 명이 의사결정 집단(Decision Making Unit; DMU)을 이루고 다음과 같이 다섯 가지 역할을 나누어 수행하게 되는 것입니다. 먼저, 브랜드가 속한 제품범주에 대한 구매 필요성을 제안하는 사람(initiator)이 있고, 특정 브랜드의 구매를 추천 또는 반대하는 사람(influencer)이 있습니다. 또한 구매의 최종 결정자(decider)와 실제 구입비를 지불하는 구매자(purchaser), 구매한 브랜드를 이용하는 사용자(user)가 있습니다. 이 모든 역할을 한 명이 수행하는 경우도 있지만, 만약 그렇지 않다면 구매의사결정 과정에서의 역할을 고려한 목표고객을 분명히 정해야 차별화된 브랜드 컨셉을 도출하고 제안하는 데 유리합니다.

예를 들어, 유모차의 구매과정을 생각해봅시다. 출산을 앞둔 아내가 출산용품 박람회에서 유모차를 싸게 판다는 정보를 듣고 남편에게 유모차를 구매하자고 제안합니다(initiator). 아내는 직장 동료들에게 브랜드 A와 브랜드 B가 좋다고 추천을 받았습니다(influencer). 박람회에서 먼저 브랜드 A를 판매하는 부스를 방문하였더니 영업사원이 저렴한 가격대비 품질이 매우 좋다는 장점을 강조합니다. 다음으로 매우 비싼 브랜드 B를 판매하는 부스를 방문하였습니다. 영업사원은 대뜸 "아기가 태어나면 누가 주로 돌볼 예정인가요?"라고 묻습니다. 아내가 "친정 엄마요."라고 대답합니다(user). 영업사원은 미소를 머금고는 "브랜드 B가 다른 브랜드들에 비해 좀 비싸긴 하지만 유모차를 접고 펴는데 힘이 거의 들지 않을 만큼 고품질입니다."라고 말합니다. 또한 "할머니들의 손목은 우리가 생각하는 것보다 훨씬 약합니다. 값싼 브랜드 제품을 구매하시면 할머니들 손목이 다칠 수 있습니다."라고 아내를 바라보면서 얘기합니다. 그리곤 남편에게 "한번 직접 접었다 펴 보세요. 정말 부드럽습니다."라고 말합니다. 남편은 영업사원이 시키는 대로 유모차를 접었다 펴 보지만, 사실 브랜드 A와 차이를 거의 느끼지 못합니다. 하지만 아내의 눈치를 봅니다. 그리곤 "장모님의 손목이 편하다는데 우리 그냥 브랜드 B로 구매할까?"라고 아내에게 묻습니다. 아내는 웃으며 남편의 결정에 동의하였고(decider), 할인이 적용되는 자신의 카드를 남편에게 건넵니다(purchaser). 어떤가요? 영업사원이 아주 영악하지 않나요? 영업사원은 유모차의 실 사용자(user)를 목표고객으로 정하고 "할머니의 손목을 보호해주는 유모차"라는 브랜드 컨셉을 제안하였습니다. 이처럼 소비자를 설득할 수 있는 효과적인 브랜드 컨셉을 도출하고 제안하기 위해서는 누구를 목표고객으로 할지를 먼저 정하는 것이 매우 중요합니다.

다음으로 목표고객에게 반드시 구매해야 할 공감할 수 있는 이유(why)를 제시하는 브랜드 컨셉은 강력한 힘을 가집니다. 여러분은 만약 백만 원짜리 1인용 의자가 있다면 구매하시겠습니까? 아마도 "무슨 의자가 그렇게 비싸."라고 생각하실 겁니다. 그런데 지금 제가 하는 얘기를 듣고 나면 조금 마음이 바뀌실 지도 모르겠습니다. 한국인들은 첫 월급을 받으면 빨간 내복을 구매하는 풍습이 있지요. 덴마크인들은 첫 월급을 타면 고가의 의자를 하나 구매한다고 합니다. 몇 해 전 우리나라에도 "덴마크 사람은 왜 첫 월급으로 의자를 살까"[14)]라는 책이 번역 출간되기도 했습니다. 덴마크인들이 의자에 많은 투자를 하는 이유는 "우리가 가장 많은 시간을 보내는 생각과 머묾의 장소가 의자이기에, 행복이 결정될 수 있는 공간에 투자하는 것이 아깝지 않다."라는 것입니다. 그래서 "프리츠 한센 공화국(Republic of Fritz Hansen)"과 같이 매우 고가의 의자를 판매하는 덴마크 브랜드들이 인기를 끌고 있습니다. 제 얘기를 듣고 나니 백만 원은 아니더라도 좋은 의자를 사는데 좀 더 많은 투자해야겠다는 생각이 드시지 않나요? 브랜드 컨셉은 이처럼 공감할 수 있는 이유에서 출발할 때 강력한 힘을 발휘할 수 있습니다. 첫 번째 강의는 여기서 마치도록 하겠습니다.

---

14) 오자와 료스케 저, "덴마크 사람은 왜 첫 월급으로 의자를 살까: 인생을 바꾸는 공간 활용법" 꼼지락

2강

브랜드 지식 구조의 구축

브랜드는 새로운 것을 익숙하게 만들고, 익숙한 것을 새롭게 만드는 것이다.

브랜드는 보이지 않는 것을 보이게 하고, 보이는 것을 보이지 않게 하는 것이다.

브랜드는 가질 수 없는 것을 갖게 하고, 가질 수 있는 것을 갖지 못하게 하는 것이다.

- 브랜딩 UnitasBrand Vol. 13, Beyond Branding, Ness 中 일부 발췌-

머릿속에 존재하는 가치, 브랜드 자산

지난 시간에 여러분들은 브랜드, 브랜딩, 브랜드 컨셉의 의미와 도출방법과 관련된 기초개념들에 대해 공부하였습니다. 오늘은 브랜드 자산(brand equity)의 개념에 대해 알아본 후 전략적 브랜드 관리가 의미하는 바가 무엇인지에 대해 살펴보도록 하겠습니다. 저는 얼마 전 압구정동에 위치한 한 편집숍에서 촌스럽게 생긴 슬리퍼의 가격이 29,000원이나 하는 것을 보고 매우 놀란 경험이 있습니다. 5,000원을 해도 사고 싶지 않은 디자인이었습니다. 그런데, 그 제품을 설명하는 안내문을 읽고는 제 태도가 매우 달라졌습니다. 그것은 98년 전통의 일본 명물 샌들 "교산펄"이라는 브랜드였습니다. 1970년대 중반, 일본의 어부들이 사용하던 잘 미끄러지지 않고 모래가 잘 빠져나가는 샌들의 모양을 재현했다고 합니다. 브랜드에 대한 새로운 기억연상들이 만들어지자 똑같은 제품의 가치를 다르게 인식하게 된 것입니다. 그렇습니다. 브랜드 자산은 다른 제품과의 차별적 지식구조에 의해 추가적으로 발생한 가치의 증가분을 의미합니다. 어려우시다고요? 그럼 추가적으로 한 가지 예를 더 살펴보도록 하시죠.

<그림1> 교산펄 샌들 (출처: 교산펄 홈페이지 캡처)

저는 지금 검정색 수첩을 하나 손에 쥐고 있습니다. 보시는 바와 같이 속은 백지로 되어 있습니다. 정확히 말하면 조금 누런빛이 나는 종이들로 구성되어 있습니다. 겉표지는 가죽 소재가 아닌 두꺼운 하드 보드지로 된 수첩입니다. 여러분들께서는 이 수첩의 가격이 대략 얼마쯤 한다고 생각하십니까? 네, 평균적으로 3천 원 정도라고 생각하시는군요.

<그림2> 몰스킨 수첩 (출처: 몰스킨 홈페이지)

그럼 이제 이 수첩에 대해서 간단히 소개해 드리겠습니다. 이 수첩은 지난 2세기 동안 예술가들부터 사랑받아오던 전설적인 수첩을 1997년 몰스킨(moleskine)이라는 브랜드로 재현한 것입니다.[15] 이 수첩을 이용한 예술가들 중에는 우리가 이름만 들어도 알 수 있는 빈센트 반고흐(Vincent van Gogh), 파블로 피카소(Pablo Picasso), 어니스트 헤밍웨이(Ernest Hemingway) 등이 포함됩니다. 이 수첩은 위대한 예술가들의 스케치, 이야기 등이 하나의 훌륭한 작품으로 탄생될 수 있도록 그들의 창의적인 생각들을 고스란히 담아주었습니다. 또한 모든 수첩이 핸드 메이드로 제작되는 몰스킨은 최고 수준의 품질을 자랑합니다.

15) 몰스킨(moleskine) 홈페이지: www.moleskine.co.kr, Moleskine World, 몰스킨의 역사

다시 한 번 여러분들께 질문 드리겠습니다. 이 수첩의 가격이 대략 얼마쯤 한다고 생각하십니까? 놀라운 변화입니다. 똑같은 수첩의 가격이 평균 3천 원에서 3만 원까지 열 배나 증가하였습니다. 제가 이 수첩을 구입할 때 실제 지불한 금액은 2만 원이 조금 안 되었던 것으로 기억합니다. 여러분들의 수첩에 대한 예상가격이 몰스킨이라는 브랜드를 알려주기 전과 후를 비교했을 때 10배나 증가하게 된 이유가 무엇이라고 생각하십니까? 그것은 바로 여러분들이 제가 제공한 몰스킨 브랜드에 대한 정보를 통해 브랜드에 대한 학습을 하였으며 그 결과 브랜드에 대한 차별적인 지식구조가 생성되었기 때문입니다. 이러한 지식구조의 차이가 동일한 제품의 가치를 10배나 증가시켰다고 볼 수 있습니다.

만약 제가 씹던 껌을 판매한다면 여러분께서는 얼마에 사시겠습니까? 절대 사지 않는다고요? 미국의 유명한 가수이자 배우인 브리트니 스피어스(Britney Spears)가 씹던 껌이 실제로 온라인 경매 사이트인 이베이(ebay)에서 190달러(약 20만 원)에 낙찰되었습니다.[16] 온라인 경매사이트 판매자는 2004년 브리트니가 런던의 한 호텔 로비에서 뱉은 껌을 바로 수거하여 밀폐용기에 넣어 고이 보관한 뒤 경매에 부치면서 "사진에서 보는 바와 같이 브리트니의 이빨 자국이 선명히 남아있습니다. 팝음악 역사의 일부를 간직할 기

---

16) 성문 기자 (2004.8.26), "브리트니 스피어스가 씹던 껌, 경매에 나와" 팝뉴스

회를 절대 놓치지 마세요."라는 문구를 남겼다고 합니다. "K교수의 씹던 껌"은 0원이었는데 "브리트니의 씹던 껌"은 20만 원입니다. 저와 브리트니는 껌 제품에 대해서 20만 원의 브랜드 자산가치의 차이가 있다고 말할 수 있습니다. 여담이지만 껌 이외에도 브리트니가 사용한 임신 테스트기는 경매사이트에서 5천 달러에 낙찰되기도 하였습니다.

이제 브랜드 자산의 개념이 무엇인지 좀 더 잘 이해가 되시나요? 소비자는 머릿속에 구축된 차별적인 지식구조로 인해 동일한 사양의 제품가치를 브랜드가 없을 때보다 있을 때 더 높게 평가하게 되는데, 이때 브랜드로 인해 증가한 부가가치를 브랜드 자산이라고 합니다. 몰스킨의 사례에서 본다면 27,000원(3만 원-3천 원)이 브랜드 자산이라고 볼 수 있습니다.[17] 하지만 브랜드 자산은 통일된 개념이 존재한다기보다 여러 학자들에 의해 다양한 관점에서 정의되고 사용되어왔습니다. 브랜드 자산에 대한 연구는 크게 재무적 관점(financial approach)의 연구와 고객관점(customer-based

---

17) 브랜드 자산가치를 화폐단위로 계산하는 재무적 접근방법은 매우 다양한데, 한 예로 순현재가치(Net Present Value; NPV)의 개념을 적용하는 것이 있습니다. NPV=1년 후 순 유입 현금흐름/(1+이자율)+ 2년 후 순 유입 현금흐름/(1+이자율)^2+3년 후 순 유입 현금흐름/(1+이자율)^3··· 의 공식으로 계산합니다. 몰스킨의 경우 1년에 100개씩 팔린다는 가정하에 개념적으로 수식에 적용해보면, 순 유입현금 흐름은 270만 원(27,000원*100)이 되고 이자율을 2%라고 가정한다면 NPV=270만 원/(1+0.02)+270만 원/(1+0.02)^2+270만 원/(1+0.02)^3+···을 계산한 값이 된다고 할 수 있습니다.

approach)의 연구로 나눠볼 수 있습니다. 재무적 관점의 연구는 무형자산인 브랜드 자산의 가치를 화폐 단위로 계산하여 기업 간 인수합병 또는 라이선스 계약 시 지불해야 하는 금액을 산정하는데 초점을 두고 있습니다. 한국존슨앤드존슨이 장부가치가 90억 원에 불과한 삼성제약을 387억 원에 인수한 것은 삼성제약이 보유한 에프킬라 브랜드의 자산가치를 무려 297억 원으로 산정하였기 때문입니다.[18] 이처럼 브랜드 자산을 화폐 단위로 계산하는 재무적 접근방법은 기업 간 M&A를 용이하게 하며 브랜드 자산을 구축하는 것이 얼마나 중요한지를 보여줍니다. 하지만 재무적 접근방법은 브랜드 자산의 원천이 무엇이며 어떻게 관리해야 하는지에 대한 구체적인 정보를 제공해주지 못하는 단점이 있습니다.

반면 고객관점의 연구는 브랜드 자산의 원천을 소비자가 브랜드에 대해 가지고 있는 지식구조로 보고 이를 효과적으로 관리할 수 있는 전략적 방안에 대해 관심을 가집니다. 이는 재무적 관점에서만 브랜드 자산을 측정하며 고객관점에서는 측정하지 않는다는 것을 의미하는 것이 아닙니다. 고객관점에서는 브랜드 자산을 화폐 단위가 아닌 고객관점의 항목들로 측정하며 이를 브랜드 자산을 관리하는데 활용하게 됩니다. 브랜드 자산을 구성하고 있는 세

18) 브랜드 관리 황금같이 해야, 2005년 7월 9호, 이코노미플러스, 신철호브랜드 관리 황금같이 해야, 2005년 7월 9호, 이코노미플러스, 신철호

부 항목들을 정의한 후 이를 측정하고 종합하여 브랜드 자산가치 또는 파워지수를 구하게 되며, 정기적인 지표 추적을 통해 어떤 부분을 보완해야 할지에 대한 의사결정을 할 수 있습니다. 브랜드 자산을 구성하고 있는 하위 차원들에 대한 정의는 학자들마다 차이가 있습니다. 예를 들어, 켈러(Kevin Lane Keller) 교수[19]는 브랜드 자산의 하위차원으로 브랜드 인지도(brand awareness)와 브랜드 이미지(brand image)를, 데이비드 아커(David Aaker) 교수[20]는 브랜드 인지도, 지각된 품질수준(perceived quality), 브랜드 연상(brand association), 브랜드 충성도(brand loyalty)의 항목들을 제시하였습니다. 우리나라에서 가장 오래된 브랜드 자산 측정기관인 한국능률협회 컨설팅의 K-BPI(한국브랜드파워지수)도 고객관점으로 브랜드 자산을 측정하여 발표하는 지표입니다. 저는 지금부터 브랜드 자산이 브랜드 인지도와 브랜드 이미지로 구성된다고 주장한 켈러 교수의 관점에서 고객관점의 브랜드 전략을 설명하고자 합니다. 즉, 브랜드의 자산가치가 높다는 말은 고객들이 우리 브랜드를 잘 알고(브랜드 인지도) 있으며, 또한 긍정적으로 알고(브랜드 이미지) 있다는 것을 의미합니다.

---

19) Keller, K. L. (1993), "Conceptualizing, Measuring, and Managing Customer-Based Brand Equity", Journal of Marketing, January, 1-29

20) 데이비드 아커의 브랜드 경영, 비즈니스북스, 2003, 데이비드 아커, 제10장 브랜드 자산의 평가

고객관점에서 브랜드 자산을 측정한다는 것은 브랜드의 과거와 미래를 모두 들여다보는 것을 의미합니다. 브랜드가 소비자의 머릿속에 확고한 지식구조를 구축하기 위해 과거에 얼마나 많은 노력을 했는지를 평가함과 동시에, 미래에 해당 브랜드가 수행하는 마케팅 활동에 소비자가 얼마나 긍정적으로 반응할 것인지를 가늠해보는 일이라 볼 수 있습니다. 요컨대, 고객관점에서는 소비자의 머릿속에 구축된 특정 브랜드에 대한 차별적 지식구조를 브랜드 자산의 원천으로 보고, 이러한 소비자의 지식구조를 고객관점에서 측정하여 브랜드 관리에 전략적으로 활용하고자 합니다. 따라서 현업에서 일하는 브랜드매니저들은 재무적 접근방법보다 고객관점의 접근방법을 통해 브랜드의 지식구조를 전략적으로 구축, 관리, 활용하는 방법을 학습할 필요가 있습니다.

"전략적 브랜드 관리 3단계 과정: 브랜드나무를 심고, 가꾸고, 옮겨심기"

지금부터는 고객관점에서의 전략적 브랜드 관리의 개념 및 방법에 대해 설명 드리도록 하겠습니다. 전략적 브랜드 관리란 소비자의 머릿속에 경쟁제품과 차별되는 체계화된 지식구조를 (1) 구축, (2) 관리, (3) 활용하기 위해 기업이 수행하는 모든 마케팅활동을 의미합니다. 이는 “BRAND”라는 나무를 키우는 과정에 비유할 수 있습니다. 땅의 특성을 잘 분석하여 좋은 종자의 나무(BRAND)를 심고(브랜드 지식구조의 구축), 나무에 물과 영양분을 충분히 공급하여 잘 길러내고, 잘못된 방향으로 자랄 경우에는 가지치기를 해주며(브랜드 지식구조의 관리), 나무가 충분히 잘 성장했을 때 그 일부를 잘라내어 다른 곳에 묘목으로 옮겨 심는(브랜드 지식구조의 활용) 일련의 활동들은 3단계로 구성된 전략적 브랜드 관리의 프로세스와 매우 유사합니다.

1st Stage : **Brand 나무심기**
↳ 브랜드 지식구조를 구축

2nd Stage : **Brand 나무 가꾸기**
↳ 브랜드 지식구조를 관리

3rd Stage : **Brand 나무 묘목 옮겨심기**
↳ 브랜드 지식구조를 활용

<그림3> BRAND 나무 키우기

예를 들어, 풀무원(Pulmuone)은 판두부 제품만 판매되던 1985년 위생과 편리함에 대한 소비자의 욕구가 증가하고 있음을 감지하고 국내 최초로 포장두부를 개발하여 풀무원이라는 브랜드로 판매를 시작하였으며, "내 가족의 건강을 위한 바른 먹거리"라는 브랜드 컨셉을 기반으로 소비자의 머릿속에 브랜드 지식구조를 성공적으로 구축하였습니다[21](브랜드 지식구조의 구축). 2005년 국내 최초로 무소포제, 무유화제 두부를 개발하였고, 2006년에는 천연소금을 이용한 두부 응고방법의 개발하였으며, 2008년에는 해양 심층수를 이용한 두부를 개발하는 등 풀무원 브랜드의 "바른 먹거리"라는 지식구조를 더 강화하고 발전시키고자 노력해 왔습니다(브랜드 지식구조의 관리). 이후 풀무원은 오랜 시간 동안 지속적인 노력을 통해 구축한 브랜드 지식구조를 활용하여 두부 제품 이외에 김치, 음료, 만두, 라면 등 다양한 식품분야로 성공적인 브랜드 확장(brand extension)을 하였습니다(브랜드 지식구조의 활용).

---

21) 해양심층수 천연응고제로 만든 두부 '굿~!', 2008-08-12, 메디컬투데이, 윤철규 기자

기억네트워크 관점의 브랜드 지식구조

이제 전략적 브랜드 관리의 핵심이 브랜드 지식구조를 관리하는 것이라는 점을 분명히 이해하셨으리라 믿습니다. 브랜드 심플(Brand Simple)의 저자인 앨런 애덤슨(Allen P. Adamson)은 소비자들은 브랜드 지식들을 마치 컴퓨터와 같이 브랜드전용 파일 속에 저장하고 있다가 브랜드를 접하거나 필요한 상황이 되면 해당 파일을 클릭하여 관련 자료들을 펼쳐보게 된다고 하였습니다.[22] 예를 들어, "롯데 자일리톨 껌"이라는 브랜드 파일 안에는 "자기 전에 씹는 껌", "휘바" 등의 파일이 있으며, "자기 전에 씹는 껌" 파일 안에는 "충치 예방"이라는 내용이 저장되어 있습니다. 소비자들은 롯데 자일리톨 껌을 보게 되면 해당 브랜드 파일 내에 있는 관련 내용들

22) 브랜드 심플, 비즈니스맵, 2008, 앨런 애덤슨 저, 이장우, 정윤미 번역, pp. 43-45

을 떠올리게 되며, 추가된 새로운 정보는 특정 파일로 분류되어 저장됩니다. 이처럼 소비자는 브랜드 파일을 자기 나름대로 분류하고 정리한 후 필요할 때 열어서 사용하게 되는데, 소비자가 브랜드 파일을 조직화하여 정리하는 방식이 브랜드 지식구조의 형태를 결정합니다.

브랜드 지식구조를 효과적으로 관리하기 위해서는 먼저 브랜드 지식이 소비자의 머릿속에 어떠한 형태로 존재하는지 알아볼 필요가 있습니다. 물론 브랜드 지식구조는 고정된 형태로 존재하지 않으며 끊임없이 변화하게 됩니다. 제품은 공장에서 만들어지지만 브랜드는 소비자의 머릿속에서 만들어지기 때문에 살아 움직이는 생명체와 같다고 할 수 있습니다. 우리는 소비자의 머릿속에 저장된 브랜드 지식구조의 형태를 정확하게 들여다볼 수는 없지만, 심리학자들이 개발한 연상 기억네트워크 모델(associative memory network model; 이하 기억네트워크 모델)을 이용하여 가상적으로 그려볼 수 있습니다.[23] 기억네트워크 모델은 인간의 지식구조를 신경회로망(neural network)과 유사한 모습으로 표현합니다. <그림 4>에서 보시는 바와 같이 신경회로망을 구성하는 기본단위는 뉴런(neuron)이며, 이는 핵과 돌기를 통해 자극과 흥분을 주고받는 역할

23) John D. R., Loken, B., Kim, K. H. and Monga, A. B. (2006), "Brand Concept Maps: a methodology for identifying brand association networks", Journal of Marketing Research, 43(4), pp. 549-563

(수상돌기는 정보 수신의 역할, 축색돌기는 정보 송신의 역할을 담당)을 수행합니다. 인간의 뇌에는 이러한 뉴런이 수천억 개 존재하며 그들은 네트워크 연결망을 구성하고 있습니다. 심리학자들은 이러한 신경회로망을 참조하여 우리가 볼 수 없는 영역에 존재하는 가상의 지식구조를 기억네트워크 모델로 표현한 것입니다.

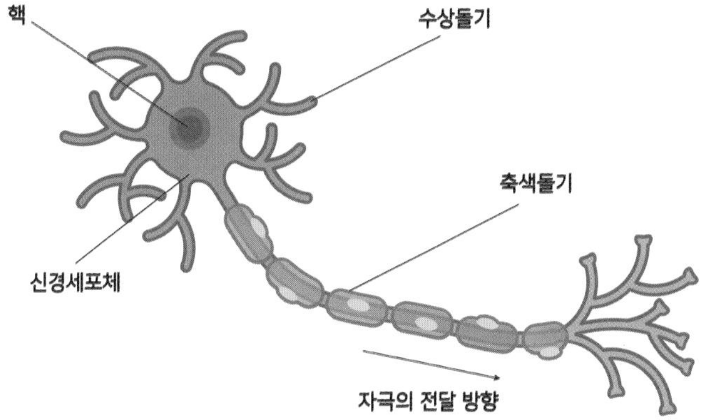

<그림4> 뉴런의 구조 (출처: 게티이미지엣지 편집)

지금부터 기억네트워크 관점에서 본 브랜드 지식구조를 간략히 설명해보겠습니다. 이 부분은 용어들이 다소 생소하여 어렵다고 느끼시는 분이 계시다면 3강으로 바로 넘어가셔도 문제없습니다. <그림5>에서 보시는 바와 같이 기억네트워크는 뉴런의 핵에 해당되는 노드(node: 마디)와 돌기에 해당되는 링크(link: 연결고리)로 구성됩니다. 노드 안에 들어있는 내용은 컨셉(concept)이라 칭합니

다. 노드는 상표명(예, 코카콜라, 게토레이)에 해당되는 브랜드 노드(brand node)와 상표명을 생각할 때 연상되는 브랜드 연상(brand association)으로 나눠볼 수 있습니다. 노드들 간 자극의 전달은 확산작용(spreading activation)이라는 과정을 통해 이루어집니다.[24) 즉 게토레이(Gatorade) 음료를 생각할 때 "스포츠"라는 1차 브랜드 연상(primary association)이 활성화되며, 스포츠는 다시 야구, 축구 등의 2차 브랜드 연상들(secondary associations)을 활성화시킵니다. 또한 코카콜라와 피자처럼 활성화가 잘 되는 관계는 링크를 두껍게 그리게 됩니다. 학자에 따라 두 줄, 세 줄로 두께가 아닌 줄의 숫자로 표현하기도 합니다. 고속도로가 1차선보다 2차선일 경우 통행이 더 원활하다고 생각하시면 이해하기 쉬우실 겁니다. 이처럼 브랜드 지식구조는 다양한 노드들이 링크를 통해 체계적으로 연결된 네트워크의 모습을 갖추고 있습니다. 확산작용은 호수에 돌을 던지면 퍼져 나가는 물결에 비유할 수 있습니다. 얼마나 큰 돌을 던지는 지에 따라 물결이 일어나는 정도가 달라지듯이 외부에서 들어온 자극의 크기(또는 충격)에 따라 확산과정의 범위가 달라질 수 있습니다.

---

24) Collins, A. M. and Loftus, E. F. (1975), "A spreading-activation theory of semantic processing", Psychological Review, 82(6), pp. 407-428

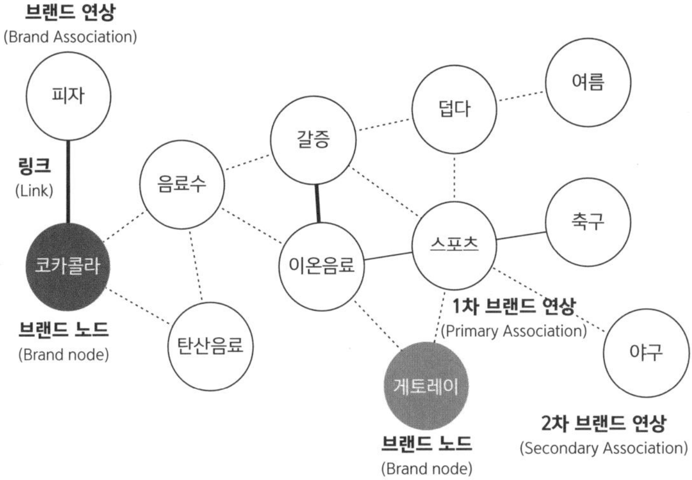

<그림5> 기억네트워크 관점의 브랜드 지식구조

보시고 계신 그림(그림5)은 제가 임의적으로 그린 기억네트워크 모델이지만, 만약 코카콜라가 실제 소비자조사를 통해 그린 브랜드 지식구조의 모습이라고 한다면 어떤 전략적 시사점이 있을지 함께 생각해보면 좋을 것 같습니다. 게토레이와 스포츠는 가깝게 연결되어 있는 반면, 코카콜라와 스포츠는 멀리 연결되어 있다는 것은 소비자들이 운동을 할 때 게토레이는 잘 떠올리지만 코카콜라는 잘 떠올리지 못한다는 것을 의미합니다. 따라서 코카콜라의 입장에서는 소비자의 브랜드 지식구조에서 스포츠와 코카콜라의 거리를 좁혀줄 수 있는 마케팅 활동들을 통해 매출 증대를 모색할 필요가 있습니다. 예를 들어, 운동을 하며 땀 흘리는 친구들 간에 코카콜라를 나눠 마시는 장면을 담은 광고를 지속적으로 수행한다거나, 스포츠

동호회의 이벤트(예, 정기 테니스 대회) 때 무상으로 코카콜라를 제공하여 운동 후 코카콜라를 마시는 데 대한 거부감을 해소해 줄 수 있을 것입니다. 비슷한 예로, 미국 소비자들은 아침에 코카콜라보다는 오렌지주스나 커피를 주로 마십니다. 코카콜라는 아침수요를 증가시키기 위해 대부분의 미국인들이 아침에 잠을 깨고자 커피를 마신다는 점에 착안하여 "아침에 잠을 깨우는 데는 뜨거운 커피보다는 시원한 콜라가 좋습니다."라는 카피의 광고를 지속적으로 시행하였고, 지금은 아침에 커피 대신 콜라를 먹는 젊은이들의 모습을 보는 것이 어렵지 않게 되었습니다.

앞서 브랜드 자산의 원천은 차별화된 브랜드 지식구조라고 말씀드렸습니다. 따라서 우리 브랜드에 유리한 지식구조를 구축하는 것이 전략적 브랜드 관리의 핵심이자 출발이라 할 수 있습니다. 브랜드 자산은 켈러의 관점에서 브랜드 인지도와 브랜드 이미지로 구성되며, 전략적 브랜드 관리의 1단계는 이 둘을 높일 수 있는 방향으로 브랜드 지식구조를 구축하는 것을 의미합니다. 이는 다음과 같은 두 가지 질문에 대한 답을 찾아가는 과정이라 할 수 있습니다. 먼저 브랜드 인지도와 관련된 질문으로 "브랜드를 잘 기억할 수 있도록 브랜드 네임에 해당되는 브랜드 노드를 소비자의 지식구조에 어떻게 입력할 것인가?"를 고민해야 합니다. 좀 더 효과적으로 소비자가 다양한 상황에서 우리 브랜드를 쉽게 기억해낼 수 있게 브랜드 네임을 지식구조에 넣어줄 필요가 있습니다. 다음으로 브랜드 이미지와 관련된 질문으로 "브랜드 노드에 어떤 유형의 브랜드 연상을 어떤 형태로 연결할 것인가?"입니다. 브랜드 이미지는 브랜드 노드에 연결된 브랜드 연상들의 특성에 의해 결정되며 이들이 어떤 형태로 연결되었는지가 중요할 수 있습니다. 그렇다면 이제부터 각각의 질문에 대한 답을 구체적으로 설명해 드리도록 하겠습니다.

<그림6> 브랜드 지식구조 구축: 인지도와 이미지의 구축

1. 첫 번째 질문:
기억네트워크에 브랜드 노드를 어떻게 입력할 것인가?

소비자가 우리 브랜드를 잘 기억할 수 있도록 기억 네트워크에 브랜드 노드를 효과적으로 입력하는 방법은 부호화 특수성의 원리(Encoding Specificity Principle)로 설명할 수 있습니다. 약간은 생소한 개념처럼 들릴 수 있지만 아주 어려운 개념은 아니니 쉽게 설명해 보도록 하겠습니다. 부호화 특수성의 원리는 기억 속에 정보를 저장할 때 인출할 때의 상황적 조건과 유사한 경우 더 쉽게 인출할 수 있음을 설명하는 이론입니다. 1975년 고든(Godden)과 배들리(Baddeley)는 이와 관련된 아주 흥미로운 실험을 하였습니다.[25] 스쿠버 다이버들을 대상으로 물속과 물 밖에서 각각 단어리스트를 주고 암기를 시킨 후 단어에 대한 기억력을 물속과 물 밖에서 측정하였습니다. 그 결과 물속에서 학습한 단어는 물속에서, 물 밖에서 학습한 단어는 물 밖에서 더 잘 기억하는 것으로 나타났습니다. 이는 기억을 저장하는 환경과 인출하는 환경이 유사할 때 기억의 인출능력이 증가한다는 것을 보여줍니다.

부호화 특수성의 원리를 브랜드 인지도를 구축하는 전략으로

---

25) Godden, D. R. and Baddeley, A. D. (1975), "Context-Dependent Memory in two natural environments: On Land and Underwater", British Journal of Psychology, 66, pp. 325-332

어떻게 활용할 수 있을까요? 먼저 브랜드 인지도의 두 가지 유형인 브랜드 회상(brand recall)과 브랜드 재인(brand recognition)에 대한 설명이 필요할 것 같군요. 브랜드 회상은 제품범주(product category: 브랜드가 속한 제품 카테고리를 의미)에 대한 욕구가 발생하거나 구매상황이 되었을 때, 제품범주에 속한 여러 브랜드들 가운데 특정 브랜드를 기억 속에 떠올릴 수 있는 능력을 의미합니다. 예를 들어, 여러분들이 아침식사로 밥을 먹고 싶을 때 또는 즉석밥을 구매하고자 할 때 햇반이 떠오른다면 햇반에 대한 브랜드 회상이 가능하다고 할 수 있습니다. 반면 브랜드 재인은 이전에 보거나 들은 브랜드를 확인할 수 있는 능력을 의미합니다. 예를 들어, TV광고에서 본 오뚜기밥을 슈퍼마켓에 갔을 때 알아볼 수 있다면 브랜드 재인이 가능하다고 할 수 있습니다. 일반적으로 브랜드 회상은 브랜드 재인보다 어렵습니다. 회상과 재인의 차이를 주관식 문제와 객관식 문제(또는 O/X문제)의 차이라고 생각하면 이해가 좀 더 쉬울지도 모르겠습니다. 여러분은 커피 프랜차이즈 전문점을 생각할 때 어떤 브랜드들이 떠오르십니까? 아마 스타벅스, 투썸플레이스, 이디야, 커피빈, 엔제리너스 정도는 떠올릴 수 있을 것이라 생각됩니다. 이들은 회상이 가능한 브랜드들입니다. 하지만 백종원 씨가 운영하는 저가 커피 전문점인 빽다방은 어떤가요? 만약 제가 물어보기 전에 스스로 떠올리기 어려웠다면 회상은 불가능하고 재인만 가능한 브랜드입니다.

하지만 회상이 더 어렵다고 해서, 회상이 가능한 브랜드가 항상 재인이 가능하다고 단정할 수는 없습니다. 예를 들어, 방탄소년단이라는 아이돌 그룹가수를 라디오로만 여러 차례 들어서 목소리는 기억하지만 그룹멤버들의 얼굴은 한 번도 본적이 없다고 가정합시다. 친구의 생일선물로 무엇이 좋을까 고민하다 평소에 좋아하던 방탄소년단이 떠올라(브랜드 회상) DVD를 사러 갔습니다. 하지만 방탄소년단을 한 번도 본 적이 없는 여러분은 7명의 남자아이들의 사진에 "Happy Ever After BTS 4th MUSTER"라고 쓰인 방탄소년단의 DVD를 알아보기(브랜드 재인)는 쉽지 않을 수 있습니다. 즉, 청각적 코드(acoustic code)로 저장한 정보를 시각적 단서(visual cue)를 통해 재인하는 데는 어려움이 있기 때문입니다. 이처럼 정보를 저장하고 인출하는 코드가 서로 다른 경우에는 회상이 잘 되더라도 재인은 어려울 가능성이 있습니다.

이제 브랜드 회상과 브랜드 재인의 차이를 잘 이해하셨다고 믿고, 부호화 특수성의 원리를 브랜드 인지도 구축에 활용할 수 있는 방법에 대해 설명 드리도록 하겠습니다.[26] 브랜드는 어떤 제품범주에 속해 있는지에 따라 구매에 중요한 영향을 미치는 인지도의 유형이 달라질 수 있습니다. 즉, 어떤 제품범주에서는 회상이 중요하

---

26) Larry Percy and Richard, "Strategic Advertising Management, 2/E", Oxford Univ. Press

고, 또 다른 범주에서는 재인이 중요할 수 있습니다. 예를 들어, 잇몸약의 경우에는 재인보다 회상이 상대적으로 더 중요합니다. 이가탄이라는 브랜드를 구매하기 위해서는 잇몸이 아플 때 브랜드 네임을 정확히 회상한 후 약사에게 이가탄을 구매하겠다고 얘기해야 하기 때문입니다. 즉, 회상한 브랜드를 정확하게 구두로 표현할 수 있어야 구매가 가능합니다. 미국의 경우에는 슈퍼마켓과 같은 대형약국이 존재하고 소비자들은 처방 외 의약품의 경우 직접 보고 고를 수 있기 때문에 브랜드 재인이 더 중요할 수 있지만, 한국의 약국들은 대부분 소규모이며 약사에게 브랜드를 정확히 얘기해야 하기 때문에 브랜드 회상이 더 중요합니다. 따라서 회상이 중요한 제품범주에서 브랜드 네임을 정확하게 기억하지 못하는 소비자들을 겨냥해 유사제품들을 많이 출시하는 이유입니다. 제가 한번은 전자 모기약을 구매하기 위해 약국에 들렀는데, 무슨 매트라는 것만 기억날 뿐 "Henkel 사의 홈매트"가 정확히 기억이 안 나더군요. 그래서 약사분께 전자 모기약을 달라고 얘기했더니 종근당의 쫑매트를 권해준 적이 있습니다. Henkel의 입장에서 보면 브랜드 회상의 실패로 큰 손실을 본 것입니다. 그래서 제약업체들은 정확한 브랜드명을 회상할 수 있도록 돕기 위한 마케팅 커뮤니케이션을 적극적으로 하고 있습니다.

명인제약의 이가탄 광고에서는 유사제품과 혼동되는 위험을 방지하기 위해 "잇몸 튼튼! 이가탄탄! 이가탄!"이라는 문구를 통해 소비자의 머릿속에 브랜드 네임을 정확하게 기억시키기 위해 노력하고 있습니다. 이가탄 광고에 적용된 부호화 특수성 원리는 광고카피에서 잘 나타납니다. 이는 소비자가 이가탄 브랜드에 대한 기억을 인출하는 상황적 조건과 저장하는 상황적 조건을 유사하게 해주는 메시지입니다. 구체적으로 "잇몸병엔 역시, 이가탄"이란 문구는 "제품범주에 대한 욕구 발생(category need) → 브랜드 인지(brand awareness)"의 순서로 되어 있다는 것을 알 수 있습니다. 이처럼 회상이 중요한 제품들은 구매시점 이전에 제품범주에 대한 욕구가 발생하고 이를 해결해 줄 수 있는 브랜드를 떠올리게 되는 기억인출의 과정을 거치기 때문에, 이와 유사한 맥락을 활용한 마케팅 커뮤니케이션을 통해 타 브랜드보다 소비자의 기억 속에서 더 잘 떠오르도록 하기 위한 것입니다.

그렇다면 이번엔 브랜드 재인이 상대적으로 중요한 제품범주에는 부호화 특수성 원리를 어떻게 적용할 수 있는지 살펴보도록 하겠습니다. 슈퍼마켓에서 구매하는 브랜드들의 약 50%가 충동구매의 결과라는 연구결과도 있기 때문에 구매시점 이전에 특정 브랜드를 떠올릴 수 있는 능력과 관련된 브랜드 회상 못지않게, 쇼핑 중 특정 브랜드를 보고 확인하는 능력과 관련된 브랜드 재인이 중요합니다. 예를 들어, 여러분이 신라면 블랙(2011년 4월, 신라면 25주년 기념 출시)을 구매하는 과정을 생각해 봅시다. 약국에서 이가탄을 구매할 때 특정 브랜드를 기억하고 정확한 언어로 표현해야 하는 것과 달리, 대형마트에서 쇼핑 중 라면코너를 지나가다 광고에서 보았던 신라면 블랙을 확인하고 "집에 라면이 떨어졌으니 이번엔 새로 나온 신라면 블랙을 먹어봐야겠다."라고 생각한 후 장바구니에 담을 가능성이 큽니다. 따라서 구매 이전에 미리 브랜드를 머릿속에 떠올린 후 계획된 구매를 하는 회상이 중요한 브랜드와 달리, 재인이 중요한 브랜드는 구매시점에 브랜드를 인지(신라면 블랙을 본 후)한 후 제품범주에 대한 필요성(집에 라면이 떨어져서 필요함)을 지각하여 제품을 구매하게 됩니다. 즉, 브랜드 회상이 중요한 제품과 반대의 기억인출 과정인 "브랜드 인지 → 제품범주에 대한 욕구 발생"의 순서를 따르게 됩니다. 따라서 이러한 기억 인출과정과 유사한 맥락으로 기억을 저장시킬 필요가 있습니다.

브랜드 재인이 중요한 제품은 구매시점에 소비자가 브랜드를 확인할 수 있도록 하는 것이 중요합니다. 따라서 제품의 패키지를 광고의 전면에 보여줌으로써 브랜드를 시각적 이미지로 기억시키기 위해 노력합니다. 실제로 컵라면의 TV광고에서 제품 패키지를 클로즈업해 보여주는 모습을 쉽게 볼 수 있습니다. 인쇄광고에서도 마찬가지입니다. 그림의 신라면 블랙 인쇄광고를 보시면 광고 속에 2개의 제품 패키지가 인쇄물 가운데 제시되고 있을 뿐 아니라, 인쇄물 전체 프레임이 하나의 신라면 블랙 패키지의 모습을 하고 있음을 알 수 있습니다. 또한 맛있게 요리한 라면을 함께 제시함으로써 브랜드인지 후 제품범주에 대한 욕구를 불러오고 있습니다. 이때 브랜드 재인을 극대화하기 위해서는 광고에서 제품패키지를 소비자에게 적어도 2초 이상 보여주어야 합니다.[27] 또한 유통매장에서 좋은 위치를 차지하여 소비자의 눈에 쉽게 띄도록 하는 것이 필요합니다. 예를 들면, 소비자의 동선이 시작되고 끝나는 지점이나 5-6칸으로 된 진열대에서 소비자의 눈높이와 일치하는 골든존(Golden Zone)에 제품을 진열하거나, 아이스크림 브랜드가 독자적인 냉장고를 비치하는 것과 같은 소비자의 브랜드 재인을 도와주는 효과적인 전략이 될 수 있습니다.

<그림7> 브랜드 인지도와 광고 유형
(출처: 농심 제공)

요컨대 브랜드 인지도를 효과적으로 구축하기 위해서는 소비자의 브랜드 구매과정을 분석하여 브랜드 회상과 브랜드 재인 중 어떠한 유형의 인지도가 상대적으로 더 중요한지를 판단한 후, 부호

27) 전략적 브랜드 관리: 이론과 응용 3판, 학현사, 2011, 안광호, 한상만, 전성률 저, pp. 215-216, p. 218

화 특수성 원리를 적용한 마케팅 커뮤니케이션 전략을 수립할 필요가 있습니다. 이는 소비자가 구매 시점에 우리 브랜드를 타 브랜드들에 비해 더 쉽게 알아볼 수 있거나(브랜드 재인), 제품범주에 대한 욕구가 발생할 시 우리 브랜드를 더 잘 떠올릴 수 있도록(브랜드 회상) 도와줄 수 있기 때문입니다. 이렇게 구축한 브랜드 인지도는 브랜드 노드를 소비자 머릿속에 효과적으로 입력함으로써 다른 브랜드 연상들을 붙여나갈 수 있는 기초를 마련해 줍니다. 또한 인지도가 높은 브랜드는 소비자의 구매고려대상 목록(consideration set)에 포함될 가능성이 높으며, 구매 시 선택될 확률이 증가하기 때문에 브랜드 인지도의 구축은 더욱 중요한 의미를 가집니다.

인지도가 높은 브랜드가 누릴 수 있는 장점을 좀 더 학문적 근거를 들어 설명해 볼까요? 부분단서 제시 효과(part-list cuing effect)와 관련된 심리학 분야의 실험 연구결과를 간단히 소개해 드리겠습니다.[28] 부분단서 제시효과는 소비자들에게 몇 개의 예들을 사전에 제시하면 다른 예들을 쉽게 떠올리지 못하는 효과를 의미합니다. 먼저 실험 참가자를 3개 집단으로 구분한 후, 25개의 샴푸 브랜드에 대한 기억능력을 측정하였습니다. 집단별로 사전에 알려준 브랜드의 개수(집단1: 0개, 집단2: 5개, 집단3: 15개)를 다르게 한 후, 알려

28) Alba, J. W. and Chattopadhyay, A. (1985), “Effects of context and part-category cues on recall of competing brands”, Journal of Marketing Research, 22(3), pp. 340-349.

주지 않은 남아있는 브랜드들의 회상률(회상한 브랜드 수/알려주지 않은 남아있는 브랜드 수)을 비교하였습니다. 그 결과 사전에 알려준 브랜드의 개수가 적을수록 회상률이 높게 나타났습니다. 또 다른 연구에서는 실험참가자들에게 미국에서 유명한 감기약인 Nyquil을 1분 동안 생각하도록 한 후, 다른 감기약 브랜드들을 떠올려보라고 하자 회상률이 현저하게 낮아지는 것이 확인되었습니다.[29] 이는 잘 떠오르는 몇 개의 브랜드들이 존재할 경우, 타 브랜드들은 소비자의 기억 속에서 인출될 가능성이 매우 낮아져 구매고려대상 목록에서 멀어질 수 있음을 의미합니다.

그림에서 보는 바와 같이 4개의 브랜드들이 특정 제품범주를 생각할 때 소비자의 기억속에 떠오르기 위해 경쟁을 하게 됩니다(인출경쟁가설; competition at retrieval hypothesis). 이때 인간의 인지능력에는 한계가 있기 때문에 모든 브랜드들이 떠오를 확률의 합을 100으로 고정시켜 놓으면 특정 브랜드가 잘 떠오르면 다른 브랜드들은 상대적으로 떠오를 가능성이 줄어든다고 볼 수 있죠. 따라서 제품범주에 붙어있는 브랜드의 수가 증가하게 될 경우에도 기존 브랜드들이 떠오를 가능성이 줄어들 가능성이 높습니다. 이를 부채효과(fan effect)라고 칭합니다. 부챗살의 모양을 생각하면 기억하기

---

29) Alba, J. W. and Chattopadhyay, A. (1986), "Salience effects in brand recall", Journal of Marketing Research, 23(4), pp. 363-369.

쉬우실 겁니다. 결국 브랜드 인지도는 상대적 개념이기 때문에 높은 인지도를 선점할 경우 구매대상 고려군에 속할 가능성은 증가하고, 타 브랜드의 가능성을 낮춤으로써 최종적으로 소비자의 선택을 받을 가능성이 높아지게 됩니다. 그러므로, 높은 브랜드 인지도를 유지하는 것이 매우 중요하다고 할 수 있습니다.

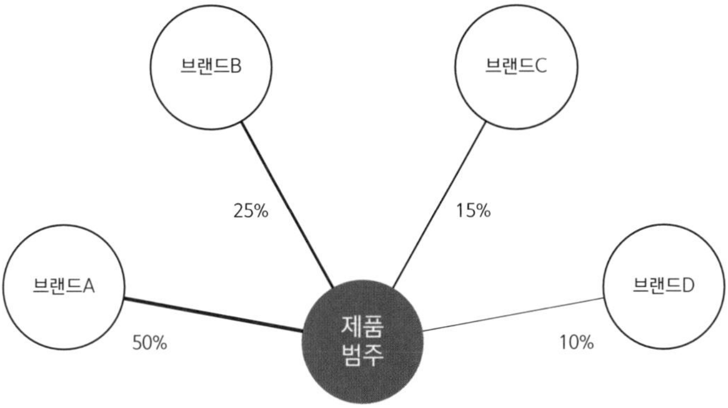

<그림8> 부채효과와 브랜드 인지도

2. 두 번째 질문:
브랜드 노드에 어떤 브랜드 연상들을 어떻게 연결할 것인가?

다음으로 브랜드 지식구조를 구축할 때 고려해야 하는 브랜드 이미지와 관련된 질문에 대한 답을 생각해보도록 하겠습니다. 좀 더 명확하게 정리하는 차원에서 이 질문을 "브랜드 노드에 어떤 브랜드 연상들을 연결할 것인가?"와 "그들을 어떤 방법으로 연결할 것인가"로 나누어 설명하도록 하겠습니다. 먼저, 첫 질문에 대한 답을 결론부터 말씀드리면 긍정적 브랜드 이미지 구축을 위해서는 우호적이고(favorable), 강하며(strong), 독특한(unique) 브랜드 연상들을 브랜드 노드에 가능한 많이 연결하는 것이 필요합니다.[30)]

브랜드	시장 점유율(%)	우호적 연상		독특한 연상	
		연상수(#)	방향(+)	제품범주 공유 연상수	차별화된 연상 수
맥도날드 웬디스	31 8.1	9.94 6.96	0.52 0.49	0.75 0.91	0.92 0.89
피자헛 리틀시저스	26.1 11.2	7.17 5.69	0.57 0.70	0.86 0.92	0.94 0.92
버드와이저 밀러	20.7 3.5	7.91 7.23	0.47 0.32	0.87 0.88	0.85 0.87
나이키 리복	30 22	8.89 5.80	0.65 0.66	0.82 0.86	0.85 0.77
소니 TV 샤프 TV	31.5 31	7.65 4.70	0.54 0.36	0.94 0.94	0.83 0.72
펄트 샴푸 프렐 샴푸	9.9 2.4	4.89 3.57	0.52 0.35	0.79 0.65	0.74 0.78

<표> 브랜드 연상의 유형과 브랜드 자산

소비자가 특정 브랜드를 생각할 때 경쟁 브랜드들이 갖지 못한

30) Keller, K. L. (1993), "Conceptualizing, Measuring, and Managing Customer-Based Brand Equity", Journal of Marketing, January, pp. 1-29

차별화된 긍정적 브랜드 연상들이 잘 떠올라야 한다는 것입니다. 특히 우호적이며 독특한 브랜드 연상이 실제로 브랜드 성과에 긍정적 영향을 미친다는 것은 크리쉬난(Krishnan) 교수의 햄버거, 피자 등 6개의 제품범주에 속하는 12개의 브랜드들을 대상으로 진행한 연구에서 입증되었습니다.[31] 그의 연구는 브랜드 연상의 강도는 고려하지 않았지만, <표>에서 보는 바와 같이 동일 업종의 브랜드들 간 시장점유율의 차이가 우호적인 연상과 독특한 연상의 차이와 거의 비슷한 패턴이 나타남을 보여줍니다.

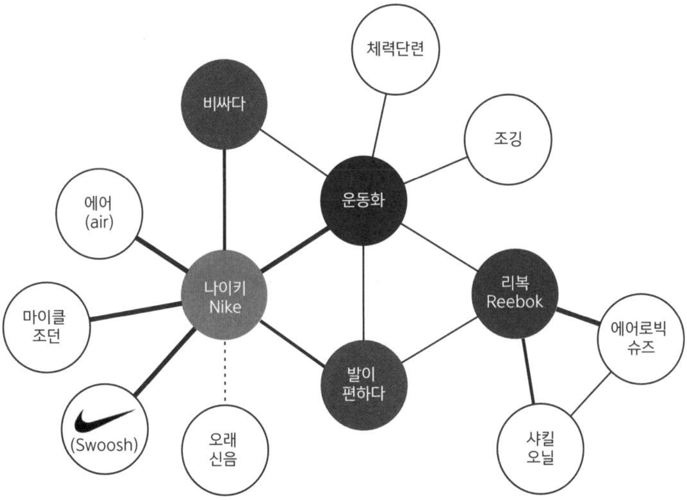

<그림9> 나이키와 리복의 브랜드 지식구조 [32]

31) Krishnan, H. S. (1996), “Characteristics of memory associations: a consumer-based brand equity Perspective”, International Journal of Research in Marketing, 13, pp. 389-405

32) 브랜드 연상의 3가지 특성에 관한 구체적인 의미를 이해하는데 도움을 주고자 1996년 크리쉬난(Krishnan) 교수가 발표한 논문에서 소개한 기억 네트워크 모델을 번역 및 수정/보완하여 작성함

우호적 브랜드 연상

먼저 "브랜드 연상이 우호적이다"라는 말의 의미에 대해서 설명하겠습니다. <그림10>은 나이키와 리복의 브랜드 연상들 중 긍정적인 것에는 (+)를 부정적인 것에는 (-)를 표기한 것입니다. 부호(+/-)의 개수는 브랜드 연상들의 우호적 혹은 비우호적인 정도를 나타냅니다. 예를 들어, 나이키의 "오래 신음"은 매우 긍정적인 연상이므로 (++)로 표기한 반면, "비싸다"는 매우 부정적인 연상이므로 (--)로 표기하였습니다. 나이키에는 총 6개의 브랜드 연상들(점선으로 표시된 연상 제외)이 연결되어 있습니다. 이 중 "비싸다"는 브랜드 연상을 제외하고는 모두 긍정적인 브랜드 연상들이며, 9개의 (+)와 2개의 (-)를 계산하면 나이키는 (+)가 총 7개로 브랜드 연상들이 전반적으로 매우 우호적이라고 볼 수 있습니다. 반면, 리복의 경우 부정적인 브랜드 연상은 없지만 긍정적인 브랜드 연상들의 수가 적어 계산결과 (+)가 4개로 나이키보다는 브랜드 연상들이 덜 우호적이라고 볼 수 있습니다. 따라서 브랜드 연상의 우호적인 정도만으로 판단해 볼 때 나이키가 리복보다 브랜드 이미지가 좋으며 브랜드 자산가치가 높다고 할 수 있습니다.

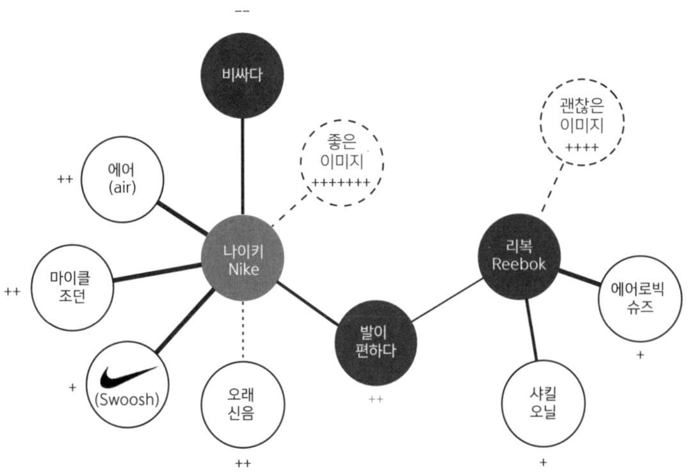

<그림10> 우호적 브랜드 연상

여기서 우리는 소비자들이 브랜드를 평가할 때 매번 브랜드 연상들의 부호값을 모두 계산하지 않는다는 사실에 주목할 필요가 있습니다. 어느 정도 브랜드 연상들이 누적된 후 부호값이 계산되고 나면 통합된 평가의 결과(overall evaluation)가 가장 강력한 브랜드 연상의 하나로 저장되고 이후에는 이 연상만을 이용해 브랜드 이미

지를 빠르게 판단하게 됩니다. 즉, 그림에서 점선으로 연결한 브랜드 연상만을 이용해 나이키를 7개의 (+)로 평가된 아주 좋은 이미지의 브랜드로, 리복을 4개의 (+)로 평가된 괜찮은 이미지의 브랜드로 판단하게 되는 것입니다. 또한 통합된 평가의 결과로 저장된 브랜드 연상은 브랜드에 대한 고정관념이 되어 이후에 들어오는 새로운 정보들을 통합하는 기준이 되기도 합니다. 이때 새로운 정보가 기존의 평가된 전체적인 브랜드 이미지와 상반될 경우 이를 왜곡하여 통합할 가능성도 있습니다. 예를 들어, 나이키에 대한 부정적 연상(-)이 하나 추가될 때 나이키의 긍정적 이미지를 6개의 (+)로 한 단계 낮출 수도 있겠지만, 부정적 연상을 긍정적(+) 연상으로 재해석하여 8개의 (+)를 가진 브랜드로 생각하게 될 가능성도 있습니다. 이는 앞서 설명한 고정관념에 의한 확인편향(confirmation bias)의 결과로 볼 수 있습니다.

따라서 소비자가 브랜드 연상들을 종합한 전체적인 평가결과를 가장 강력한 하나의 브랜드 연상으로 저장하기 전에 브랜드의 첫인상을 관리할 필요가 있습니다. 2018년 11월 현재 20개 브랜드의 1,300여 개 가맹점을 보유하고 있는 요즘 가장 잘나가는 방송인이자, 외식 프랜차이즈 더본코리아의 대표인 백종원 씨가 과거에 한 예능프로그램에 출연해 자신의 성공스토리를 얘기한 적이 있었습니다. 저는 특히 매장을 오픈하는 첫날 어떤 자세를 가져야 하는지에 대한 백 대표의 인터뷰 내용이 기억에 남습니다. 일반적으로 매장을 오픈할 때 매장 주인은 개업 떡을 맞추고, 친지들을 초대하고 여유가 되면 내레이터 모델들을 고용하여 매장 앞에서 전단지를 나눠주는 일을 합니다. 하지만 백 대표는 개업행사를 전혀 신경 쓰지 않을 뿐 아니라 매장 오픈 날 원래 매장의 테이블이 10개라면 2개는 치워버리고 8개로만 영업을 한다고 합니다. 아무리 준비가 잘 되었다고 하더라도 첫날에는 당황해서 100%의 실력을 발휘하기 힘들기 때문입니다. 자리가 없어서 돌아간 두 테이블의 고객들은 언젠가 다시 돌아오지만, 첫날 좋지 못한 기억을 안고 떠나간 고객은 다시 돌아오지 않는다는 설명입니다. 백 대표는 브랜딩에서 첫 인상이 얼마나 중요한지 오랜 경험을 통해 잘 알고 있었습니다. 심리학자들은 사람의 첫인상이 형성되는데 5분이 채 걸리지 않는다고 합니다. 브랜드에 대한 첫인상은 어쩌면 그보다 더 빠르게 형성될지도 모릅니다.

저는 오래 전 가족들과 함께 충남 아산에 놀러가서 레일 바이크를 탄 적이 있습니다. 레일 바이크를 타고 나오니 배가 고파 주전부리를 찾느라 두리번거리다가 우연히 호두 과자점을 하나 발견하고 들어간 적이 있었습니다. 그곳 주인은 호두과자를 미리 만들어 봉지에 담아두고는 새로운 손님이 올 때마다 방금 구워 따끈한 호두과자 두 개를 넣어서 판매하고 있었습니다. 처음에 먹은 두 개가 워

낙 맛있었기 때문일까요? 한 봉지를 먹는 내내 기분 좋게 먹었던 기억이 있습니다. 할리우드 스타 니콜 키드먼이 "신이 준 선물"이라고 극찬한 크리스피크림 도넛가게도 줄을 서서 기다리는 손님에게 갓 나온 따끈한 도넛 하나를 주는데, 첫인상을 관리하기 위한 같은 전략이라 할 수 있습니다. 전국에서 꽤 유명한 어느 다슬기 해장국 집에는 손님이 주문하면 해장국을 내 가기 직전에 날계란을 하나 올린 후, 그 위에 따로 건져 둔 다슬기를 소복하게 올려서 준다고 합니다. 어차피 손님들은 재료들을 섞어서 먹긴 하겠지만 다슬기를 직접 보고 나면 정말 제대로 만든 해장국이라는 첫인상을 가지고 음식을 먹기에 더 맛있게 느낄 수 있을지도 모릅니다. 비슷한 이유로 어느 유명한 한방 삼계탕집에서는 삼계탕에 들어가는 한방 재료를 매장 입구에 병에 담아서 눈으로 볼 수 있게 합니다.

예전에 지인이 닭한마리집을 오픈했다며 초청하여 방문한 적이 있습니다. 주인은 다른 음식점보다 훨씬 많은 양의 큰 닭을 사용하고 좋은 식재료를 쓴다고 자랑했지만, 저뿐만 아니라 함께 방문한 동료들은 그 차이를 잘 못 느끼는 듯하였습니다. 그 이유는 이미 국물 속에 재료들이 다 들어가 있어 보이지 않았기 때문이죠. 저는 주인에게 식재료만 담아서 먼저 불 위에 올린 후 육수를 따로 가져가 테이블에서 부어주면 어떻겠냐고 조언해 주었습니다. 풍성한 식재료를 보고 좋은 첫인상을 가지고 먹는 것과 그렇지 않은 것에는 생각보다 큰 차이가 있을 수 있기 때문입니다. 일본 오키나와에는 세계 최대 아쿠아리움인 츄라우미 수족관이 있습니다. 이 곳을 방문한 제 기억 속에 가장 강하게 남아있는 것은 돌고래쇼도 이름 모를 온갖 종류의 물고기들도 아닙니다. 입구에 들어서자마자 무료로 가족사진을 한 장 찍어주고는 출구에서 찾아갈 수 있다고 안내해주는 환한 미소를 띤 직원의 표정입니다. 덕분에 즐거운 기분으로 수족관에 입장할 수 있었고 지금도 책상 앞에 놓인 그 사진을 볼 때마다 좋은 추억을 떠올립니다.

우호적인 브랜드 연상을 소비자의 기억 속에 만들어 줄 때에는 지나치게 수를 늘리는 데 집착하기보다는 브랜드의 포지셔닝을 위해 방향성을 가질 필요가 있습니다. 즉, 브랜드가 소비자에게 제공하는 혜택의 유형은 크게 3가지인데, 기능적 혜택(functional benefit), 상징적 혜택(symbolic benefit), 경험적 혜택(experiential benefit)을 말합니다.[33] 이들 중 한 가지 유형의 혜택을 정해서, 정해진 방향의 우호적인 연상들을 붙여 나갈 필요가 있습니다. 그 이유는 전략적 브랜드 관리의 2단계(브랜드 지식구조의 관리)에서 어떤 혜택에 집중하는지에 따라 브랜드 이미지를 강화할 수 있는 전략에 차이가 있기 때문입니다. 2단계 부분에서 이는 좀 더 자세히 설명하

---

33) Park, C. W., Jaworski, B. J. and Maclnnis, D. J. (1986), "Strategic Brand Concept-Image Management", Journal of Marketing, 50, pp. 135-145

도록 하고, 우선 브랜드가 제공할 수 있는 세 가지 유형의 혜택이 무엇인지 살펴보도록 하겠습니다.

먼저 기능적 혜택은 소비자가 느끼는 현재의 기능적 문제를 해결하거나 또는 미래의 기능적 문제를 예방해 주는 것을 의미합니다. 예를 들면, 요즘 소셜미디어를 통해 활발한 광고를 하고 있는 꿀잠을 자게 해준다는 "마약 베개"나 샤워하는 물을 정수해 준다는 "퓨어썸 샤워기"가 기능적 혜택을 제공하는 대표적인 브랜드들입니다. 그 밖에도 P&G의 탈취제 페브리즈나 CJ LION의 세제인 비트도 여기에 속합니다. 기능적 혜택을 추구하는 소비자들은 앞으로 설명할 다른 두 유형의 혜택을 추구하는 소비자들에 비해 가격민감도가 높은 특성이 있습니다.

다음으로 상징적 혜택은 소비자가 자아 이미지(self-image), 사회적 지위(social status), 소속감(membership) 등을 표현할 수 있도록 도와주는 것을 의미합니다. 브랜드의 상징적 혜택이 소비자를 사로잡는 힘이 얼마나 강력한 지는 명품 중독자였던 닐 부어맨이 쓴 186일간의 일기, "나는 왜 루이비통을 불태웠는가? (Bonfire of the Brands: how I learnt to live without labels)"를 읽어 보시면 충분히 느낄 수 있을 것입니다.[34] 그는 브랜드로부터의 노예생활을 청산

34) 나는 왜 루이비통을 불태웠는가? 미래의 창, 2007, 닐 부어맨 저

하기 위해 자신의 몸처럼 아끼던 브랜드들을 런던 도심의 한 광장에서 화형식을 치르게 됩니다. 다른 사람들을 그들이 소비하는 브랜드들로 평가하고, 브랜드가 없으면 자신을 표현하기 힘들다는 강박관념에서 벗어나려 한 것입니다. 2018년 연말 명품 브랜드들이 출시한 100만 원이 넘는 다이어리들이 조기 품절되었다는 기사를 본 적이 있습니다.[35] 루이비통의 링 아젠다 제품은 커버 가격이 95만 원, 속지가 17만 원입니다. 경기불황이라는 얘기는 어쩌면 평균의 오류인지도 모르겠습니다. 평균적으로는 불황일지 몰라도 양극화의 심화로 명품 제품들이 호황을 누릴 만큼 부유층의 지갑은 더 두터워지고 있기 때문이죠. 2018년 4월 가수 빅뱅의 승리가 운영하는 역삼동 클럽에서 1억짜리 만수르 양주세트가 실제로 판매되어 화제가 되기도 했습니다.[36] 저는 이 양주세트가 특별히 맛있어서 팔렸다고 생각하지 않습니다. 남들이 가지지 못한 것을 구매함으로써 자신의 존재감을 과시할 수 있었기 때문일 것입니다.

대부분의 럭셔리 명품 브랜드들이 상징적 혜택을 추구한다고 할 수 있습니다. 하지만 특정 스포츠팀의 브랜드 로고가 그려진 셔츠 등 명품 브랜드가 아니더라도 자신의 소속감을 표현할 수 있는 브랜드는 상징적 혜택을 제공합니다. 여담이지만, 한국과 같은 유교

---

35) 박미주 기자 (2018.11.26), "다이어리도 소비 양극화… 100만 원짜리도 없어 못 판다" 아시아경제

36) 디스패치 (2018.4.6), "1억짜리 양주 세트 팔렸다는 '빅뱅' 승리 클럽"

문화권에서는 상징적 혜택을 추구하는 소비자들은 이를 떳떳하게 밝히지 못하는 경우가 많습니다. 몇 천만 원대 가방을 산 고객에게 왜 샀냐고 물으면, 박음질이 단단하고 가볍기 때문이라고 말하는 식으로 말입니다. 자신의 부를 뽐내는 행동이 지나친 과시라고 믿기 때문이죠. 그래서 사실 소비자 조사를 통해 좀처럼 정확히 알아내기 힘든 혜택의 유형입니다. 최근에는 젊은 층을 중심으로 타인에게 선망의 대상이 되고자 하는 일종의 허세, 스웨그(swag)가 재미로 인식되면서 부정적 시선이 많이 줄긴 했지만 문화의 변화가 하루아침에 일어나지 않는 만큼 여전히 주의가 필요합니다.

마지막으로 경험적 혜택은 소비자가 브랜드를 이용할 때 오감 또는 지적 즐거움을 제공하는 혜택을 의미합니다. 호주 멜버른에는 건물 7층에 위치한 재플슈츠(Jafflechutes)라는 유명한 샌드위치 가게가 있습니다. 샌드위치의 맛이 기가 막혀서 유명한 것이 아닙니다. 재플슈츠는 샌드위치를 의미하는 재플(Jaffle)과 낙하산을 의미하는 슈츠(Chutes)를 결합하여 만든 것으로 말 그대로 샌드위치를 날려 보내서(?) 명성을 얻게 되었습니다. 일반적으로 샌드위치가 바쁜 시간대에 가볍게 먹는 음식임을 생각하면 1층에 있는 가게들에 비해 7층은 매우 불리한 조건입니다. 눈에 잘 띄지 않을 뿐 아니라 7층까지 올라가는 시간과 노력이 크기 때문입니다. 재플슈츠는 이러한 단점을 극복하기 위해 1층에 지정된 장소에 있는 고객에게 7층에서 샌드위치를 만들어 낙하산을 태워 보내는 기발한 방법을 생각해 냈습니다. 고층에 위치한 샌드위치 가게만이 줄 수 있는 독특한 체험을 원하는 고객들이 몰려 들어 성황을 이루고 있습니다. 이처럼 경험적 혜택은 단점을 희석시킬 뿐 아니라 때로는 장점으로 돋보이게 하기도 합니다. 체코의 프라하에 위치한 비토프나 레스토랑은 레스토랑 중앙을 관통하고 있는 장난감 레일 기차가 주문한 음료나 맥주를 자리까지 배달해줍니다. 비토프나는 서빙 인력의 감소로 비용절감의 효과를 누릴 뿐 아니라 독특한 경험을 제공하는 대가를 고객에게 요구하는 도도함(?)을 보여줍니다. 열차이용료(기차티켓)을 15세 이상의 고객들은 인당 25코루나(한화 약 1,300원)를 주고 의무적으로 구매해야 하기 때문입니다. 음식 맛은 잘 모르겠지만, 독특한 경험을 제공한 탓에 프라하의 맛집으로 소문나 늘 대기시간이 만만치 않다고 알려져 있습니다.

애완견 전문 인터넷 쇼핑몰인 "도그카페"는 한때 독특한 이벤트로 쇼핑고객들에게 즐거운 경험을 제공한 적이 있습니다. 구매결제 완료한 회원고객들은 "훔쳐 줘 매장"이란 가상의 공간으로 이동하여 점원이 의자에 앉아 졸고 있는 틈을 타서 자신이 원하는 물건을 한 가지 훔칠 수 있는 기회가 주어집니다. 제품에 따라 도둑질이 들킬 확률이 다르게 설정되어 모험의 긴장감이 더욱 증가합니다. "아웃 오브 더 박스(Out of the Box)"라는 싱가포르의 한 기업은 2007

년 5월 "애니싱(Anything)"과 "왓에버(Whatever)"라는 이름을 가진 6가지 맛의 탄산음료와 7가지 맛의 아이스티를 각각 출시하였습니다. 재밌는 것은 음료의 캔에는 물음표와 브랜드만 있을 뿐 무슨 맛인지에 대한 정보가 없는 일명 "복불복 음료"라는 점입니다. 이 음료들은 소비자들의 유쾌한 긴장감을 유발함으로써 판매를 시작한 지 약 보름 동안 350만 개의 제품을 팔 수 있었습니다. 국내에서도 음료자판기에 랜덤으로 음료가 나오는 "?(물음표)"를 적은 랜덤 버튼을 만들었더니 대부분의 사람들이 다른 버튼이 아닌 랜덤 버튼을 많이 눌렀다는 조사결과가 있습니다. 저관여 상황(결과가 크게 중요하지 않음)에서의 불확실성은 위험이 아니라 재미이기 때문이죠.

경험적 혜택을 제공하는 또 다른 브랜드의 예로 100년을 훌쩍 넘긴 바이크 브랜드인 할리데이비슨(Harley-Davidson)이 있습니다. CEO인 리치 티어링크는 "우리는 철학을 판다. 오토바이는 슬쩍 끼워 팔 뿐."이라고 말합니다. 오토바이를 파는 회사가 오토바이를 끼워 팔다니요, 정말 흥미롭지 않나요? 할리데이비슨 바이크를 타는 사람들은 그 즐거움을 "도심에서 말을 타는 것"에 비유합니다.[37] 할리데이비슨이 최초로 개발한 V자 모양의 엔진에서 뿜어져 나오는 웅장한 엔진소리는 일반인들에게는 소음이 될 수 있지만 할리데이비슨을 타는 사람들에게는 말발굽소리처럼 정겹게 들린다는 것

37) 브랜딩 UnitasBrand Vol. 13, UnitasBrand, 2010, 권민 저, pp. 51-52

입니다. 따라서 할리데이비슨은 갈수록 엄격해지는 소음 및 환경규제에 대응하면서도 고유의 소리를 지키기 위해 배기음 전문 연구부서(Noise Vibration Harshness)를 통해 소리와 진동을 연구하여 제품설계에 반영하고 있습니다.[38] 물론 할리데이비슨은 바이크를 타는 사람들이 자신의 자유로운 영혼을 표현하고자 한다는 점에서 상징적 혜택을 제공하는 브랜드라고도 볼 수도 있습니다. 김광수 저, "철학하는 인간"이란 책에는 이런 구절이 있습니다.[39] "동물원에 갇혀 있는 수사자를 본적이 있는가? 제때 먹이가 나오고, 암사자가 바로 옆에 있으며, 사냥꾼을 염려할 필요도 없으니, 녀석은 다 가졌다... 그런데 녀석은 왜 저렇게 지루해 보이는가?" 어쩌면 사람들은 맹수들이 주로 잠을 자는 낮 시간에 동물에 가서 꾸벅꾸벅 졸고 있는 모습을 보았기 때문인지도 모르겠습니다. 하지만 이 글의 내용을 소비자에 빗대어 보면 모든 기능적 문제가 해결된 소비자들이 느끼는 결핍은 지루함을 없앨 수 있는 재미이며 이를 충족시키는 브랜드가 바로 경험적 혜택을 제공하는 브랜드입니다.

브랜드가 소비자에게 제공하는 혜택의 유형을 얘기할 때에는 한 가지 주의할 점이 있습니다. 제품범주에 따라 혜택의 유형이 정해지는 것이 아니라는 점입니다. 기능적 혜택을 제공하는 전형적인

---

38) 미국 모터사이클 108년 할리데이비슨, KBS 1TV 시사교양프로그램 <100년의 기업>

39) 김광수 저, "철학하는 인간" 연암서가

제품범주로 보이는 치아교정기도 방콕의 소녀들에게는 부모의 부를 상징하는 제품이 되어 1,500원짜리 짝퉁 치아교정기가 길거리에서 판매되기도 합니다.[40] 또한 생수의 가격이 몇 억 원을 호가한다면 어떨까요? 2013년 UAE의 왕족에게 판매된 아우룸79라는 생수 제품은 가격이 9억 원이 넘습니다. 그들은 목말라서 9억 원이나 주고 생수를 구매했을까요? 남들이 갖지 못한 것을 가질 수 있다는 희소성 때문에 구매합니다. 이처럼 생수도 상징적 혜택을 제공하는 브랜드가 될 수 있습니다. 따라서 브랜드 포지셔닝을 위해서는 브랜드매니저가 제품범주에 따라 쉽게 연상되는 전형적인 혜택의 유형을 따라갈 것이 아니라 우호적 연상의 방향을 해당 브랜드에 유리한 방향으로 설정할 필요가 있습니다.

지금까지 설명한 3가지 혜택을 신발에 적용해 보겠습니다. 스티브 잡스가 검정색 터틀넥 셔츠, 청바지와 함께 늘 착용한 것으로 알려진 뉴발란스(New Balance)는 기능적 혜택을 제공하는 브랜드로 출발하였습니다. 독특한 발모양을 가졌거나 걸음이 부자연스러운 사람들을 교정할 목적으로 만들어졌습니다. 그래서 6단계의 발볼 사이즈를 구분하기도 했습니다. 따라서 뉴발란스는 기능적 혜택을 제공하는 대표적인 브랜드라 할 수 있습니다. 한편, 최근에는 "럭셔

---

40) 얀 칩체이스, 사이먼 슈타인하트, 관찰의 힘, 위너스북

리 스포티즘"이 유행한다고 합니다.[41] 명품 가방 대신 비싼 스니커즈로 자신을 표현하고자 하는 소비자들이 늘어가고 있다는 말입니다. 최근 셀럽들을 중심으로 입소문이 나면서 큰 인기를 끌고 있는 세리버가 좋은 예가 될 수 있습니다. 인터넷 검색을 해보니 모델에 따라 차이가 있지만 30만 원 내외인 듯합니다. 고가라서 아무나 구매하지 못하는 희소성을 이용한 상징적 혜택을 제공하는 브랜드라 할 수 있습니다. 마지막으로 경험적 혜택을 제공하는 대표적인 신발 브랜드로 힐리스(Heelys)를 들고 싶습니다. 힐리스는 신발 뒷부분에 바퀴가 부착되어 운동화를 신는 재미를 더하고 있습니다. 우리들의 브랜드는 세 가지 혜택들 중 어떤 혜택을 추구해야 할까요? 브랜드 포지셔닝의 이슈입니다. 여러분들이 함께 모여 토의하고 정리하면서 곰곰이 답을 고민해 보시기 바랍니다.

---

41) 이정철 기자(2018.07.09), "명품 핸드백보다 운동화? 럭셔리 스니커즈 브랜드 세리버", FAMTIMES

강한 브랜드 연상

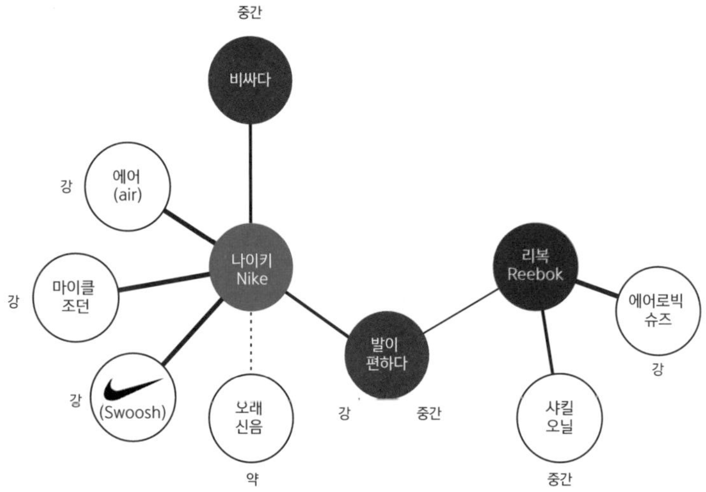

<그림11> 강한 브랜드 연상

이제 "브랜드 연상이 강하다"라는 말의 의미를 설명해 드리겠습니다. 강한 브랜드 연상이란 브랜드를 생각할 때 잘 떠오르는 브랜드 연상을 의미합니다. 이는 브랜드 연상에 대한 회상능력(recallability)과 관련이 있습니다. <그림11>에서 볼 수 있듯이 연상의 강도는 링크(link)의 굵기(또는 링크 수)로 표현됩니다. 브랜드 연상의 강도를 링크의 굵기로 표현하는 것은 브랜드 노드와 브랜드

연상 간의 정보를 주고받을 수 있는 고속도로가 확장될 경우 브랜드 연상이 더 빠르게 활성화될 수 있음을 가시적으로 보여주는 것이라 할 수 있습니다. 만약 개수로 표현한다면 고속도로의 차선이 늘어나면 더 빠르게 확산될 수 있음을 의미합니다. 앞서 얘기한 우호적인 브랜드 연상들이 쉽게 떠오를 때 브랜드 이미지가 더 긍정적으로 형성될 수 있기 때문에 브랜드 연상들의 강도를 전략적으로 관리할 필요가 있습니다.

강한 브랜드 연상은 소비자의 직접경험과 관련된 경우가 많습니다. 그래서 최근 고객참여 마케팅이 활발히 진행되고 있습니다. 예를 들면, 이마트는 2018년 3월과 11월 '이마터즈'라고 하는 자사의 서포터즈를 엄격한 시험을 통해 두 차례 모집하였습니다.[42] 3가지 조건(이마트에 대한 애정, SNS 능숙, 트렌드에 민감)에 충족되는 지 알아보기 위한 1차 온라인 능력시험, 2차 실기고사를 실시하였는데 경쟁률은 무려 213:1이었고 최종적으로 55명이 합격하였습니다. 문제유형은 예를 들면 "탕수육은 역사적으로 찍먹인가 부먹인가?"와 같은 매우 사소하고 쓸데없지만 나름(?)의 중요성을 가진 질문들이었으며, 소위 이마트 덕후들만 풀 수 있는 문제들도 제법 있었다고 합니다. 온라인 배달 앱 1위 업체인 배달의 민족이 치믈리에(치킨

42) 권현정 기자, "덕후를 찾으려거든 덕후의 방식으로, 이마터즈 능력시험" 디지털 매거진

소믈리에) 능력시험을 실시한 바 있으나, 오프라인 유통업체에서는 이례적인 이벤트였습니다. 이마터즈들은 이마터즈 자격증, 스페셜 굿즈, 시크릿 베네핏, 내 이름과 함께 매장에 진열되는 이마터즈 PICK의 혜택이 주어진다고 합니다.

이마터즈가 수행해야 하는 미션은 세 가지입니다. 우선 한 달 동안 구입한 쇼핑카트를 공유하고(마이쇼핑 카트), 자신의 안목으로 가장 좋은 제품을 골라 추천하며(이마터즈 PICK), 이마트 덕후 커뮤니티(e-marting)에 참여하는 것입니다. 특히 이마터즈 PICK으로 선정된 제품들 중 매월 5-6개를 골라, 해당 제품을 추천한 이마터즈의 정보와 함께 전국매장에서 판매홍보를 진행합니다. 예를 들면, 첫 선정 제품인 '피코크 더 노란 통통란'의 경우 산란날짜가 동일한 다른 계란들을 실제로 깨뜨려 색깔을 비교한 결과를 보여주고 있습니다. 제품에 대해 느끼는 소비자들의 목소리를 수집하여, 또 다른 소비자들에게 마케팅의 도구로 활용하고 있는 것입니다. 기업의 언어가 아닌 우리 주변의 또 다른 소비자의 언어로 표현된 메시지는 더 높은 설득력을 가질 수 있습니다. 또한 어려운 과정을 통과해서 합격한 만큼 이마터즈가 느끼는 소속감과 자부심은 그 어떤 서포터즈보다 높을 수 있기에 진정성 있는 자발적인 바이럴 활동에도 적극적으로 참여하고 있습니다. 덕분에 이마트는 4050 세대의 주부들이 주로 찾던 다소 올드해 보이고 심심한 대형마트의 이미지를 극복하고, 젊은 세대들에게 트렌디한 감각을 지닌 새로운 유통 매장이라는 긍정적이고 강한 연상을 효과적으로 심어줄 수 있었습니다.

고객참여 마케팅은 소비자들이 자신의 얘기를 할 수 있는 소재를 제공한다는 점에서도 의미가 있습니다. 2016년 5월 빙그레의 바나나맛 우유가 인스타그램에서 진행한 "ㅏㅏㅏ 맛 우유" 캠페인도 비슷한 맥락입니다.[43] 이는 패키지에 새겨진 "바나나" 글자에서 자음을 뺀 모음만 남겨두고 소비자들이 자음을 직접 만들어 채워 넣은 후 사진을 찍어 인스타에 올리도록 한 캠페인입니다. "강감찬 맛 우유", "잘자라 맛 우유" 등 다양한 아이디어들이 쏟아졌고 수차례 회자되면서 이 캠페인은 2016년 대한민국 온라인광고제에서 대상을 수상하기도 하였습니다. 이 캠페인에 참여한 고객들은 자신이 직접 경험한 것이기에 더 적극적으로 타인들과 소통하고 그 과정에서 더 강한 브랜드 연상을 가질 수 있습니다. 이 밖에도 브랜드 연상이 브랜드 노드에 강하게 연결되기 위해서는 세 가지 조건 중 적어도 하나가 충족되어야 합니다.

43) 김지헌 저, 당신은 햄버거 하나에 팔렸습니다: 소셜미디어 시대의 소비자를 이해하는 다섯 가지 핵심코드, 중앙books

(1) 최근에 연결되거나(recency),

(2) 연결이 자주 반복되거나(frequency),

(3) 연결하는 데 인지적 노력이 많이 들어간 경우(elaboration)

연상의 강도는 강해질 수 있습니다. 이러한 3가지 조건을 반영한 마케팅 커뮤니케이션은 브랜드 연상의 강도를 증가시키고 소비자의 구매를 유도하는 데 효과적입니다. 첫째, 구매시점 광고(Point Of Purchase: POP)는 "최근 연결"이라는 측면에서 연상을 강화하는 효과적인 방법이 될 수 있습니다. 만약 나이키의 에어기능이 구매에 중요한 영향을 줄 수 있다면 소비자가 매장에서 "에어기능을 통한 충격흡수"라는 메시지를 담은 POP광고를 볼 수 있도록 하는 것은 좋은 전략이 될 수 있습니다. 둘째, 지속적인 반복광고는 "반복연결"이라는 측면에서 연상을 강화하는 효과적인 방법이 될 수 있습니다. 나이키가 농구황제 마이클 조던과 장기계약을 체결하고 그를 지속적으로 광고모델로 활용한 것도 "마이클 조던"의 브랜드 연상을 강화함으로써 농구관련 제품들에 대한 소비자의 긍정적인 반응을 유도하기 위한 것이라 볼 수 있습니다. 마지막으로, 소비자의 정보처리를 위한 "인지적 노력" 수준을 증가시키기 위해서는 소비자가 자신과 관련성이 높고 중요한 정보라고 믿어야 합니다. 이를 고관여 상황이라고 얘기합니다. 예를 들어, 에어로빅 마니아는 에어로빅 슈즈가 자신과 관련성이 높기 때문에 에어로빅 슈즈와 관련된 정보에 더 관심을 가지고 깊이 있게 처리할 동기가 있습니다. 따라서 리복은 "에어로빅을 좋아하는 당신, 아무 슈즈나 신으시겠습니까?"라는 질문형 광고카피를 통해 에어로빅과 관련성이 높은 소비자들의 관심을 끈 후 "에어로빅을 하실 때는 리복의 에어로빅 전용슈즈를 신으십시오"와 같은 유형의 광고를 통해 리복과 에어로빅 슈즈 간 연결고리를 효과적으로 강화할 수 있을 것입니다.

독특한
브랜드 연상

마지막으로 "브랜드 연상이 독특하다"는 말의 의미를 설명하도록 하겠습니다. 독특한 브랜드 연상이란 동일한 제품범주에 속한 경쟁브랜드들이 가지고 있지 않은 연상을 의미합니다. 예를 들어, <그림11>에서 볼 수 있듯이 나이키의 "에어, 마이클 조던, Swoosh, 오래 신음, 비싸다"와 같은 연상들이나 리복의 "샤킬 오닐, 에어로빅 슈즈"와 같은 연상들을 말합니다. 일반적으로 독특한 연상들(긍정적인 연상이라고 가정할 때)을 많이 가지고 있는 브랜드일수록 자산가치가 높다고 판단되지만 여기에는 한 가지 전제조건이 필요합니다. 동일한 제품범주에 속하는 브랜드라면 반드시 가지고 있어야 하는 전형적인 연상들을 공유함과 동시에, 브랜드만의 독특한 연상들을 가져야 한다는 것입니다. 독특함은 상대적인 개념이라 반드시 비교대상이 있어야 하는데, 전형적인 연상들이 있어야 특정 제품범주로 분류가 되고 비교 대상이 정해질 수 있기 때문입니다. 즉, 브랜드가 제품범주의 전형적인 연상들을 공유하지 않을 경우 소비자는 브랜드를 어떤 제품으로 분류해야 할지 고민하게 되며, 브랜드가 가진 연상들의 장단점을 비교할 준거 브랜드(referent brand)가 무엇인지 혼란스러워하게 됩니다.

만약 브랜드가 전형적인 연상이 부족해 특정 제품범주로 분류되지 못할 경우 소비자의 기억에 남을 가능성은 희박합니다. 일반적으로 한의원에 가면 접수창구 뒤쪽으로 나무로 만든 약재함들이 빼곡히 쌓여 있습니다. 수없이 많은 서랍들이 있는 약재함에는 알 수 없는 한자들로 쓰인 약의 이름이 적혀 있고, 분류된 약들이 담겨 있습니다. 그런데 어느 날 산에서 약초를 캐는 사람이 한의원을 방문하여 검은 봉지를 수납 직원에게 건네며 귀한 약초인데 꼭 필요한 환자에게 사용해 달라고 얘기합니다. 직원은 유심히 들여다보지만 어느 약재상자에 담아야 할지 도저히 알 수가 없습니다. 그래서 나중에 한의사에게 물어 봐야지 하고 한쪽 구석에 봉지 째 두었습니다. 하지만 깜빡 잊고 퇴근하였고, 다음 날 아침에 먼저 출근한 다른 직원이 검은 봉지를 음식물 쓰레기 봉지로 착각하고 버리고 말았습니다. 특정 제품범주로 분류되지 못하는 브랜드의 운명도 이와 비슷합니다. 심리학자들은 인간의 기억 속에 약재상자와 비슷한 분류된 기억을 저장하는 빈(bin)이라는 공간이 존재한다고 주장합니다. 소비자가 어떤 브랜드를 보고, 분류가 안 되면 저장 공간을 찾지 못하고 다음에 알아 봐야지 하고 미뤄두다 기억 속에 저장되지 못하고 사라지게 됩니다. 따라서 독특함이 의미를 갖기 위해서는 전형적 연상이 중요합니다. 이때 제품범주와 공유하는 전형적인 연상을 POP(Point of Parity), 제품범주에 속한 경쟁브랜드들과 다른 독특한 연상을 POD(Point of Difference)라 부릅니다.

브랜드가 어떤 제품범주로 분류되는지에 따라 소비자가 브랜드에 대해 가지는 기대수준이 달라지기 때문에, 소비자가 브랜드를 자사에 유리한 제품범주로 분류하도록 유도할 필요가 있습니다. 특히 브랜드가 여러 제품범주로 분류될 수 있는 경계에 있는 경우, POP를 고려하여 좀 더 의미 있는 POD가 될 수 있는 범주로 분류되도록 커뮤니케이션 하는 것이 중요합니다. 1982년 출시된 한국 최초의 보리음료 맥콜이 좋은 예입니다. 맥콜이 처음 출시되었을 때 보리 맛이 나는 탄산음료인지 알코올이 없는 맥주인지 혼란을 줄 수 있었습니다. 맥콜은 맥주의 POP인 보리 맛을 공유하고 있으면서 알코올 無첨가라는 POD를 가지고 있는 브랜드로 볼 수도 있지만, 반대로 알코올 無첨가라는 탄산음료의 POP를 공유하고 있으면서 보리 맛이라는 POD를 가지고 있는 브랜드로 볼 수도 있기 때문입니다. 맥주로 분류되기 위해서는 어떤 POP가 더 중요한가요? 보리 맛인가요, 아님 알코올인가요? 아마 알코올일 겁니다. 일반적으로 알코올이 없으면 우리는 술이라 생각하지 않습니다. 따라서 맥콜은 알코올이 없는 맥주보다 보리 맛이 나는 탄산음료로 포지셔닝을 하는 것이 자사에 더 유리하다는 판단을 하였으며, 이를 위해 탄산음료와 관련된 전형적인 연상들을 강화함과 동시에 보리 맛이라는 독특한 연상을 부각시키는 마케팅 활동을 수행하여 시장에 성공적으로 안착할 수 있었습니다.

소니가 1999년 출시한 로봇애완견 "아이보(AIBO)"도 유사한 성공사례입니다.[44] 로봇에 대한 사람들의 가장 큰 기대(POP)는 귀찮은 것들을 해결해주는 능력일 것입니다. 하지만 아이보가 출시될 당시 소니의 기술로는 이러한 소비자들의 기대를 충족시키는 데 한계가 있었습니다. 예를 들어, 아이보는 음성인식 능력이 부족하여 주인의 명령에 정확하게 반응하지 못했습니다. 이를 해결하기 위해, 소니는 아이보가 우수한 "로봇"이라는 점을 강조하기보다 "애완견"이라는 감성적 측면을 부각시키기 위해 노력하였습니다. 즉, 소니는 아이보가 로봇의 범주로 분류될 경우 여러 가지 기능적 한계로 불리하다고 판단하여, 애완견의 범주로 분류되도록 노력하였습니다. 이에 따라 아이보는 다른 애완견에 비해 돌보는 것이 귀찮지 않으며, (로봇범주에서는 단점이 될 수 있는) 가끔 주인의 말을 못 알아

---

44) 디퍼런트(Different): 넘버원을 넘어 온리원으로, 살림biz, 2011, 문영미, p. 162.

듣고 다르게 반응하는 것이 오히려 소비자들로 하여금 살아있는 애완견처럼 느끼도록 하여 아이보에 대한 소비자의 감성을 자극할 수 있었습니다.

네덜란드 암스테르담의 저가 호텔인 한스 브링커 버짓(Hans Brinker Budget)은 브랜드의 비교대상을 어떻게 정하는지에 따라 소비자가 인식하는 브랜드의 매력도가 크게 달라질 수 있음을 잘 보여줍니다. 가격이 저렴하다는 것은 다른 호텔대비 큰 장점이 될 수 있지만 편의시설과 용품이 부족하다는 것은 치명적인 단점일 수 있습니다. 따라서 비교대상을 다른 호텔이 아니라 소비자의 집으로 설정하는 광고를 통해 이러한 단점을 효과적으로 극복하고 있습니다. 예를 들면 침대 하나뿐, 아무것도 없는 방의 사진을 보여주고는 "여러분의 집과 같습니다(just like home)."라고 광고하는가 하면, 고급스러운 호텔의 방안 구조를 구석구석 보여주면서 곳곳에 * 표시를 해두고는 "* 표시된 것이 우리 호텔에는 없습니다."라고 광고합니다. 단점이 장점으로 보이는 순간입니다.

이번에는 탄산수 얘기를 한번 해볼까요? 탄산수는 물에 탄산을 넣은 것인가요, 아님 탄산음료에서 몸에 좋지 않은 재료를 뺀 것인가요? 초기 탄산수에 대한 가격 저항이 높았던 것은 어쩌면 소비자가 물에 탄산을 넣은 것뿐이라 생각했기 때문이었는지도 모릅니다.

탄산을 조금 넣어 놓고 물보다 훨씬 비싸게 판다고 생각하면 지갑이 쉽게 열리지 않는 것은 어쩌면 당연한 결과일 것입니다. 만약 탄산수를 탄산음료에서 탄산만을 제외한 몸에 좋지 않은 모든 재료들을 뺀 순수한 제품이라고 포지셔닝 했더라면 어땠을까요? 어쩌면 같은 가격임에도 초기 반응은 훨씬 긍정적이었을지도 모릅니다. 저는 비타500이라는 제품이 비타민워터와 달리 큰 성공을 거둘 수 있었던 것이 음료시장이 아닌 자양강장제 시장을 타깃팅해서 무카페인을 POD로 포지셔닝 했기 때문이라고 생각합니다. 자신이 좀 더 돋보이고 의미 있는 차별화를 할 수 있는 시장을 잘 골랐기 때문이죠.

한편, 브랜드가 특정 제품범주로 분류되는 데 필요한 POP를 충분히 갖지 못한 것도 문제가 되지만, POD가 부족한 가운데 POP만을 지나치게 많이 가지고 있는 것도 바람직하지 않습니다. 1956년 대상㈜이 출시한 국내 최초의 인공조미료 브랜드인 "미원"이 좋은 예입니다.[45] 미원은 사탕수수 원당을 발효시켜 만든 발효조미료로 1970년대 중반까지 조미료 시장을 평정하였습니다. 미원은 인공조미료의 대명사가 되어 제품범주의 이름으로 사용되었으며 CJ제일제당의 미풍과 같은 경쟁브랜드들이 감히 넘보지 못하는 확고한 시장지위를 구축하였습니다. "인공조미료=미원"라는 공식에 따라 미

45) "톡톡!" 매출 2,000억대 다시다류 혈투, 2010-9-20, 동아닷컴, 755호, 최영철 기자

원은 POP를 아주 많이 보유할 수 있었지만, 상대적으로 POD가 적을 수밖에 없었습니다. 하지만 미원은 새로운 연상들을 추가하고자 하는 노력이 부족하였으며(즉, 자기파괴를 통한 혁신의 부족), 이를 틈타 1975년 CJ제일제당은 복합 천연조미료인 쇠고기 다시다를 출시하였습니다. 그러자 초기에 장점이 되었던 미원의 전형적인 연상들은 "몸에 좋지 않은 인공조미료=미원"이라는 새로운 공식을 만들어 내면서 쇠고기 다시다에 1위 자리를 물려주고 말았습니다. 2018년 미원은 슈퍼주니어의 멤버인 김희철을 모델로 한 광고들(#미원 살려줘서 고맙소, #미원 살려줘서 고맙닭)을 통해 미원이 가진 감칠맛을 강조함과 동시에 젊은 세대들에게 어필할 수 있는 유머감성을 보여줌으로써 POD를 보완하려 노력하고 있습니다.

대일밴드와 같이 브랜드가 제품범주의 대명사(exemplar)가 된다는 것은 장단점이 있습니다. 장점은 동일한 제품범주에 새로운 브랜드가 출시될 때마다 소비자는 대표 브랜드를 평가의 기준으로 이용하기 위해 해당 브랜드에 대한 기억들을 떠올리게 됩니다. 예를 들어, 오뚜기밥이라는 새로운 즉석밥이 출시되면 이를 평가하는 과정에서 햇반을 떠올리게 되고 햇반과 관련된 브랜드 연상들이 활성화되어 브랜드 연상들의 강도가 높아질 수 있습니다. 따라서 전형적인 브랜드는 상대적으로 적은 마케팅 비용으로 브랜드 인지도를 유지하고 브랜드 연상들을 강화할 수 있는 장점이 있습니다. 하지만 이는 더 이상 마케팅 커뮤니케이션을 할 필요가 없다는 것을 의미하지 않습니다. 오히려 새로운 연상을 추가하기 위해 더 많은 마케팅 노력이 필요하다는 단점이 될 수도 있습니다. 즉, 소비자가 브랜드에 대한 전체적인 이미지를 형성하고 난 후 추가 유입되는 연상들은 기존 이미지와 통합하기가 쉽지 않은 경우, 적극적으로 정보처리를 하지 않으려는 경향이 있어 이미지 변화가 없는 진부한 브랜드가 될 가능성이 증가하게 됩니다.

자산가치가 높은 브랜드가 되기 위해서는 제품범주로 분류되는데 반드시 필요한 핵심 POP들을 제한적으로 가짐과 동시에, 경쟁브랜드들과 차별화된 가치를 제공해 줄 수 있는 POD를 최대한 많이 가져야 함을 보여줍니다. <그림12>에서 브랜드A는 제품범주가 가진 5개의 전형적인 연상들 중 핵심적인 연상 2개를 공유하고 있으며 3개의 독특한 연상들을 가지고 있기 때문에, 불필요한 전형적 연상들을 많이 가진 반면 독특한 연상이 하나밖에 없는 브랜드B보다 브랜드 자산가치가 높다고 할 수 있습니다.

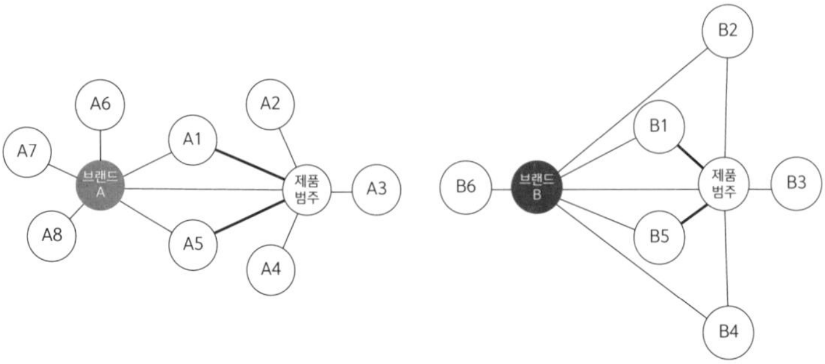

<그림12> 독특한 브랜드 연상[46)]

한편, 브랜드가 특정 제품범주로 분류되는 데 큰 영향을 미치지 못하는 POP들을 제거하는 대신 새로운 혜택과 관련된 POD를 추가하는 것은 후발 브랜드가 1위 브랜드로 도약하기 위한 좋은 전략이 될 수 있습니다. 디퍼런트(different)의 저자인 문영미 교수는 경쟁 브랜드들이 모두 가진 전형적인 속성들에 있어 최고가 되고자 하는 수직적 차별화는 모든 브랜드들을 평준화시켜 소비자의 구매의사결정에 혼란만 초래할 수 있다고 주장하였습니다.[47)] 따라서 중요하지 않은 POP들을 포기하는 대신 새로운 혜택을 제공할 수 있는 POD들을 추가함으로써 경쟁브랜드와 차별화하는 수평적 차별화의 노력이 창조적 파괴를 통한 미래시장으로 나아가는 지름길이라고 강조하였습니다. 예를 들면, 야후, AOL 등의 검색포털 사이트는

46) Krishnan, H. S. (1996), Characteristics of memory associations: a consumer-based brand equity Perspective, International Journal of Research in Marketing, 13, pp. 389-405

47) 디퍼런트(Different): 넘버원을 넘어 온리원으로, 살림biz, 2011, 문영미, pp. 135-149

뉴스, 부동산, 쇼핑, 주식 등 최대한 많은 서비스를 첫 화면에 담기 위한 경쟁을 하였습니다. 반면, 구글은 검색포털로 분류되는데 필요한 최소한의 POP인 검색 창만을 첫 화면에 남기고 뉴스, 부동산 등 중요하지 않은 기타 서비스를 모두 제거하였습니다. 대신 "빠른 검색 스피드, 단순함이 주는 편안함"이라는 POD를 추가하여 성공할 수 있었습니다. 스웨덴의 가구 브랜드인 이케아(IKEA)도 후발주자로 미국시장에 진출하였지만 수평적 차별화로 큰 성공을 거둘 수 있었습니다. 이케아는 가구제품들이라면 당연히 제공하는 배송과 조립 서비스 등을 과감히 없애는 대신, 쇼핑할 때 아이들을 맡겨 놓을 수 있는 탁아시설을 제공하고, 매장을 밝게 꾸몄으며, 매장 내 카페 운영을 통해 파이나 미트볼 등 간단한 음식을 즐길 수 있게 하여 유럽풍의 리테일테인먼트(retailtainment)라는 독특한 연상을 심어주어 큰 성공을 거둘 수 있었습니다.

차별화된 브랜드를 만들기 위해 독특한 브랜드 연상들을 추가할 때에는 한 가지 주의해야 할 점이 있습니다. 소비자들은 POD가 POP와 공존할 수 있는지에 대한 의문을 가질 수 있습니다. 예를 들어, 저칼로리라는 POD만을 강조한 커뮤니케이션은 소비자로 하여금 경쟁제품들에 비해 맛이 없을 것이라는 추론을 하게 할 가능성이 큽니다. 또한 가격이 저렴하다는 POD만을 강조할 경우 경쟁제품들에 비해 품질수준이 떨어진다고 생각할 수 있습니다. 따라서 소비자들에게 POD가 POP의 중요한 기본조건들에 부정적인 영향을 미치지 않는다는 것을 인식시키는 것이 중요합니다. 2006년 4월 첫 출시된 맥심 웰빙 1/2 칼로리 커피믹스가 매우 좋은 사례입니다. "맛과 저칼로리"가 공존할 수 없다는 소비자인식의 변화를 주기를 위해 "칼로리는 반, 맛은 그대로"라는 광고카피를 지속적으로 강조하였습니다. 코카콜라 제로가 처음 출시되었을 때 사용한 "ZERO 설탕 ZERO 칼로리, 코카-콜라 맛 그대로!"의 카피도 같은 맥락에서 제작되었다고 볼 수 있습니다.

만약 이러한 방법으로 브랜드 연상의 충돌문제(즉, POD가 POP에 미치는 부정적인 영향)를 해결할 수 없다면 추가적인 두 가지 전략을 고려해 볼 수 있습니다. 첫째는 두 개의 브랜드 연상을 분리해서 커뮤니케이션하는 방법입니다. 예를 들어, 소비자는 일반적으로 비듬방지 샴푸는 냄새가 좋지 않으며 머릿결을 부드럽게 하는 효과가 떨어진다고 생각합니다. 따라서 헤드앤숄더(Head & Shoulders) 샴푸는 유럽시장에서 두 가지 연상 중 하나만을 강조하는 2개의 광고를 별도로 운영하여 성공을 거둘 수 있었습니다. 즉, 한 광고에서는 비듬방지 효과가 뛰어나다는 것을, 다른 광고에서는 머릿결을 부드럽게 하는 효과가 뛰어나다는 것을 강조하였습니다. 이러한 방법은 브랜드 연상들 간 충돌이 상대적으로 약하며 별도의 광고를 운영할 만큼 예산이 충분한 경우에 효과적이라고 할 수 있습니다.

또 다른 방법은 소비자들이 충돌된다고 믿는 브랜드 연상의 의미를 재정의함으로써 실제로 공존하는 것이 가능하다는 것을 인식하게끔 하는 것입니다. 예를 들어, 애플의 제품들은 "누구나 사용하기 쉽다(user-friendly)"는 경쟁자들이 따라 하기 힘든 디자인의 POD를 가지고 있습니다. 하지만 애플의 이러한 POD가 처음부터 긍정적인 의미를 가졌던 것은 아닙니다.[48] 애플이 매킨토시(Macintosh) 컴퓨터를 처음 출시하였을 때, 소비자는 누구나 쉽게 사용할 수 있는 PC는 성능이 좋지 않은 PC일 것이라고 추정하였습니다. IBM의 고성능 PC는 사용하기 매우 힘들었기 때문이죠. 애플은 이러한 소비자의 부정적 인식을 바꾸기 위해 "당신이 최고가 되도록 하는 성능(The power to be your best)이야말로 진정한 PC의 성능"이라는 캠페인을 펼쳤습니다. 즉 누구나 사용하기 쉬운 컴퓨터가 가장 성능이 좋은 컴퓨터라는 메시지를 전달함으로써 브랜드 연상들 간 충돌을 해결하고 소비자들의 긍정적 반응을 유도할 수 있었습니다. 이는 소비자들에게 얼핏 생각할 때 단점으로 보이지만 한번만 더 생각해보면 장점일 수 있다는 깨달음을 주는 것을 의미합니다. 2022년 인구 100만 명 정도의 작은 나라이며 FIFA랭킹도 100위권이 넘는 카타르가 미국, 한국, 일본 등의 강력한 후보를 이기고 월드컵 유치권을 따올 수 있었던 것도 단점을 장점으로 볼 수 있

---

48) Strategic Brand Management: Building, Measuring, and Managing Brand Equity, Third Edition, Pearson International Edition, 2008, Kevin Lane Keller 저, pp. 116-117

는 새로운 프레임을 제시하였기 때문입니다.[49] 작은 나라라는 약점을 7개 도시에 12개의 경기장을 반경 30km 이내에 모두 지어, 선수들과 관람객들이 편하게 이동할 수 있다는 장점으로 재해석하였습니다. 또한 짧은 이동거리 덕분에 관람객들이 하루에 두 경기를 동시에 관람하는 것이 가능하다는 점을 내세우며, 관람객 수에 대한 우려를 불식시켰습니다.

요컨대 브랜드 자산가치를 높이기 위해서는 특정제품 범주로 분류되는데 필요한 핵심 POP를 반드시 가져야할 뿐 아니라, 경쟁브랜드와 차별화된 POD들을 많이 가짐으로써 제품범주에서 두드러져 보이게 해야 합니다. 또한 소비자들이 POD와 POP가 제공하는 핵심 혜택들 간 서로 충돌될 수 있다고 인식하는 경우에는 이를 해결해 줄 수 있는 마케팅 커뮤니케이션이 전략이 필요합니다.

49) 이유정 기자 (2010.12.10), [Global Issue] 카타르, 2022년 월드컵 유치… 단점을 장점으로 바꾼 '역발상'의 승리, 한국경제

브랜드 연상의 연결방법
: 연상의 공명과 상호연결성

지금까지 우리는 브랜드 노드에 어떤 연상들을 연결해야 하는지에 대해 공부했습니다. 이제 기억네트워크에 존재하는 브랜드 노드와 브랜드 연상들을 "어떻게 연결할 것인지"에 대한 답을 생각해보도록 하겠습니다. 결론부터 말씀드리면, 브랜드 노드와 브랜드 연상 간에는 공명(resonance)이, 브랜드 연상들 간에는 상호연결성(interconnectivity)을 고려한 연결이 필요합니다.[50] 먼저 브랜드 연상의 공명에 대해서 설명 드리겠습니다. 공명은 그네나 추를 흔들 때 흔들림의 방향으로 힘을 살짝 가해주면 왕복운동을 통해 더 큰 흔들림의 효과가 발생하는 것을 의미합니다. 이를 기억네트워크 모

---

50) Krishnan, H. S. (1996), "Characteristics of memory associations: a consumer-based brand equity Perspective", International Journal of Research in Marketing, 13, pp. 389-405

델에 적용하여 보면, <그림13>에서 보는 바와 같이 나이키하면 마이클 조던이 떠오르고, 마이클 조던하면 나이키가 떠오르는 것처럼, 브랜드 노드와 브랜드 연상이 서로에 대한 기억인출을 위한 단서로 작용하여 양방향으로 서로를 활성화시킴으로써 더 체계적인 브랜드 지식구조를 만드는 것을 의미합니다. 이를 위해서는 브랜드 노드와 브랜드 연상을 지속적으로 반복 연결함으로써 강도를 극대화할 필요가 있습니다. 특히 나이키처럼 마이클 조던과 오랫동안 독점적 계약을 지속하여 마이클 조던을 볼 때 나이키 이외의 다른 브랜드가 떠오르지 않도록 하는 것이 중요합니다. CJ제일제당이 김혜자 씨를 다시다의 광고모델로 오랫동안 사용한 것도 좋은 예가 될 수 있습니다. 소비자들이 항상 브랜드 노드를 먼저 생각한 후 관련된 연상들을 떠올리는 것은 아닙니다. 예를 들어, "마이클 조던이 신은 그 멋진 운동화가 뭐더라? 나이키지."와 같이 브랜드 연상들을 먼저 생각한 후 브랜드 노드를 떠올릴 수도 있습니다. 따라서 연상들의 공명이 잘된다는 말은 다양한 상황에서 나이키 브랜드를 잘 떠올릴 수 있다는 것을 의미하기도 합니다. 간혹 특정인물이 유명세를 떨칠 때 여러 브랜드들이 앞 다퉈 해당 스타를 모델로 채용하는 모습을 심심찮게 보게 됩니다. 그 모델은 아파트, 빵, 우유, 자동차 등 모든 브랜드와 연결고리를 만듭니다. 그럴 경우, 브랜드 연상의 공명이 일어나기는 매우 어려워질 가능성이 있어 주의가 필요합니다.

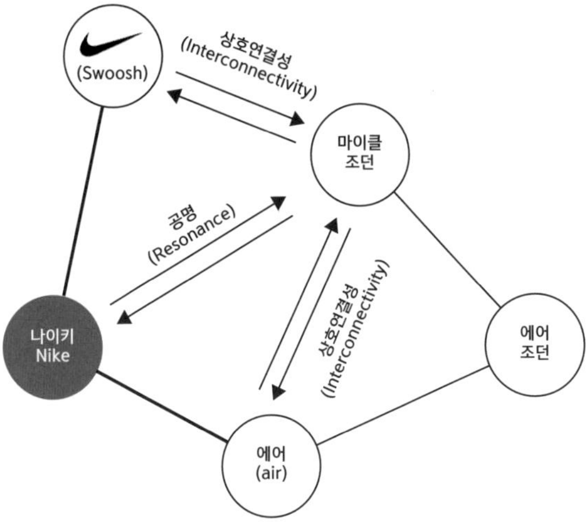

<그림13> 브랜드 연상의 공명 및 상호연결성

다음으로 브랜드 연상의 상호연결성은 브랜드 노드와 브랜드 연상이 아닌, 브랜드 연상들 간에 서로의 기억을 인출하는 단서로 작용하여 양방향으로 서로를 활성화시키는 것을 의미합니다. 그림에서 보는 바와 같이 나이키의 1차 브랜드 연상들인 swoosh, 마이클 조던, 에어간의 상호연결성이 강할 경우 이들에 대한 기억이 함께 강화되고 저장되어 브랜드 노드를 생각할 때 동시에 떠오르기 때문에 전체적인 브랜드 이미지를 형성하는 데 중요한 영향을 미치게 됩니다. 이를테면, 소비자는 나이키를 생각할 때 swoosh, 마이클 조던, 에어를 동시에 떠올리면서 활동적이며, 진정성이 강한 브랜드 이미지를 형성하게 되는 것입니다. 특히 마이클 조던과 에어의 상호연결성이 강화될 경우 나이키는 '에어조던'과 같은 새로운 브

랜드의 제품을 출시하는 기회를 얻을 수도 있습니다. 따라서 긍정적이고 강하며 독특한 브랜드 연상들의 수를 늘려나가기 위해 노력할 뿐 아니라 이들이 긍정적 브랜드 이미지를 형성할 수 있도록 상호연결성을 고려할 필요가 있습니다. 브랜드 연상의 상호연결성이 잘 반영된 사례로 아이보리(IVORY) 비누를 들 수 있습니다. 공장에서 제조공정의 실수로 공기가 주입되면서 아이보리가 물에 뜨는 비누로 유명해지자 "흰색, 깨끗한, 99.44%, 자연 그대로"라는 브랜드 연상들을 차례로 생성하며 이들을 일관성 있게 연결하여 "순수함(Purity)"라는 통합된 이미지를 효과적으로 창출하였습니다. 또한 순수함의 이미지는 "결백한", "믿음직한"과 같은 새로운 긍정적 연상들을 파생시킬 수 있었습니다.

지금까지 여러분들은 브랜드 지식구조를 구축하는 방법에 대해 학습하였습니다. 기억네트워크 관점의 브랜드 지식구조는 매우 체계적인 형태를 띠고 있지만, 지식구조에 포함된 많은 연상들이 브랜드를 생각할 때 모두 떠오르는 것은 아닙니다. 더군다나 모든 연상들의 조합을 통해 브랜드 이미지가 형성되는 것도 아닙니다. 소비자는 특정시점에 특정환경에서 이와 관련된 일부 연상들의 집합을 떠올리게 되며 이를 통해 형성되는 브랜드 이미지가 소비자의 구매에 영향을 미치게 되는 것입니다.[51] 따라서 브랜드 이미지를 관

51) Barsalou, L. W. (1983), "Ad hoc categories", Memory and Cognition, 11, pp. 211-227

리한다는 말은 브랜드 지식구조에 포함된 모든 브랜드 연상들이 동일한 이미지를 갖도록 관리하는 것을 의미하기보다는, 특정시점에 특정환경에서 소비자가 떠올리는 브랜드 연상들의 그룹들이 동일한 이미지를 갖도록 관리하는 것을 의미합니다. 물론 브랜드 연상들의 그룹에 의해 형성되는 브랜드 이미지들이 서로 상충되어서는 안 될 것입니다. 요컨대 브랜드 이미지를 효과적으로 구축하기 위해서는 전략적 목표를 단기적으로는 개별 브랜드 연상들에, 중장기적으로는 브랜드 연상들의 집합에, 장기적으로는 전체 브랜드 연상들의 네트워크 관리에 초점을 두어야 할 것입니다.[52)]

---

52) Teichert, T. A. and Schontag, K. (2010), "Exploring consumer knowledge structures using associative network analysis", Psychology and Marketing, 27(4), pp. 369-398

3강

브랜드 지식 구조의 관리

앞서 배운 브랜드 지식구조의 구축은 브랜드라는 나무를 심는 것에 비유할 수 있으며, 이는 브랜드 도입기에 브랜드 인지도와 브랜드 이미지를 소비자의 머릿속에 효과적으로 심어주기 위한 전략적 마케팅활동들을 의미합니다. 좋은 토양에 심은 나무를 예쁘게 가꾸기 위해서는 환경에 맞게 제때에 물을 주고 영양분을 공급하며 가지치기를 해 줘야 하는 것처럼, 시간이 지남에 따라 변해가는 소비자의 브랜드 지식구조를 기업에 유리한 방향으로 유지하기 위해서는 끊임없는 관심과 관리가 필요합니다. 이번 시간에는 브랜드 도입기에 성공적으로 구축한 브랜드 지식구조 즉, 브랜드 인지도와 브랜드 이미지에 물과 영양분을 공급하는 방법과 잘못된 방향으로 자라지 않도록 가지치기를 해주는 방법에 대해 설명 드리도록 하겠습니다.

브랜드 인지도의 관리
: 인지도의 깊이와 폭 강화

먼저 브랜드나무에 물과 영양분을 공급한다는 것은 브랜드 인지도와 이미지를 강화한다는 것을 의미합니다. 브랜드 인지도 강화의 핵심은 인지도의 깊이(depth)와 폭(breadth)을 향상시키는 것입니다. 인지도의 깊이는 "특정상황에서 해당 브랜드를 얼마나 잘 떠올릴 수 있는가"를, 인지도의 폭은 "얼마나 다양한 상황에서 해당 브랜드를 떠올릴 수 있는가"를 의미합니다. 예를 들어, 음료수를 마시고 싶을 때 코카콜라가 잘 떠오른다면 인지도의 깊이가 깊다고 할 수 있습니다. 반면 운동을 한 후, 소풍을 갈 때, 치킨을 먹을 때 등과 같이 다양한 상황에서 코카콜라를 떠올린다면 인지도의 폭이 넓다고 할 수 있습니다. 인지도의 깊이를 향상시키는 것이 브랜드 지식구조에서 브랜드 노드와 기존 브랜드 연상들과의 링크를 강화(예, 코카콜라와 음료수간의 링크)하여 회상능력을 증가시키는 것을 의미한다면, 인지도의 폭을 향상시키는 것은 구매 혹은 사용 상황과 관련된 새로운 연상들(운동, 소풍, 치킨 먹을 때)을 추가하여 이들이 브랜드를 떠올리는 데 기억단서로 사용될 수 있도록 하는 것을 의미합니다. 인지도의 깊이는 지속적이고 반복적인 마케팅 커뮤니케이션을 통해서 향상될 수 있습니다. 하지만 똑같은 커뮤니케이션을 지나치게 반복하다 보면 소비자가 싫증(advertising wearout)을 낼 수 있기 때문에 메시지는 동일하게 유지하더라도 커뮤니케이션의 형식(cosmetic variation)은 주기적으로 바꾸어 주는 것이 필요합니다.

인지도의 폭을 향상시키기 위해서는 다양한 상황에서 해당 브랜드를 사용하는 것이 적합하다는 인식을 심어줄 수 있는 커뮤니케이션 확장전략(expansion advertising)이 효과적입니다. 이는 소비자가 생각하지 못했던 새로운 상황에서도 해당 브랜드를 사용하는 것이 효과적임을 알려줌으로써 소비자의 브랜드 사용용도에 대한 고정관념을 깰 수 있는 커뮤니케이션을 하는 것을 의미합니다. 브랜드의 부정적 이미지를 긍정적으로 바꾸어 기존에 싫어하던 소비자를 좋아하게 만드는 일은 쉬운 일이 아니지만, 좋아하는 소비자들이 다양한 용도에서 브랜드를 사용할 수 있도록 용도의 범위를 확장하는 일은 상대적으로 쉬울 수 있습니다. 인지도의 폭을 향상시킨 대표적인 성공사례로 캠벨수프(Campbell's soup)의 "대신 캠벨수프를 드셔보세요(Make It Campbell's Instead)" 캠페인이 있습니다.[53] 캠벨수프는 미국 팝아트의 선구자인 앤디워홀(Andy Warhol)이 1962년도에 32종의 캠벨수프 통조림을 그린 작품을 출시할 만큼 오랫동안 미국인들의 사랑을 받아온 브랜드입니다. 하지만 1980년대 이후 다양한 패스트푸드의 등장과 함께 캠벨수프의 매출은 지속적으로 하락하였으며, 이에 대처하기 위해 전자레인지로 간단히 조리해서 먹을 수 있는 수프(ready-to-eat soup)를 출시하고 이에 대한 적극적인 홍보를 하였으나 하락하는 전체 매출을 회복하는 데는 한계가 있었습니다. 이는 주력상품인 농축수프(condensed soup)가 전체 회사운영의 70%를 차지하면서도 35%의 이익만을 가져다주었기 때문이며, 회사 전체의 실적개선을 위해서는 수프라는 음식 자체에 대한 소비자의 수요를 증대시킬 필요가 있었습니다. 소비자들은 수프를 레스토랑에서 저녁식사를 하기 전에 먹는 전체요리 또는 주 요리에 곁들여 먹는 요리(side dish)라는 고정관념을 가지고 있었기 때문에 수프에 대한 수요가 매우 제한적이었습니다.

따라서 캠벨수프는 소비자들이 이러한 고정관념을 벗어나 수프

53) Strategic Brand Management: Building, Measuring, and Managing Brand Equity, Third Edition, Pearson International Edition, 2008, Kevin Lane Keller 저, pp. 63-64

를 다양한 상황에서 여러 용도로 먹을 수 있는 음식이라는 인식을 갖도록 하기 위해 “대신 캠벨수프를 드셔보세요” 캠페인을 펼치게 됩니다. 2003년 광고대행사 BBDO가 기획한 이 캠페인에 캠벨수프는 무려 1억 달러나 되는 예산을 쏟아 부으며 기존에 여러 주제들로 산발적으로 진행해 오던 대부분의 마케팅 커뮤니케이션을 통합하였습니다. 푸드쇼 프로그램 진행자인 고든 엘리엇(Gordon Elliott)을 모델로 캐스팅하여 제한된 각본과 비디오카메라만을 이용하는 리얼리티 TV광고 시리즈를 제작하였습니다. 엘리엇은 식사 중인 일반 가정집으로 뛰어 들어가 다른 음식 대신 캠벨수프를 먹도록 권하는가 하면, 교차로에 서 있는 차량 안으로 들어가 컵홀더에 끼울 수 있는 컵수프를 권하기도 하였습니다. 또한 전자레인지로 데워 먹을 수 있는 캠벨수프를 사무실이나 길거리에 있는 일반 사람들에게 권했으며, 16살의 래퍼와 1:1 농구경기를 하며 캠벨수프를 상품으로 걸기도 하였습니다. 이 캠페인은 엘리엇의 즉흥적인 유머감각과 재치, 또 브랜드에 대한 남다른 애정이 다양한 상황(예, 가정에서 식사, 운전 중, 운동 후 간식, 식사를 거르는 직장인 등)에 있는 일반인들을 거부감 없이 광고에 참여시킴으로써 브랜드의 사용용도를 성공적으로 확장할 수 있었습니다. 이에 따라 캠벨수프는 매출이 점점 더 하락할 것이라는 전문가들의 예측을 깨고, 2004년에는 1980년대 이후 처음으로 매출이 증가하는 성과를 보였습니다.

브랜드 인지도의 폭을 확장하는 것은 개별 브랜드의 노력뿐 아니라 동일한 제품범주에 속한 브랜드들의 협업을 통해서도 가능합니다. 트로피카나(Tropicana)는 맛있고 건강에 좋은 주스라는 지속적인 광고를 통해 소비자들이 오렌지 주스를 생각할 때 가장 먼저 떠올리는 브랜드가 될 수 있었습니다(브랜드 인지도의 깊이 향상). 하지만 소비자들은 오렌지주스를 아침에 먹는 음료라는 제한된 사용상황 만을 인식하고 있었기 때문에 매출성장의 한계가 있었습니다. 이에 트로피카나는 플로리다 오렌지를 이용하는 다른 브랜드들과 함께 "오렌지주스는 더 이상 아침에만 마시는 음료가 아닙니다(It's not just for breakfast anymore)"라는 캠페인을 집행하여 소비자들의 오렌지주스에 대한 사용용도를 효과적으로 확장할 수 있었습니다.[54)]

한편 브랜드 인지도의 깊이와 폭을 향상시켜 다양한 상황에서 특정 브랜드를 가장 잘 떠올릴 수 있다고 할지라도, 소비자들이 브랜드를 구매해야 하는 시점이 지금이라는 것을 알지 못할 경우 브랜드의 매출이 상승하기는 어렵습니다. 따라서 소비자들에게 "지금이 브랜드를 구매할 시점"이라는 것을 알려주는 것이 중요한데 이를 신호전략(signaling strategy)라고 부릅니다. 예를 들어, 소비

---

54) Strategic Brand Management: Building, Measuring, and Managing Brand Equity, Third Edition, Pearson International Edition, 2008, Kevin Lane Keller 저, pp. 112-113

자가 칫솔을 구매할 때마다 오랄비(Oral-B) 브랜드를 떠올린다 할지라도 지금이 칫솔 교체시점이라는 것을 알지 못할 경우 브랜드를 구매하지 않을 것입니다. 이러한 문제를 해결하기 위해 오랄비는 1991년 세계 최초로 칫솔의 색깔 변화를 통해 교체주기를 알려주는 오랄비 인디케이터를 출시하였으며 글로벌시장에서 높은 시장점유율을 차지할 수 있었습니다. 또 다른 사례로 2017년 4월 바디럽(BODYLUV)에서 출시한 후 8개월 만에 27만 개를 판매한 퓨어썸 샤워기를 들 수 있습니다. 퓨어썸 샤워기는 샤워헤드에 녹물과 불순물을 제거할 수 있는 흰 필터를 넣어 2개월 단위로 색깔이 변하면 교체하도록 하였습니다. 필터가 검게 변하는 모습은 교체시기를 알려줄 뿐 아니라 소비자가 기존에 한 번도 생각해보지 못했던 이슈에 대해 관심을 가지도록 하여 새로운 구매욕구를 자극하는 의제설정이론(agenda setting theory)이 잘 적용된 사례라 할 수 있습니다.

소비자들에게 교체 구매시점을 알려줄 때 반드시 지속적인 변화과정을 보여줄 수 있는 기술적인 혁신이 필요한 것만은 아닙니다. 호주의 베개 브랜드 톤틴(Tontine)은 2010년 베개에 유통기한을 표시해주는 "신선한 베개 캠페인(Fresh Pillow Campaign)"으로 소비자에게 좋은 반응을 얻었습니다. 일반적으로 합성섬유로 만든 베개의 수명은 2년임에도 소비자들은 아무 생각 없이 5년 이상 사용한다는 점에 착안하여 베개를 구매하면 뒷면에 교체시기 날짜를 도장으로 찍어주는 것이었습니다. 대단한 기술이 필요한 것도, 엄청난 투자가 필요한 것도 아닌 이 캠페인 덕분에 톤틴은 매출이 345%나 증가하였으며 2011년 칸 광고제에서 은상을 수상하였습니다.

<그림14> 톤틴 베개 (출처: The Inspiration Room)

브랜드 이미지의 관리
: 브랜드 컨셉에 따른 이미지 강화

이제 브랜드 인지도에 이어 시간이 지남에 따라 브랜드 이미지를 강화할 수 있는 방안에 대해 알아보도록 하겠습니다. 박충완 교수와 그의 동료들은 이미 구축한 브랜드 지식구조에 손상을 주지 않으면서 브랜드 이미지를 효과적으로 강화할 수 있는 전략적 방법론인 "브랜드 컨셉관리(Brand Concept Management: 이하 BCM)"를 제안하였습니다.[55] 여기서 브랜드 컨셉(brand concept)이란 기업이 브랜드를 통해 소비자에게 어떠한 혜택을 제공할 것인지를 규정한 것으로 "소비자에게 브랜드가 어떠한 의미를 가지는가?"로 요약할 수 있습니다. 2강에서 우호적인 브랜드 연상의 의미를 설명할

55) Park, C. W., Jaworski, B. J. and Maclnnis, D. J. (1986), "Strategic Brand Concept-Image Management", Journal of Marketing, 50, pp. 135-145

때, 브랜드가 소비자에게 제공하는 혜택은 세 가지(기능적, 상징적, 경험적 혜택)로 구분될 수 있다고 말씀드렸습니다. 이에 따라 브랜드 컨셉도 기능적, 상징적, 경험적 컨셉으로 분류되며, BCM은 브랜드 도입기에 구축한 세 가지 컨셉들 중 하나를 유지하면서 시간이 지남에 따라 브랜드 이미지를 효과적으로 강화하기 위한 가이드를 제공합니다.

1. 기능적 컨셉의 브랜드 이미지 강화방법

먼저 시간이 지남에 따라 기능적 컨셉을 가진 브랜드의 이미지를 어떻게 강화할 수 있는 지에 살펴보도록 하겠습니다. 기능적 컨셉의 브랜드란 소비자가 일상생활을 하면서 겪게 되는 현재와 미래의 문제들을 해결 또는 예방해 주는 것을 목표로 하는 브랜드를 의미합니다. 예를 들어, 세탁세제 비트는 빨래의 얼룩을 제거해주는 기능적 컨셉의 브랜드라고 할 수 있습니다. 기능적 컨셉을 강화하기 위한 대표적인 전략으로는 문제해결 전문화 전략(problem-solving specialization strategy)과 문제해결 통합화 전략(problem-solving generalization strategy)이 있습니다. 문제해결 전문화 전략은 소비자가 해결해야 할 문제를 세분화하여 각각의 문제를 해결해 줄 수 있는 개별 제품을 출시함으로써 브랜드의 이미지를 더욱 정교화하는 것을 의미합니다. 예를 들어, 운동화를 좀 더 세분화하여 축구화, 농구화, 야구화, 워킹화 등 특화된 개별 제품을 출시함으로써 문제해결의 전문성을 강화하는 것을 의미합니다. 일본의 THE TOWEL이라는 수건 브랜드는 남성용 수건과 여성용 수건을 별도로 생산한다고 합니다.[56] 왜일까요? 남성과 여성이 수건을 사용하는 방법에 차이가 있기 때문입니다. 여성은 피부를 중요시하기에 수건의 감촉을 느끼면서 천천히 물기를 닦는다고 합니다. 하지만 저와 같은 남성은 빠르게 물기를 제거하기 위해 짧은 시간 동안 수건을 툭툭 치며 사용하는 것이죠. 따라서 여성용 수건은 실올을 부드럽게 만들었고, 남성용 수건은 빠르게 물기를 제거할 수 있도록 만들었다고 합니다. 남성과 여성이 수건을 사용할 때 느끼는 문제점을 구분하여 좀 더 전문화된 제품을 시장에 내 놓은 것이죠.

문제해결 전문화 전략은 세분화된 소비자의 욕구를 충족시킬 제품을 각각 출시함으로써, 시장에서의 경쟁강도를 줄여줄 수 있기 때문에 단기적으로는 이익을 얻을 수 있는 좋은 방법입니다. 하지만 장기적으로 봤을 때 세분화된 소비자의 욕구를 모두 충족시켜줄 수 있는 경쟁제품이 출시될 경우 모든 제품들이 동시에 위기에 빠지게 될 위험이 있습니다. 예를 들어 치석 억제, 충치 예방, 입냄새 제거, 미백효과 등 각각의 혜택을 제공하는 치약 브랜드를 출시

---

56) PUBLY, 도쿄의 디테일-고객을 위한 한끗 차에 주목하다

하였을 때, 경쟁기업이 모든 기능을 한 번에 해결해주는 치약을 개발하여 출시한다면 모든 브랜드들의 성과가 동시에 악화될 수 있습니다. 또한 세분화된 욕구를 충족시킬 수 있는 브랜드 수의 증가는 오히려 소비자의 불편함을 증가시키기도 합니다. 예를 들어, 변기에 버릴 수 있는 물에 녹는 물티슈 브랜드인 마이비데는 기존 제품 이외에 키즈용과 여성용을 추가로 출시하였습니다. 만약 한 가정의 아이와 여성이 보다 자신에게 맞는 다른 제품을 사용하고자 한다면 어떤 일이 벌어질까요? 욕실에 별도의 제품이 놓일 공간이 필요하게 되고 이는 불편함으로 작용할 수 있습니다. 이때 경쟁사는 남녀노소 누구나 쓸 수 있는 통합된 제품을 출시하여 새롭게 생겨난 소비자의 욕구를 파고들지도 모릅니다. 따라서 문제해결 전문화 전략은 복수혜택을 동시에 제공할 수 있는 제품개발을 위한 과도기적 전략으로 활용될 가능성이 있습니다. 또한 이 전략은 브랜드가 속한 제품범주가 복잡한 기술을 요하는 경우, 제품범주에 대한 소비자의 지식수준이 높은 경우, 소비자의 제품범주에 대한 욕구가 세분화 가능한 경우에 효과적인 방법이라고 할 수 있습니다.

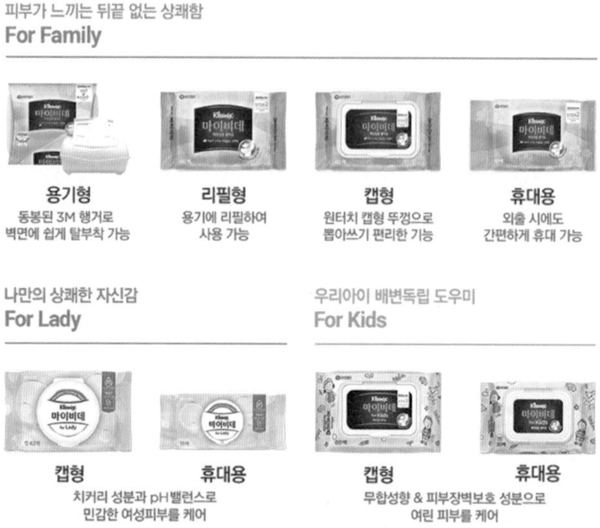

<그림15> 크리넥스 마이비데 (출처: 크리넥스 홈페이지)

다음으로 문제해결 통합화 전략은 다양한 상황에서 발생하는 소비자들의 문제를 특정 브랜드가 해결해 줄 수 있음을 강조함으로써 브랜드의 사용용도를 넓히는 것으로, 앞서 설명한 브랜드 인지도의 폭을 넓히는 전략과 일맥상통한다고 볼 수 있습니다. 이는 특정 브랜드가 소비자의 일상생활 속에서 얼마나 활용되고 있는가를 의미하는 일상점유율(Life Share)을 높이는 전략이라 할 수 있습니다. 대표적인 성공사례로 P&G의 섬유탈취제 페브리즈(Febreze)를 들 수 있습니다. 초기에 페브리즈는 어린아이를 키우는 가정의 젊은 주부를 타깃으로 빨기 힘든 섬유제품의 항균과 악취제거라는 기

능적 혜택을 제공하기 위해 출시되었습니다. 하지만 의류, 신발뿐 아니라 인형, 유모차, 베개, 욕실, 주방 등으로 브랜드의 사용용도를 확장하면서 섬유탈취제 시장의 전체규모를 꾸준히 성장시키며 리더십을 발휘하는 브랜드가 될 수 있었습니다. 페브리즈의 홈페이지에서는 "스토리 에피소드(story episode)"라는 이름으로 갑작스러운 집들이, 데이트, 회식 등 다양한 상황에서 제품을 사용하는 것이 효과적임을 부각시키고 있습니다. 또한 그림에서 보는 바와 같이 페브리즈가 방안에서 사용 가능한 용도를 동그라미로 표시한 "생활 속의 페브리즈" 그림을 이용해 시각적으로 브랜드의 다양한 용도를 한눈에 알아볼 수 있도록 제시하고 있습니다.

<그림16> 생활 속의 페브리즈 (출처: 페브리즈 홈페이지)

BCM에서는 소개되지 않았지만 기능적 컨셉을 가진 브랜드의 이미지를 강화하기 위한 또 다른 방법으로 유사차별화(pseudo differentiation)가 있습니다. 유사차별화는 실제로는 소비자에게 아무런 혜택을 줄 수 없는 속성(attribute)을 추가함으로써 소비자가 스스로 차별화된 혜택(benefit)을 받고 있다고 추론하게 만드는 방법입니다.[57] 일반적인 브랜드 차별화는 경쟁브랜드가 가지지 못한 새로운 속성을 추가하여 소비자가 느끼는 혜택과 가치를 증가시키는 것을 의미합니다(augmentation-by-addition: 추가적 확장) 예를 들면, 도브(Dove)샴푸가 보습성분을 추가함으로써 소비자들에게 머릿결이 부드러워지는 혜택을 제공하고 나아가 매력적인 사람이 될 수 있는 가치를 제공하는 것입니다. 따라서 소비자는 도브샴푸에 대해 "보습성분-부드러운 머릿결-매력적인 모습"이라는 브랜드 연상들의 계층구조를 가지게 됩니다. 하지만 도브샴푸와 같은 기능적 컨셉을 가진 브랜드들은 경쟁브랜드들의 모방으로 인해 차별성을 쉽게 잃을 수 있습니다. 즉 경쟁기업이 보습성분을 추가한 샴푸를 출시할 경우, 보습성분은 더 이상 도브샴푸만의 독특한 브랜드 연상이 될 수 없습니다. 도브샴푸는 이러한 치열한 경쟁 속에서 경쟁브랜드와의 차별화를 위한 새로운 수단으로 유사차별화를 시도할 수 있습니다. 예를 들어 실크 0.1%를 추가한 샴푸를 출시하는 것

57) 왜 자연산 회가 양식회보다 좋지, 동아비즈니스리뷰, 2008년 4월 7호, 김지헌, pp. 70-71

입니다. 샴푸에 실크를 0.1% 추가하는 것은 사실 소비자에게 어떠한 혜택도 제공하지 못하지만, 소비자들은 이 샴푸가 머릿결을 부드럽게 해 주는 혜택을 제공할 것이라 스스로 추론하여 타 브랜드보다 더 선호하게 됩니다. 물론 도브샴푸는 실질적 효과가 없는 혜택에 대해서 직접적으로 홍보하지 못하며, 다만 실크가 0.1% 추가되었다는 속성만을 강조하게 됩니다. 즉 실제로 존재하지 않는 "속성-혜택"의 관계가 소비자의 추론오류에 의해 형성되고 브랜드 선호도로 이어지는 것입니다.

그렇다면 소비자가 유사차별화를 한 제품을 선호하는 이유는 무엇일까요? 세 가지 관점에서 설명이 가능합니다. 첫째, 유사차별화를 한 브랜드가 그렇지 않은 브랜드보다 독특하고 참신하며 두드러져 보입니다. 즉, 0.1%의 실크를 추가한 샴푸는 실제로 아무런 추가적 혜택이 없을지라도 이러한 속성이 없는 제품보다는 소비자들에게 뭔가 특별해 보이기 때문에 소비자의 관심을 끌고 구매를 유도할 수 있습니다. 둘째, 소비자는 "아니 땐 굴뚝에 연기 날까?"라는 생각을 합니다. 일반적으로 커뮤니케이션을 할 때 사람들은 대화의 의미를 두 가지 관점에서 찾습니다. 하나는 대화의 내용이며 다른 하나는 대화의 이유입니다. 도브샴푸는 0.1%의 실크를 추가한 것이 소비자에게 어떠한 혜택을 줄 수 있다고 주장할 수는 없지만, 0.1%의 실크가 함유되었다는 사실만은 적극적으로 홍보할 것입니다. 이

때 소비자는 메시지의 내용에 상관없이 "뭔가 좋은 것이 있으니 저렇게 홍보를 열심히 하는 거겠지."라는 대화의 이유에 대해 생각하게 되며, 이에 따라 혜택에 대한 추론오류가 발생하여 유사차별화를 한 브랜드를 더 선호하게 됩니다. 셋째, 소비자는 브랜드를 사용해 본 후 만족할 경우 그 원인을 다른 브랜드가 갖지 못한 차별적인 속성에서 찾는 경향이 있습니다. 예를 들어, 소비자가 어느 날 우연히 0.1% 실크가 추가된 도브샴푸로 머리를 감았는데 유난히 머릿결이 부드러워진 느낌을 받았다고 합시다. 그때 소비자의 특별한 경험, 즉 유난히 부드러운 머릿결을 갖도록 해 준 새로운 혜택은 0.1%의 실크라는 다른 샴푸가 가지지 못한 속성 때문에 발생하였다고 추론하게 되는 것입니다.

1994년 카펜터(Carpenter) 교수와 그의 동료들은 소비자들을 대상으로 한 실험을 통해 유사차별화와 관련된 세 가지 흥미로운 사실을 발견하였습니다.[58] 첫째, 유사차별화의 효과는 가격이 올라갈수록 커진다는 것입니다(그림17A). 0.1%의 실크를 추가한 후 도브샴푸의 가격을 더 높게 책정할 경우 소비자들은 0.1%의 실크가 주는 혜택이 더 클 것이라 추론하고 해당 브랜드를 더 선호하게 된다는 것입니다. 둘째, 유사차별화가 실제로 어떠한 혜택을 줄 수 없다

58) Carpenter. G. S., Glazer, R. and Nakamoto, K. (1994), "Meaningful brands from meaningless differentiation: the dependence on irrelevant attributes", Journal of Marketing Research, 31(4), pp. 339-350

는 사실을 알려준 이후에도 브랜드 선호도는 거의 변하지 않는다는 것입니다. 즉 0.1% 실크를 추가한 것은 머릿결을 부드럽게 하는데 아무런 영향을 미치지 못한다고 알려준 후 다시 선호도를 측정한 경우에도 유사차별화를 한 브랜드에 대한 선호도가 거의 변하지 않는다는 것입니다. 이는 유사차별화가 브랜드 선호도에 얼마나 강력한 효과를 미칠 수 있는 지를 보여줍니다. 마지막으로 유사차별화가 아무런 혜택을 제공하지 못한다는 사실을 알려준 경우, 가격을 올리게 되면 일정 수준까지는 브랜드 선호도가 증가하다가 지나치게 가격이 오를 경우 선호도는 감소하게 된다는 것입니다(그림 17B). 예를 들면, 0.1%의 실크를 추가한 샴푸 가격을 일반 샴푸보다 개당 2,000원 정도 비싸게 책정할 경우에는 가격 증가가 유사차별화 효과를 증가시켜 실크가 추가된 샴푸를 더 선호하게 됩니다. 하지만 개당 5,000원 비싸게 가격을 책정할 경우, 0.1% 실크 추가는 아무런 혜택이 없다고 들었던 기억을 떠올리게 하여 유사차별화의 효과가 사라져 브랜드 선호도는 하락하게 됩니다. 따라서 기업의 입장에서는 유사차별화의 효과가 사라져 브랜드 선호도가 하락하기 시작하는 가격수준을 찾아내고 그 변곡점을 이용하여 가격을 책정하는 것이 가장 효과적일 것입니다. 유사차별화는 경쟁이 매우 치열하고 품질수준이 규격화 된 생필품 분야에서 효과적인 대안이 될 수 있습니다. 예를 들어 DHA가 들어간 우유, 녹차먹여 키운 돼지 등 그 혜택을 명백히 알 수 없는 경우에도 우리는 더 큰 가치를 부여하게 됩니다.

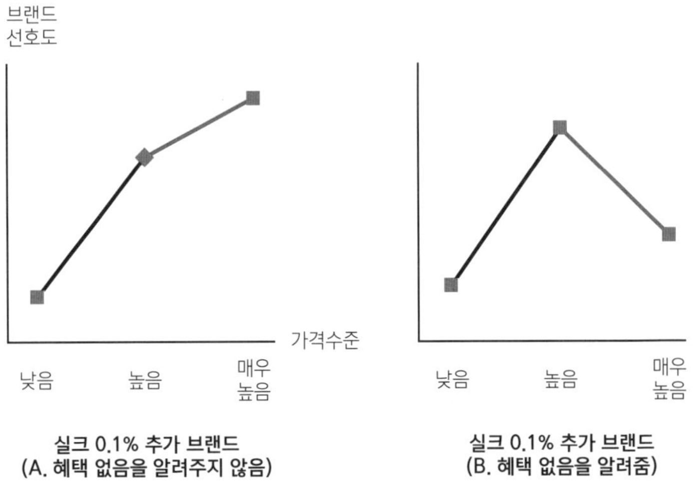

<그림17> 가격 수준에 따른 유사차별화 효과의 변화

2. 상징적 컨셉의 브랜드 이미지 강화방법

이제 상징적 컨셉을 가진 브랜드의 이미지를 효과적으로 강화할 수 있는 방법에 대해 알아보도록 하겠습니다. 상징적 컨셉의 브랜드란 자아 이미지(self-image), 사회적 지위(social status), 특정집단에 대한 소속감(membership) 등을 표현하고자 하는 소비자의 욕구를 충족시키는 것을 목표로 하는 브랜드를 의미합니다. "브랜드-세상을 파고든 유혹의 기술"의 저자 월리 올린스(Wally Olins)는 브랜드를 "내가 세상에 누구인지 좀 더 빠르고 확실하게 알릴 수 있는 매체"라고 표현하였습니다.[59] 이는 소비자가 브랜드를 통해 자신의 정체성을 표현하고 있음을 말해 주는 것으로, 브랜드가 제공하는 상징적 혜택의 중요성을 의미합니다. 명품 브랜드는 소비자가 자신의 사회적 지위를 표현하도록 도와주는 대표적인 상징적 컨셉의 브랜드라고 볼 수 있습니다.

상징적 컨셉을 가진 브랜드의 이미지를 강화하기 위한 효과적인 방법으로는 표적집단 보호전략(market shielding strategy)이 있습니다. 질문을 하나 드리겠습니다. 여러분이 만약 명품 브랜드의 마케터인데 새로운 가방제품의 출시를 앞두고 여성잡지에 광고를 하기로 결정하였다고 가정합시다. 여러분은 명품을 살 수 있는 구매력을 가진 여성들이 많이 보는 잡지에 광고를 해야 할까요? 아니면 구매력에 상관없이 일반적으로 여성들이 많이 보는 대중 잡지에 광고해야 할까요? 우리가 마케팅에서 흔히 말하는 시장세분화 전략에 따르면 당연히 구매 잠재 집단인 명품의 구매력을 가진 여성들이 많이 보는 잡지에 광고하는 것이 맞을 것입니다. 하지만 상징적 컨셉의 브랜드는 조금 다릅니다. 명품 가방을 살 수 없는 사람들도 해당 제품을 알아야 부러움을 유발할 수 있고, 그 부러움의 가치를 큰돈을 지불하고 구매하기 때문입니다. 따라서 일반 대중 여성

59) 윌리 올린스, "브랜드-세상을 파고든 유혹의 기술" 세미콜론

잡지에 광고하는 것이 더 바람직할 수 있습니다. 이처럼 표적집단과 비표적집단 모두에게 브랜드의 장점을 집중적으로 홍보하여 모든 집단이 원하도록 만든 후, 비표적 집단에 대한 구매장벽(예, 높은 가격)을 높여 표적집단만 구입할 수 있도록 함으로써 표적집단이 차별적 이미지(예, 자긍심)를 표현할 수 있도록 도와주는 전략을 표적집단 보호 전략이라고 합니다. 한마디로 브랜드가 비표적 집단에게는 그림의 떡이 되어, 이를 실제로 구매한 표적집단을 동경하도록 만드는 전략이라고 볼 수 있습니다.

상징적 브랜드의 이미지 강화를 위한 다른 방법으로 한정판(Limited edition) 출시전략이 있습니다. 예를 들면, 패션계의 작은 거인으로 불리는 니고(Nigo)가 1993년 출시한 일본의 스트리트패션(street fashion) 브랜드인 "베이프(Bathing Ape)"는 한정판 출시 전략으로 큰 성공을 거둘 수 있었습니다. 원숭이 캐릭터로 잘 알려진 베이프는 젊은이들의 자유분방하고 독특한 개성을 표현할 수 있는 상징적 컨셉의 프리미엄 힙합 브랜드로, 전 세계 10여 개 국가에 진출하여 세계 패션업계의 파장을 불러오고 있습니다. 이처럼 베이프가 성공할 수 있었던 것은 모든 제품을 한정판으로 출시하여 제품의 희소가치를 극대화함으로써 브랜드의 상징적 이미지를 성공적으로 강화하였기 때문입니다. 모든 제품을 한정판으로 판매하여 젊은이들 사이에 큰 인기를 모으고 있는 패션브랜드인 슈프림

(Supreme)도 유사한 사례입니다. 슈프림은 1994년 뉴욕에서 스케이트 보더들의 자유분방하고 반항적인 문화를 배경으로 탄생한 스트리트 패션 브랜드로 모든 제품이 조기에 완판되고 중고거래 사이트에서 웃돈을 받고 판매되는 등 현재 대단한 유명세를 누리고 있습니다. 심지어 2016년에는 슈프림 로고를 찍어 30달러에 판매한 벽돌이 중고거래 사이트에서 2천 달러에 판매되기도 하였습니다.[60] 슈프림의 인기는 2018년 8월 13일 뉴욕포스트와의 콜라보로 매우 흥미로운 사건을 만들었습니다. 뉴욕포스트 신문 1면에 아무런 기사도 없이 슈프림 로고만 찍어서 판매한 것입니다. 딱 23만 부만 인쇄한 이 신문은 한 명이 50부씩 사재기를 하는 등 큰 인기를 모으며 조기 완판되었고 중고거래 사이트에서 20달러에 재판매 되었습니다. 날짜가 지난 신문은 아무런 가치가 없다는 상식을 깨고 한정판 출시에 따른 희소성으로 소비자들의 소장 욕구를 자극했기 때문입니다.

스마트폰 앱의 발달로 많이 줄긴 했지만, 여전히 많은 분들이 연말이 되면 다음 해의 다이어리를 구매하곤 합니다. 지정음료 3잔을 포함해 17잔을 마셔야 무료로 얻을 수 있는 스타벅스의 다이어리는 왜 이렇게 인기가 있는 것일까요?[61] 2004년부터 약 15년째 이어오

---

60) 변희원 기자 (2018.8.16), "빨간 로고 하나 덕분에… 뉴욕포스트 23만 부 출근길 완판" 조선일보

61) 이지원 기자 (2018.11.20), "별다방 다이어리, 17잔에 담은 희소가치의 매력" 더스쿠프

고 있는 이 캠페인의 지속적인 성공에는 "한정판" 출시를 통한 상징적 효과의 강조라는 평이 있습니다. 다이어리의 색상과 구매기간이 한정되어 있기 때문에 수요대비 공급이 부족한 다이어리가 인터넷 커뮤니티(예, 중고나라)에서 고가에 팔리기도 합니다. 따라서 한정판을 가진 소비자들이 자신의 가치를 더 효과적으로 드러낼 수 있는 기회를 제공하는 것이죠.

악어로고로 유명한 패션 브랜드를 아시는지요? 맞습니다. 라코스테(LACOSTE)입니다. 85년간 악어로고를 사용해오던 라코스테가 최근 악어대신 원숭이, 거북이 등 다양한 동물로고를 사용한 폴로셔츠를 출시하여 화제가 된 적이 있습니다.[62] 그 이유가 무엇일까요? 바로 멸종위기 동물에 대한 경각심을 불러오기 위한 캠페인(#SaveOurSpecies)을 펼친 것입니다. 흥미로운 것은 각 로고별로 한정 판매한 개수가 달랐는데 그건 현재 지구상에 존재하는 각 동물의 개체 수를 의미합니다. 예를 들어, 중국과 베트남 국경에 위치한 숲에 거주하는 것으로 알려진 검은 볏 긴팔 원숭이의 경우 150개의 셔츠를 한정 판매하였습니다. 이 캠페인은 국내에서도 소셜미디어를 통해 빠르게 확산 공유되었는데요, 한정판으로 출시되어 기부의 상징성이 더 강화되었기 때문으로 해석할 수도 있습니다.

---

62) 변보경 기자 (2018. 3. 3), "라코스테가 85년 만에 악어 대신 돌고래 로고를 사용한 이유" 인사이트

한편, 상징적 컨셉의 브랜드는 대중 소비자들에게 유용한 기능적 혜택을 줄임으로써 브랜드의 상징성을 강화할 수 있습니다. 애플의 아이맥(iMac)이 대표적인 사례입니다[63]. 아이맥은 스티브잡스가 자신이 창립한 애플에서 쫓겨난 후 12년 만에 복귀하여 출시한 제품으로, 애플이 경영난을 극복하고 새로운 도약의 계기를 마련할 수 있게 해 준 제품이었습니다. 아이맥은 독특한 디자인을 가진 혁신적인 제품으로 기능적 컨셉을 가진 일반적인 컴퓨터 브랜드와 달리 상징적 컨셉을 가진 브랜드로 평가됩니다. 아이맥이 출시될 무렵 많은 사람들이 디스켓을 사용하고 있었기 때문에 대부분의 컴퓨터들은 플로피 디스크 기능을 지원하고 있었지만, 아이맥은 이러한 기능을 제거하고 USB포트를 사용함으로써 "시대를 앞서가는" 사람들이 이용하는 브랜드라는 상징성을 강화할 수 있었습니다. 또한 아이패드(iPad)에 USB 메모리를 사용할 수 없도록 한 대신 인터넷환경에서 언제 어디서든 자신이 작업하던 것을 다운로드해서 연속적으로 처리할 수 있도록 지원하는 "아이클라우드(iCloud)" 서비스를 제공함으로써 "시대를 앞서가는" 사람들을 위한 브랜드라는 이미지를 강화하였습니다. 한때 총각네 야채가게에는 냉장고가 없었다고 합니다. 그 이유는 신선한 야채를 당일 판매하는 것이 원칙이라는 상징적 의미를 전달하기 위해서라고 하는군요. 남들이 많이 하는 것을 하지 않음으로써 상징성을 강화한 것으로 볼 수 있습니다.

63) 브랜드 연관성, 브랜드앤컴퍼니, 데이비드 아커 저, p. 39

3. 경험적 컨셉의 브랜드 이미지 강화방법

마지막으로 경험적 컨셉을 가진 브랜드의 이미지를 강화할 수 있는 효과적인 방법에 대해서 살펴보도록 하겠습니다. 경험적 컨셉의 브랜드란 제품을 사용할 때 느끼는 오감의 즐거움(sensory pleasure), 다양성 추구(variety seeking), 지적 자극(cognitive stimulation)에 대한 소비자의 욕구를 충족시켜주는 것을 목표로 하는 브랜드를 의미합니다. 예를 들어, 닌텐도의 Wii는 기존 게임기가 손가락만으로 즐길 수 있는 경험을 제공한 것과 달리 온몸을 사용해서 땀을 흘리며 가족, 친구들과 제품을 함께 사용하는 오감의 즐거움을 극대화한 경험적 컨셉의 브랜드라고 할 수 있습니다. 또한 인형 제작과정에 소비자를 참여시켜 자신만의 특별한 인형을 가질 수 있는 즐거운 경험(예, 동물의 종류, 솜의 유형을 선택하고 목소리를 녹음함)을 제공하는 빌드-어-베어 워크숍(Build-A-Bear Workshop)이나, 감자칩 표면에 재미있는 유머나 퀴즈를 인쇄하여 소비자의 먹는 즐거움과 지적 자극을 동시에 충족시킨 P&G의 프링글스 프린츠(Pringles Prints)도 대표적인 경험적 컨셉의 브랜드라고 할 수 있습니다.

경험적 컨셉을 가진 브랜드의 이미지를 강화하기 위한 효과적인 방법으로는 브랜드 액세서리 제공전략(brand accessory strategy)과 브랜드 네트워크 활용전략(brand network strategy)이 있습니다. 먼저 브랜드 악세서리 제공전략은 소비자가 기존 브랜드를 사용하는 것에 싫증을 느끼지 않도록 새로운 즐거움을 제공할 수 있는 위성제품(satellite product) 즉, 브랜드의 액세서리를 지속적으로 제공하는 전략을 의미합니다. 크로슬라이트(Croslite™)라는 가벼운 소재로 만든 신발로 큰 인기를 끌고 있는 크록스(Crocs)도 그림과 같이 지비츠(jibbitz)라는 다양한 액세서리를 출시하여 소비자들의 신발을 신는 재미를 더해 주고 있습니다. 지비츠는 사실 크록스의 계획 하에 만들어진 제품이 아니라 3명의 어린 자녀를 둔 슈멜저(Schmelzer)라는 가정주부에 의해 개발된 것으로 알려져 있습니다. 슈멜저는 어느 날 집에서 굴러다니는 단추와 리본을 아이들의 크록스에 끼워 장식해 주었고, 이를 본 이웃사람들이 구매를 원하게 되어 남편과 지하차고에서 가내수공업으로 사업이 시작되었습니다. 이후 크록스 본사가 이 사실을 알고 지비츠를 1천만 달러에 인수함과 동시에 부부를 사장과 임원으로 채용하여 화제가 되었습니다. 흥미로운 탄생 배경이죠? 지하차고가 없어서 우리나라에는 창업이 활발하지 않다는 농담이 무색하지 않습니다.

<그림18> 크록스 악세사리 jibbitz (출처: 홈페이지 광고 캡처)

또 다른 사례로는 1959년 미국기업인 마텔(Mattel)이 출시한 바비인형(Barbie)을 들 수 있습니다. 전통적으로 어린이용 인형은 입에 엄지손가락을 물고 있는 큰 머리의 아기 인형이었던 것과 달리, 바비인형은 최초의 섹시한 몸매를 가진 십대 여성의 모습을 한 인형으로 큰 인기를 끌 수 있었습니다. 하지만 바비인형이 50년 이상 꾸준히 소비자들의 사랑을 받을 수 있었던 것은 옷, 가구, 집, 자동차 등 액세서리 제품을 지속적으로 출시하여 다양한 바비인형의 스토리를 만들어 감으로써 소비자에게 끊임없는 즐거움을 주었기 때문입니다. 흥미롭게도 남자친구 켄(Ken)이 바비에게 결별을 통보했다고 해서 화제가 된 적이 있습니다. 바비인형을 생산하는 마텔이 분홍색 포장박스를 만들기 위해 인도네시아의 열대우림을 파괴하고 있는 것에 대한 환경보호단체 그린피스의 이색 시위에서 비롯된 것입니다. 그린

피스는 환경을 해치는 여자친구 바비와 더 이상 사귀지 않겠다는 켄의 선언을 담은 애니메이션을 제작하여 유튜브에 유포하였으며, 마텔 본사 앞에서 켄으로 분장하여 항의 시위를 하면서 주목을 끌었습니다. 이처럼 기업이 브랜드의 스토리를 제공하면 소비자는 긍정적이든 부정적이든 브랜드의 히스토리를 만들어갑니다. 이러한 히스토리를 직접 만들어가는 소비자와 이를 지켜보는 소비자 모두 브랜드에 대한 색다른 재미를 느끼게 되는 것입니다.

<그림19> 바비 Dollhouse (출처: 바비샵 홈페이지)

브랜드 액세서리 제공전략의 다른 성공사례로 블랙마틴싯봉의 론니슈즈(Lonely Shoes)를 들 수 있습니다. 론니슈즈는 신발 한 켤레를 구매하면 디자인이 조금 다른 한쪽을 추가로 제공하여 매일 같은 신발을 신는 지루함을 벗어남과 동시에 색다른 패션을 연출할 수 있도록 도와줌으로써 큰 인기를 끌 수 있었습니다. 이후, 같은 컨셉의 양말인 론니삭스(Lonely Socks)를 출시하였고, 11월 1일 둘이 만나 하나가 된다는 의미에서 "론니데이 페스티발" 행사를 진행하는 등 독특한 마케팅 전략으로 젊은 세대들의 큰 관심과 사랑을 받고 있습니다. 최근 빙그레의 바나나맛 우유가 온라인 쇼핑몰 G마켓과 제휴하여 선보인 마이스트로우는 악세서리 제공전략의 끝판왕이라 불릴 만합니다. G마켓의 신박한 쇼케이스를 통해 소개된 마이스트로우는 바나나맛 우유를 재밌게 먹을 수 있는 네 가지 종류의 빨대를 출시한 이벤트였습니다(빙그레에서는 5가지 빨대를 개발, 그 중 4개 제품을 G마켓에서 판매했다고 합니다). 그림에서 볼 수 있는 SOS 스트로우는 소화기 모양으로 매운 것을 먹었을 때 불타는 입 속에 우유를 쉽게 뿌릴 수 있도록 만든 제품이고, 러브 스트로우는 하트 모양의 빨대로 연인들이 하나의 우유를 함께 마실 수 있도록 한 제품입니다. 마지막으로 링거스트로우는 프로눕방러들이 누워서 편하게 우유를 마실 수 있도록 한 제품으로 세 제품 중 가장 먼저 판매 종료가 되었다는 후문입니다. 정말 기발하지 않나요?

<그림20> 빙그레 SOS스트로우 (출처: 빙그레 제공)

광고를 통해 우유에 찍어먹는 재미있는 과자라고 늘 강조해온 오레오(Oreo)는 2018년 11월 "찍어먹기 위한 최적의 세트(Ultimate Dunking Set)"을 출시하여 주목을 받았습니다. 월마트에서 $17.98 가격에 팔리는 이 제품은 손에 우유를 묻히지 않으면서도 재미있게 찍어먹을 수 있는 또 다른 방법을 제안함으로써 오레오 팬들에게 큰 기쁨을 안겨주고 있습니다. 이처럼 경험적 컨셉의 브랜드들은 브랜드 소비자의 즐거움을 더할 수 있는 부가적인 제품을 출시함으로써 소비자들이 지루해하지 않고 끊임없이 흥미를 가질 수 있게 유도할 필요가 있습니다.

<그림21> Oreo Ultimate Dunking Set (출처: Walmart)

다음으로 브랜드 네트워크 활용전략은 소비자에게 서로 다른 즐거움을 줄 수 있는 여러 종류의 제품을 묶어서 하나의 브랜드 네트워크(network of brands)로 제공하는 전략을 의미합니다. 브랜드 액세서리 제공전략이 주 제품(main product)을 보조해 줄 수 있는 다양한 위성제품을 제공하는 전략임에 반해, 브랜드 네트워크 활용전략은 위성제품이 아닌 동급의 제품들을 묶음으로 제공함으로써 소비자의 다양성 추구 욕구를 만족시킬 수 있다는 점에 차이가 있습니다. 예를 들어, 켈로그(Kellog)는 여러 맛의 시리얼을 하나의 팩으로 묶은 캘로그 버라이어티팩(Kellog's variety pack)을, 배스킨라빈스(Baskin Robbins)는 싱글 레귤러 아이스크림 컵 6개를 결합하

여 골라먹는 재미를 더한 버라이어티팩을 출시하여 소비자들이 한 가지 맛에 싫증이 나 다른 브랜드로 이동하는 것을 막을 수 있었습니다. 대형 할인마트에서 흔히 볼 수 있는 "골라 담기" 행사도 브랜드 네트워크 활용전략의 좋은 예(예, CJ만두 7종 중 3개 골라 담기)입니다. 이는 낱개제품보다 가격이 약 30~40% 저렴하면서도 제품을 고르는 재미뿐 아니라 소비자의 다양성 추구 욕구를 동시에 만족시켜 주기 때문에 소비자들의 반응이 매우 긍정적일 수 있습니다.

서비스 분야에서도 소비자에게 선택의 다양성을 보장하는 브랜드 네트워크 전략은 효과적일 수 있습니다. "Beer yourself(당신이 원하는 맥주를 스스로 즐겨라)"라는 독특한 브랜드 컨셉을 가진 뉴욕의 수제맥주집 랜돌프비어는 최근 국내에도 진출하였는데 이용방법이 매우 흥미롭습니다.[64] 매장에 들어 간 고객은 맥주ATM 카드를 충전하고 24가지 수제 맥주 탭에서 원하는 만큼 맥주를 스스로 따른 후 모니터에 카드를 대고 계산하는 시스템입니다. 30cc 당 약 600원이 채 안 돼 저렴하면서도 바텐더나 웨이터에게 팁을 줄 필요가 없어 금전적 부담이 적을 뿐 아니라 다양한 맥주를 조금씩 맛볼 수 있다는 점에서 고객들의 반응이 매우 좋다고 합니다. 얼

64) 박용 특파원(2017.10.10), "뉴욕 식당들, 인건비 부담 못 견뎌 잇달아 점원 없는 가게로" 동아일보

마 전 비슷한 컨셉의 맥주전문점인 탭퍼블릭(Tap Public)이 이태원에 오픈하였습니다. 랜도플비어에서는 카드를 사용하는 것과 달리 탭퍼블릭에서는 전자칩(RFID)이 들어간 팔찌를 대고 60가지 맥주를 원하는 만큼 골라 마실 수 있습니다. 10리터당 과금이 되며 맥주별로 가격에는 약간의 차이가 있습니다(예, 안동맥주 IPA 210원). 60가지 맥주 중 인기가 많은 30%만 유지하고 70%를 지속적으로 바꾸어 소비자들의 새로운 맛에 대한 끊임없는 관심과 흥미를 유발하고 있다고 합니다.

브랜드의 위기
: 3가지 대응전략과 2가지 기본원칙

지금까지 브랜드 이미지를 효과적으로 강화할 수 있는 방법에 대해 배웠습니다. 이제 잘못된 방향으로 자라는 브랜드나무의 가지치기 방법에 대해 설명하겠습니다. 이는 소비자의 브랜드 지식구조에 부정적인 브랜드 연상이 유입된 경우 이를 효과적으로 대처할 수 있는 전략에 관한 것입니다. 기업이 장기간에 걸쳐 많은 노력을 기울여 긍정적 브랜드 이미지를 구축하였다 할지라도 브랜드에 대한 부정적 연상이 유입될 경우, 그 연상이 사실이든 루머이든 간에 순식간에 브랜드를 위기로 몰고 갈 수 있습니다. 2008년 9월 진로는 해양심층수로 만든 소주 "J"를 출시하였을 때, J가 Japan을 의미한다는 소문이 돌면서 일본 자본 유입설에 휘말려 국민정서에 민감한 주류시장에서 브랜드 위기를 경험하였습니다. 이에 진로는 근거 없는 악성루머라는 해명광고를 하였으며, 소주병에는 "1924년 순수민족 자본으로 86년간 희로애락을 함께 한 국민기업 진로, 언제나 여러분과 함께하겠습니다."라는 문구를 넣어 루머차단에 나섰지만 소문만 일파만파로 퍼질 뿐 이미 나빠진 브랜드 이미지를 회복하는데 한계가 있었습니다. 또한 KFC는 부리와 발이 없는 돌연변이 닭을 원료로 쓴다는 루머에 시달려야 했습니다. 소셜미디어가 활성화되면서 이처럼 근거 없는 루머와 가짜뉴스들의 확산속도는 점점 더 빨라지고 있습니다. 루머뿐 아니라 기업의 잘못과 실수로 브랜드 위기가 찾아오기도 합니다. 2008년 농심은 노래방용 새우깡에서 쥐머리가 발견된 데 이어, 2010년 쌀새우깡에서는 쌀벌레인 화랑곡나방이 발견되어 브랜드 이미지에 큰 타격을 받았습니다. 탄산수 브랜드 페리에(Perrier)도 1994년 병 속에 벤젠이 유입된 것으로 밝혀진 후, 부정적 브랜드 이미지를 극복하고자 노력하였으나 초기대응이 미흡하여 원래 수준으로 회복하지 못하고 결국 네슬레에 의해 인수되었습니다.

기존에 가지고 있던 긍정적 연상들과 불일치하는 부정적 연상이 유입될 경우, 소비자들은 일관성 이론(consistency theory)에 따라 기존연상과 새로운 연상을 통합함으로써 불편한 심리상태를 해결하고자 하는 동기를 갖게 됩니다. 이때 기업이 효과적으로 대처하지 못할 경우 부정적인 방향으로 통합되어 오랫동안 구축해온 브랜드 자산이 순식간에 붕괴될 수 있습니다. 브랜드의 위기대응을 위해서는 기억네트워크 관점의 3가지 대응전략과 2가지 기본원칙을 기억할 필요가 있습니다. 3가지 대응전략[65]은 반박전략(refutation strategy), 인출전략(retrieval strategy), 저장전략(storage strategy)을, 2가지 기본원칙은 신속한 대응(swiftness)과 진실된 대응(sincerity)을 의미합니다. 구체적으로, 반박전략은 브랜드 노드와 새롭게 유입된 부정적 브랜드 연상 간의 링크를 끊는 전략을, 인출전략은 브랜드 노드와 기존의 긍정적인 브랜드 연상 간의 링크를 강화하는 전략을, 저장전략은 브랜드 지식구조에 새로운 긍정적 브랜드 연상을 추가하는 전략을 의미합니다. 신속한 대응의 원칙은 소비자의 불안이 확산되는 것을 방지하기 위한 발 빠른 대응을, 진실된 대응은 소비자에게 숨김없이 모든 사실을 공개하고 그들이 입을 수 있는 최소한의 피해마저도 걱정하고 해결하려는 진심 어린 태도를 의미합니다.

브랜드의 위기상황은 매우 다양하므로 언제, 어디서, 무엇을, 어떻게 하라는 구체적인 가이드라인을 제시할 수는 없지만 과거 사례를 통해 얻은 두 가지 중요한 인사이트가 있습니다. 첫째는 브랜드 위기의 원인이 사실이 아닌 루머인 경우, 지나치게 빠르게 대응하는 반박전략은 득보다 실이 많다는 점입니다. 1978년 맥도날드가 햄

---

65) 이문규, 홍성태 (2001), "소비자 행동의 이해" 법문사 pp. 129-132

버거 패티에 쇠고기 대신 지렁이를 사용한다는 루머에 대응했던 실패사례가 이를 잘 보여줍니다.[66] 세균제거의 목적으로 패티에 암모늄수산화물과 쇠고기의 부산물을 사용한 것이 붉은 액을 만들면서 생겨난 루머였습니다. 맥도날드는 지렁이고기 루머가 제기되자 빠르게 진압해야 한다는 생각에 논리적으로 반박하는 커뮤니케이션을 서둘러 진행하였습니다. 즉, 쇠고기는 파운드당 1달러 밖에 하지 않지만 지렁이는 파운드 당 5~8달러나 하는데 우리가 굳이 비싼 지렁이 고기를 쓰겠느냐는 논리였습니다. 심지어 지렁이가 포함되지 않았다는 국가공인 기관의 검사결과를 매장에 부착하기도 하였습니다. 이러한 적극적인 맥도날드의 발 빠른 대응은 루머를 몰랐던 사람들에게도 이를 알리는 부정적 효과를 보이며 시장점유율이 무려 30%나 하락하였습니다. 시장조사결과 90% 이상의 소비자들이 지렁이 루머를 믿지 않는다고 대답하였으나, 맥도날드를 볼 때마다 떠오르는 지렁이와 관련된 연상은 햄버거를 맛있게 먹을 수 없는 불편함을 주었던 것으로 보입니다.

그렇다면 맥도날드는 이러한 위기에 어떻게 대응해야 했을까요? 그림으로 표현한 3가지 전략을 함께 보시면서 설명 드리겠습니다. <그림22>에서 보는 것과 같이 맥도날드는 지렁이 패티 문제가 대두되기 전 "즐거운, 신속한, 대중적인"과 같은 좋은 연상들이 많았

66) 전우영 (2010.5.4), "훼손된 이미지 바꾸기, 왜 어렵나" 시사저널, 5월호

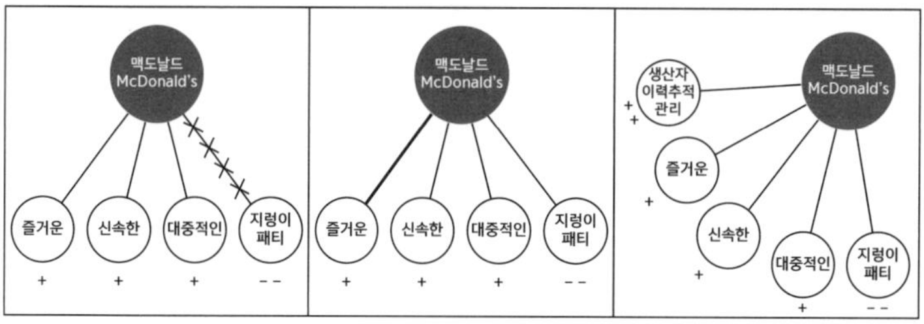

<그림22> 맥도날드의 반박, 인출, 저장 전략

습니다. 하지만 지렁이 패티 문제가 제기되면서 기존에 가지고 있던 3개의 긍정적 연상보다 지렁이 패티의 연상이 강해졌습니다. 앞서 부채효과에서 설명한 것과 같이 특정 연상이 잘 떠오르면 다른 연상은 상대적으로 덜 떠오르게 됩니다. 그러자 맥도날드는 첫 번째 그림에서 보는 바와 같이 맥도날드와 지렁이 패티의 관계를 끊어내려는 반박전략을 사용하였습니다. 하지만 지렁이 패티의 연결고리가 오히려 더 강해졌고, 사실이 아니라고 믿는 소비자조차 다른 긍정적 연상들을 떠올리지 못하고 지렁이 패티 연상만 떠올리게 되어 맥도날드 햄버거를 기피하게 된 것입니다. 맥도날드와 같은 루머인 경우, 빠른 반박 전략보다는 초기에는 인출전략이 바람직할 수 있습니다. 기존의 좋은 연상들을 강화하는 것이죠. 그러면 부채효과에 따라 부정적인 지렁이 패티가 상대적으로 덜 떠오르게 될 가능성이 증가합니다. 루머가 조금 더 확산되어 가면 저장전략을 사용하여 지렁이 패티에 대한 언급 없이 "생산자 이력추적 관리"

등의 원재료의 출처를 확인할 수 있는 시스템을 구축하였다는 긍정적 연상을 추가하는 것도 바람직할 수 있습니다. 마지막으로, 이러한 노력에도 불구하고 걷잡을 수 없이 루머가 확산될 경우에 한해 반박 전략을 쓰는 것이 효과적입니다. 그렇다고 여기에서 말한 "인출-저장-반박"의 순서가 항상 최고의 결과를 가져온다고 단언할 수는 없습니다. 브랜드 위기의 상황은 수백, 수천가지가 될 수 있고 그때마다 상황에 맞는 전략을 활용할 필요가 있습니다.

두 번째 인사이트는 맥도날드 사례와 같이 브랜드 위기를 해결하기 위해서 하나의 전략을 선택하기 보다는 상황에 맞게 동태적으로 여러 전략을 결합하는 것이 효과적이다는 점입니다. 물론 2가지 기본 원칙을 지키면서 말입니다. 켈러 교수가 전략적 브랜드 관리 책에서 소개한 타이레놀의 사례는 그 의미를 잘 보여줍니다.[67)]진통제 브랜드인 타이레놀(Tylenol)은 2가지 원칙을 잘 지키며 세 가지 전략을 동태적으로 잘 활용한 덕분에 치명적인 브랜드 위기를 극복하고 제 2의 도약을 할 수 있었습니다. 1959년 존슨앤드존슨(Johnson & Johnson)이 인수한 타이레놀은 강력한 진통효과, 아스피린보다 위장장애가 적음, 내과의사들이 권하는 믿을 수 있는 제품 등 긍정적 브랜드 연상들을 구축함으로써 1982년 초반까지 진

---

67) Strategic Brand Management: Building, Measuring, and Managing Brand Equity, Third Edition, Pearson International Edition, 2008, Kevin Lane Keller 저, pp. 482-485

통제 시장에서 약 37%의 시장점유율을 장악할 수 있었습니다(그림23). 하지만 1982년 10월 첫째 주, 시카고에서 7명의 사람들이 청산가리가 주입된 타이레놀 캡슐을 먹고 숨지는 사건이 발생하였습니다(그림24). 이는 기업 외부의 정신이상자의 소행으로 밝혀졌으며 시카고 지역에 한정된 사건이었음에도 불구하고, 타이레놀에 대한 소비자들의 불신이 점차 증가하여 시장점유율이 10% 이하로 떨어지면서 대부분의 마케팅 전문가들은 타이레놀 브랜드가 생명을 다했다고 예견하였습니다.

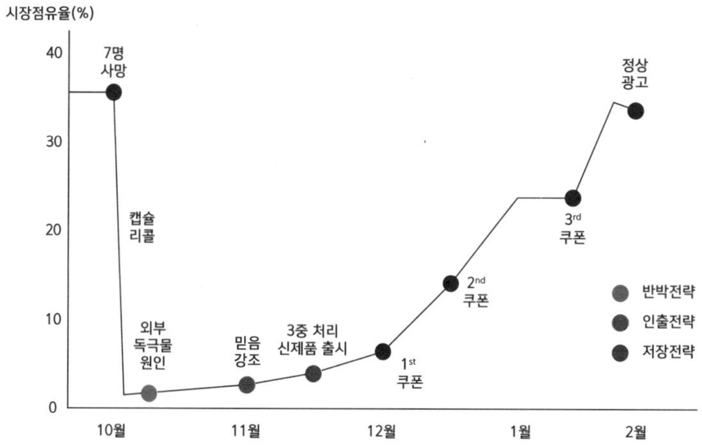

<그림23> 타이레놀의 위기대응 조치 (출처: Keller(2008) 사례 편집)

존슨앤드존슨은 예상치 못한 위기를 극복하기 위해 먼저 신속한 여러 가지 대응 조치를 취하였습니다(1st 원칙: 신속한 대응). 위기

발생 첫 주에 전 세계 의료계에 경고조치를 전달하고 24시간 무료 전화 연결망을 개설하였으며, 사망원인이 청산가리를 주입한 범인 때문임을 알리고 (1st 전략: 반박전략, 타이레놀과 사망의 링크를 끊음) 이를 잡기 위해 10만 달러의 상금을 걸기도 하였습니다. 또한 혹시라도 있을 소비자의 피해를 방지하기 위해 1억 달러 상당의 타이레놀 3천백만 병을 자발적으로 회수하였습니다(2nd 원칙: 진실된 대응). 타이레놀 관련 모든 광고를 중단하였으며 언론보도를 통해서만 조치경과를 소비자에게 알렸습니다. 10월 24일 존슨앤드존슨은 마침내 광고를 재개하여 사망사건의 원인은 제품이 공장을 떠난 후 범죄자에 의해 유입된 독극물 유입 때문이며 극히 일부 지역에서 발생한 사건임을 다시 한번 강조하였습니다(1st 전략: 반박전략). 또한 사망사건이 발생하기 전까지 기업뿐 아니라 소비자가 함께 노력하여 타이레놀을 가장 믿음직한 브랜드로 성장시켜 왔음을 강조하였으며(2nd 전략: 인출전략 – 타이레놀과 긍정적 연상 간 링크강화), 소비자의 추가피해를 방지하기 위해 자발적으로 모든 타이레놀 제품을 회수하는 등 최선을 다하고 있음을 알렸습니다(2nd 원칙: 진실된 대응). 이에 따라 조금씩 시장점유율이 회복세로 돌아서기 시작하였습니다. 11월 11일 마침내 존슨앤드존슨의 CEO는 600개의 미국 뉴스 리포터들과 원격회의를 개최하여 독극물 유입을 원천 봉쇄한 3중 처리 패키지를 개발하였으며(3rd 전략: 저장전략, 타이레놀에 새로운 긍정적 브랜드 연상 추가), 이를 적용한 새로운 타이레놀을 출시함을 알렸습니다. 이와 함께 수차례 쿠폰을 발행하여 신제품에 대한 소비자의 사용기회를 증가시킨 결과 위기가 발생한 지 약 4개월 만에 원래 수준의 시장점유율을 회복할 수 있었습니다.

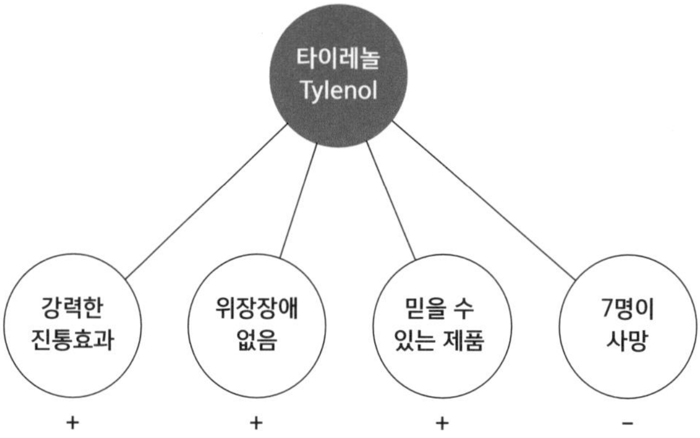

<그림24> 타이레놀의 브랜드 연상

요컨대 타이레놀이 성공적으로 위기를 극복할 수 있었던 것은 2가지 원칙을 충실히 지키면서 3가지 전략을 동태적으로 잘 활용한 결과라고 볼 수 있습니다. 물론 기업마다 겪게 되는 위기의 유형이 다르고 다른 돌발변수들이 있기 때문에 동일한 대응전략을 적용하는 것은 바람직하지 않습니다. 맥도날드와 타이레놀의 사례만 봐도 위기의 원인이 루머인지 사실인지에 따라 크게 차이가 있습니다. 하지만 브랜드 위기 발생 시 소비자들은 기업의 해명 혹은 변명을 듣기보다는 신속한 대응과 진심 어린 태도를 원한다는 기본원칙에는 변화가 없어야 합니다. 덧붙여 브랜드 위기상황에서 효과적

으로 고객과 소통할 수 있는 커뮤니케이션 전략을 소개하고자 합니다. 특히 브랜드로 인해 피해를 본 고객들이 있다면 그들에게 사과할 때는 모자(CAP)쓴 고양이(CAT)를 기억하세요. 뜬금없이 무슨 고양이 타령이냐구요? CAT과 CAP은 사과를 할 때 꼭 기억해야 할 중요한 원칙을 설명하는 키워드들의 첫 글자를 조합하여 만든 것입니다.[68)]

먼저 CAT은 콘텐츠(Contents), 태도(Attitude), 타이밍(Timing)을 의미합니다. 브랜드 위기 관리 커뮤니케이션에는 사과문의 내용과 태도, 적절한 타이밍이 중요하다는 의미입니다. 사과문의 내용에는 CAP 즉, 피해를 입은 사람에 대한 관심과 걱정(Care and concern), 그들을 위한 보상계획(Action plan), 향후 동일한 방법이 재발하지 않도록 하기위한 예방책(Prevention)이 담겨야 합니다. 사과할 때 중요하는 태도는 무엇일까요? 첫째, 누가 누구에게 사과를 하는지를 명확히 해야 한다는 것입니다. 사과문의 마지막에 기업 임직원 일동 등과 같은 모호한 주체의 사과는 진정성이 낮게 느껴집니다. 기업의 대표가 나와 모두 자신의 잘못이고 피해를 입은 주체가 누구인지 명확히 알고 있음을 보여줄 필요가 있습니다. 사과를 할 때 잘못된 행동의 원인을 가급적 기업이 통제 불가능한 외부

68) 김지헌 저, 당신은 햄버거 하나에 팔렸습니다: 소셜미디어 시대의 소비자를 이해하는 다섯 가지 핵심코드, 중앙books

요인이 아닌 통제가능한 내부요인에 의해 발생했음을 강조할 필요가 있습니다. 2004년 피오나 리(Fiona Lee) 교수 연구팀은 14개 기업의 21년 동안의 연간 보고서를 분석한 후, 기업이 부정적 결과의 원인을 외부요인이 아닌 내부요인으로 설명한 경우 1년 후 주가가 더 상승하였음을 보였습니다.[69] 그 이유는 앞으로 같은 결과가 일어나지 않도록 기업이 통제 가능하며, 심각성을 인식하고 우선적으로 해결하려 노력할 것이라는 긍정적 이미지를 줄 수 있기 때문입니다. 또한 "유감입니다."와 같은 모호한 표현이 아니라 "저의 불찰입니다. 제 실수입니다." 등과 같이 명백히 잘못을 인정하는 태도가 필요합니다. 2018년 2월 말 치킨 패스트푸드 전문점인 KFC는 영국의 900개 매장 중 600개의 매장에서 닭고기가 부족하여 치킨제품을 판매하지 못하는 초유의 사태를 겪게 되었습니다.[70] 주재료인 닭고기를 물류업체인 DHL 창고에 저장해 두었는데 창고시스템에 고장이 나면서 빚어진 사태였습니다. KFC는 이 문제를 외부기업인 DHL의 잘못으로 돌리지 않았고, 모두 자신이 제대로 관리하지 못한 문제라 말하며 본인의 잘못을 인정했습니다. 또한 그림에서 보는 바와 같이 KFC를 욕설과 비슷한 FCK라 바꾼 후 "죄송합니다. 치킨이 떨어졌네요. 치킨집에 치킨이 없다니 결코 있을 수 없는 일입니다."라는 사과를 하였는데, KFC가 스스로를 욕하는 재치 있는 광고가

---

69) Lee, F., Peterson, C. and Tiedens, L. Z. (2004), "Mea Culpa: predicting stock prices from organizational attributions", Personality and Social Psychology Bulletin

70) 배소진 기자 (2018.3.6), "이 그림 한 장이 성난 고객들 마음을 돌렸다" TTIMES

영국인들의 해학 코드를 자극하여 더 많은 팬들을 확보하는 계기가 되었습니다.

어쩌면 사과에서 가장 중요한 것은 타이밍인지도 모르겠습니다. 최대한 빠른 시간 내에 앞서 언급한 사과문의 내용을 다 담을 수 있게 준비를 한 후, 모두가 주시하고 있을 첫 번째 사과문을 발표할 시점을 신중하게 선택해야 합니다.

<그림25> KFC 사과광고 (출처: 영국 더 선지 캡처)

4강

브랜드 지식 구조의 활용

이번 시간에는 3단계의 전략적 브랜드 관리의 마지막 단계인 브랜드 지식구조의 활용에 대해서 알아보도록 하겠습니다. 브랜드 지식구조의 활용은 충분히 잘 자란 브랜드 나무의 묘목을 옮겨 심는 브랜드 확장(brand extension) 전략에 관한 것입니다. 이제 여러분들은 공들여 구축한 브랜드를 신제품 출시에 효과적으로 활용할 수 있는 방법에 대해서 공부할 것입니다. 마케팅조사 회사인 AC닐슨은 1977년에서 1984년까지 미국 슈퍼마켓에 출시된 신제품을 조사한 결과, 약 40%가 기존 브랜드를 확장한 제품이라고 발표하였습니다.[71] 이는 약 30년 전부터 브랜드 확장전략에 대한 기업들의 관심과 활용도가 매우 높았다는 것을 말해줍니다. 하지만 브랜드 확장이 반드시 성공을 보장해 주는 전략은 아닙니다. 예를 들면, 풀무원 두부가 오랜 시간에 걸쳐 "바른 먹거리"라는 고정관념을 성공적으로 구축하고 강화해 왔지만, "풀무원" 브랜드를 모든 제품범주로 확장하여 성공할 수는 없을 것입니다. 즉, 풀무원 김치 또는 풀무원 만두로의 확장은 성공가능성이 높겠지만 풀무원 아파트로의 확장은 상대적으로 성공가능성이 낮을 것입니다. 따라서 여러분이 브랜드 확장에 대한 전략적 의사결정을 하기 위해서는 브랜드 확장에 필요한 조건들과 의사결정 프로세스를 공부할 필요가 있습니다.

71) Aaker, D. A. and Keller, K. L. (1990), "Consumer evaluations of brand extensions", Journal of Marketing, 54, pp. 27-41

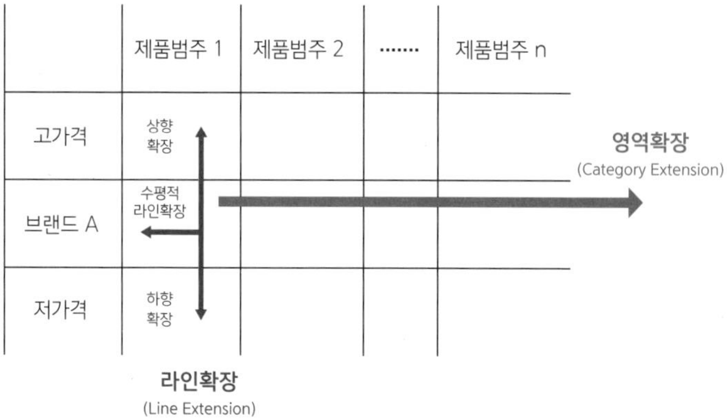

<그림26> 브랜드 확장의 유형

먼저 브랜드 확장은 <그림26>에서와 같이 동일한 제품범주 내에서 확장하는 라인확장(line extension)과 새로운 제품범주로 확장하는 영역확장(category extension)으로 구분해볼 수 있습니다. 라인확장의 대표적인 예로는 코카콜라(Coke)가 다이어트 코카콜라(Diet Coke)로 확장하는 것과 SM5 자동차가 SM3, SM7으로 확장하는 것을 들 수 있습니다. 라인확장 중 다이어트 코카콜라와 같이 가격수준의 변화가 거의 없는 제품으로의 확장을 수평적 확장(horizontal extension)이라고 하며 SM3, SM7과 같이 가격수준의 변화가 큰 제품으로의 확장을 수직적 확장(vertical extension)이라고 합니다. 수직적 확장은 다시 SM3와 같이 가격수준이 낮은 제품으로 확장하는 하향확장과 SM7과 같이 가격수준이 높은 제품으로의 확장하는 상향확장으로 구분됩니다. 영역확장의 대표적인 예로는 만

화영화 브랜드로 시작한 디즈니(Walt Disney)가 놀이동산인 디즈니랜드(Disney Land)를 넘어 디즈니 호텔(Disney Hotel)로 확장한 사례를 들 수 있습니다. 또한 놀부보쌈의 놀부 부대찌개, 물먹는 하마의 냄새 먹는 하마로의 확장도 영역확장의 사례들입니다. 일반적으로 좁은 의미에서의 브랜드 확장은 영역확장만을 의미하지만, 저는 이번 강의에서 브랜드 확장을 라인확장과 영역확장을 포함하는 넓은 의미로 사용하도록 하겠습니다.

브랜드 확장 전략의 장점 및 위험

1993년 알 리스(Al Ries)와 잭 트라우트(Jack Trout)는 "마케팅 불변의 법칙(The Immutable Laws of Marketing)"이란 책을 통해 변하지 않는 마케팅전략의 22가지 원칙을 제시하였습니다.[72] 약 20년 전에 소개된 대부분의 마케팅 법칙들이 오늘날에도 유효하게 적용되는 것을 보면 이들의 통찰력은 정말 대단하다고 할 수 있습니다. 하지만 브랜드 확장 전략을 사용하는 것이 얼마나 잘못된 의사결정인지를 설명한 12번째 법칙, "확장의 법칙(The Law of Extension)"은 오늘날 그대로 적용하기에는 다소 무리가 있어 보입니다. 데이비드 아커 교수는 2012년 4월 HBR 블로그(HBR blog network)에 "라이스와 트라우트가 틀렸다. 브랜드 확장은 효과적이다(Ries & Trout were wrong: brand extensions work)."라는 제목의 글을 게재한 바

---

72) 알리스, 잭 트라우트 저, "마케팅 불변의 법칙", 비즈니스맵.

있습니다. 내용을 요약하자면 원칙이 없는 브랜드 확장은 어렵게 구축한 브랜드의 긍정적 고정관념을 흐리게 만드는(dilution effect: 희석효과) 등 여러 가지 부정적인 영향을 줄 수도 있지만 기본원칙을 충실히 지킨다면 신제품 출시비용을 줄이고 성공가능성을 높여주는 효율적이며 효과적인 전략이 될 수 있다는 주장입니다.

브랜드 확장은 새로운 브랜드 네임을 개발하는 데 소요되는 시간적, 금전적 비용을 줄일 수 있으며, 기존 브랜드에 익숙한 소비자들의 신제품에 대한 수용을 촉진할 수 있습니다. 또한 이미 소비자가 잘 알고 있는 브랜드를 이용한다는 점에서 브랜드 홍보에 필요한 광고비용이 적게 들며, 새롭게 확장한 브랜드(extended product)에 대한 광고가 모 브랜드(parent brand: 기존 브랜드)에 대한 소비자의 관심과 선택가능성을 증가시키는 긍정적 효과(positive spillover effect)도 있습니다. 특히 확장하려는 제품범주에 대한 소비자들의 지식이 부족하거나, 제품의 성능을 눈으로 보고 가늠할 수 있는 탐색재(search good)가 아닌 직접 경험해봐야 알 수 있는 경험재(experiential good)인 경우에는 브랜드 확장 전략의 레버리지 효과가 더욱 증가하게 됩니다.[73] 예를 들어, 중국어 학원에 대한 지식이 거의 없는 소비자가 학원을 선택할 때는 새로운 이름의 학원보다는 영어학원으로 유명

73) Smith, D. C. (1992), "Brand Extension and Advertising Efficiency: What Can and Cannot Be Expected", Journal of Advertising Research, 32(6), pp. 11-20

한 "파고다"와 같은 브랜드를 확장한 학원에 대한 선호가 크게 나타날 것입니다. 또한 학원은 수업을 들어봐야 좋은 학원인지 판단할 수 있는 경험재의 성격이 강하므로 브랜드 확장에 대한 소비자의 선호가 더 크게 나타날 것입니다. 이 밖에도 브랜드 확장은 기존 브랜드의 유통망을 활용할 수 있어 유통채널 확보가 용이하다는 장점이 있으며, 특히 라인확장의 경우에는 다양성을 추구하는 소비자들이 경쟁브랜드로 이탈하는 것을 방지해 줄 수 있습니다. 뿐만 아니라 확장 브랜드가 성공할 경우에는 모 브랜드의 긍정적 이미지가 강화되며(enhancement effect), 이전에 모 브랜드를 이용해보지 않은 고객들의 최초 시험구매를 유도할 수 있는 장점이 있습니다.

하지만 브랜드 확장 전략의 잠재적 위험 또한 적지 않습니다. 기존 제품과 별 차이가 없는 라인확장은 자사제품의 매출을 하락시킬 가능성(cannibalization: 자기잠식)이 있으며, 유통업자들의 저항 때문에 유통매장에 입점하는 것이 어려울 수도 있습니다. 실제로 대형 할인점에서는 제조업체별로 제한된 공간만을 할애하고 있기 때문에 확장된 제품을 입점하기 위해서는 기존 제품을 철수해야 하는 문제점이 발생할 가능성도 있습니다. 물론 이러한 기존제품의 대체가 반드시 나쁜 것은 아닙니다. 경쟁사로 이동할 고객들을 방어할 수 있다는 확신이 있는 경우에는 오히려 바람직한 전략이 될 수도 있습니다(preemptive cannibalization: 선점적 자기잠식). 예를 들면,

KT가 유선전화 브랜드인 KT집전화를 KT인터넷전화로 확장할 경우 KT집전화의 매출잠식은 불가피할 것입니다. 하지만 KT인터넷전화로 확장을 통해 경쟁사의 인터넷전화로 이동하는 것을 방어할 수 있을 것입니다. 이런 경우 자사제품의 잠식과 경쟁브랜드로의 이동을 고려하여 이윤을 최대화할 수 있는 브랜드 확장의 시점을 정하는 것은 매우 어렵고도 중요한 문제입니다.

브랜드 확장에 실패할 경우 가장 심각한 문제는 모 브랜드 이미지에 치명적인 손상을 입혀 기업성과를 악화시킬 수 있다는 점입니다. 브랜드 충성도가 높은 고객의 경우에는 대부분의 새로운 정보를 긍정적으로 해석하는 확인편향으로 인해 부정적인 효과가 제한적일 수 있지만, 그렇지 않은 고객에게는 브랜드 확장의 실패가 치명적일 수 있습니다.[74] 특히 고객들이 모 브랜드와 유사한 제품범주로 확장한 브랜드를 직접구매 및 사용한 후 불만족하게 되면 부정적 연상에 대한 강도가 매우 강하기 때문에 모 브랜드에 미치는 부정적인 피드백 효과는 더욱 커지게 됩니다.[75] 예를 들어 블랙앤데커(Black & Decker)는 부엌용 소형 가전 제품을 출시하면서 강력 공구를 생산하는 긍정적 이미지가 희석되는 부정적 피드백 효과를 경

74) Swaminathan, V., Richard J. Fox, and Srinivas K. Reddy (2001), "The impact of Brand Extension Introduction on Choice", Journal of Marketing, 65, pp. 1-15

75) Keller, K. L. and Sood, S. (2003), "Brand equity dilution", Sloan Management Review, 45(1), pp. 12-15

험한 바 있습니다. 모 브랜드와 확장브랜드의 타깃고객이 겹칠 경우, 이러한 부정적 효과는 훨씬 심각해질 수 있습니다. 브랜드 확장에 대한 의사결정은 새로운 과일을 "새로운 과일바구니에 담아서 팔 것인가? 아니면 다른 과일들이 담겨 있는 기존 바구니에 담아서 팔 것인가?"에 대한 의사결정에 비유할 수 있습니다. 다른 과일들과 잘 어울리는 좋은 과일을 기존 바구니에 담으면 과일바구니가 훨씬 돋보일 수 있지만, 어울리지 않거나 썩은 과일을 담으면 다른 과일들을 함께 썩게 할 수 있습니다. 따라서 매우 신중한 의사결정이 필요합니다.

요컨대 그림에서 보는 바와 같이 모 브랜드가 확장브랜드에 미치는 확장효과(extension effect)와 확장브랜드가 모 브랜드에 미치는 피드백효과(feedback effect)는 긍정적일 수도 부정적일 수도 있습니다. 따라서 부정적 효과를 최소화하기 위해서는 브랜드 확장 전략에 대한 좀 더 신중한 접근이 필요합니다. 그럼 지금부터 브랜드 확장의 성공가능성을 높일 수 있는 전략적 의사결정 과정에 대해 좀 더 자세히 살펴보도록 하겠습니다.

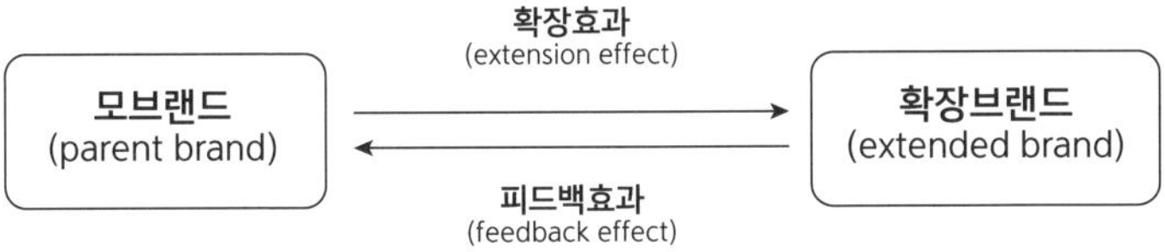

<그림27> 확장 효과와 피드백 효과

브랜드 확장 시 고려해야 할 4가지 질문

기업은 다양한 동기에서 브랜드 확장에 대한 의사결정을 하게 됩니다.[76] 기존 브랜드가 소비자의 새로운 욕구를 충분히 충족시켜 주지 못하거나(customer-driven), 반대로 소비자들이 생각하지 못했던 새로운 기술을 개발하여 소비자의 욕구를 선도하고자 할 때(customer-driving) 브랜드 확장을 검토하게 됩니다. 또한 경쟁브랜드의 시장진입에 대응하고자 할 때도 브랜드 확장에 대한 검토를 할 가능성이 있습니다. 브랜드 확장의 동기가 무엇인지에 따라 브랜드 확장 시 거쳐야 할 의사결정 프로세스가 다소 달라질 수 있겠지만, <그림28>에서와 같이 브랜드 확장의 성공가능성을 높이기 위

---

76) Tim, A. and Chris, S. (1997), "Brand development versus new product development: towards a process model of extension decisions", Journal of Product & Brand Management, 6(1), pp. 13–26

해서는 일반적으로 다음과 같은 순차적인 4가지 질문에 대한 충분한 사전 검토가 필요합니다. 첫째, 모 브랜드가 브랜드 확장에 적합한 특성을 가지고 있는가? 둘째, 브랜드를 확장할 새로운 제품범주가 충분히 매력적인가? 셋째, 확장할 제품범주가 기업의 비전 및 내부역량에 적합한가? 넷째, 소비자는 브랜드 확장에 대해 긍정적으로 평가할 것인가? 이제 4가지 질문에 대한 답을 어떻게 찾아가야 할지 구체적으로 살펴보도록 하겠습니다.

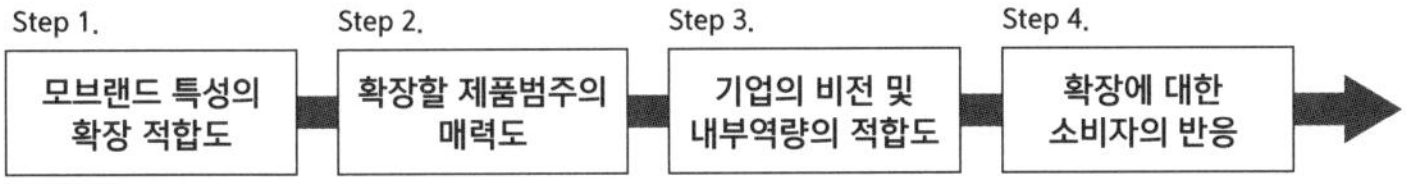

<그림28> 브랜드 확장 시 고려할 요인

1. 모 브랜드 특성의 확장 적합도

당연한 말이지만 브랜드 확장에 적합한 모 브랜드는 브랜드 자산가치가 충분히 높아야 합니다. 자산가치가 높을수록 브랜드 확장 시 전이되는 긍정적 브랜드 연상들의 수가 많으며, 새로운 확장 브랜드에 대한 고객들의 인지도를 제고하는데 도움이 되기 때문입니다. 또한 자산가치가 높은 브랜드는 브랜드 확장의 실패가 제품자체의 결함(product failure)이 아니라 시장환경의 문제(market failure)로 발생하는 경우, 모 브랜드에게 돌아오는 부정적인 피드백 효과가 크지 않은 장점이 있습니다.[77] 하지만 자산가치가 높더라도 특정 제품범주에서의 전형성이 지나치게 높은 경우에는 브랜드 확장의 성공가능성이 낮아질 수 있습니다. 이는 앞서 말한 마케팅 불변의 법칙들 중 12번째 법칙에 해당하는 확장의 법칙(The Law of Extension)에서 브랜드 확장을 하지 말아야 한다고 주장하는 근거입니다. 알 리스와 잭 트라우트는 A1소스가 스테이크 소스에서 구축한 강력한 브랜드 자산을 바탕으로 A1 닭고기소스로 확장하면서 1,800만 달러의 광고비를 쏟아 부었음에도 실패한 사례를 들고 있습니다.[78] 이는 A1소스가 일반적인 소스브랜드가 아닌 스테이크소스의 대명사(exemplar)로 인식되기 때문에, 소비자들은 A1소스가 새로운 제품범주에서 사용되는 것을 받아들이기가 쉽지 않았기 때문입니다.

유사한 예로, LG생활건강은 1981년 드봉비누를 출시하여 성공을 거두자 드봉치약, 드봉칫솔 등으로 제품범주를 확장하였지만 당시 소비자들은 드봉이란 브랜드를 향이 좋은 비누의 대명사로 인지하고 있었기 때문에 브랜드 확장 전략은 실패하고 말았습니다. 2018년 9월 대표적인 탈모 방지 샴푸로 손꼽히는 TS 샴푸가 브랜드를 확장하여 검은콩으로 만든 탈모방지 우유인 "TS 블랙빈 밀크"를 출시

77) Keller, K. L. and Sood, S. (2003), "Brand equity dilution", Sloan Management Review, 45(1), pp. 12-15

78) 알리스, 잭 트라우트 저, "마케팅 불변의 법칙", 비즈니스맵, pp. 131-142

하였습니다. 이 브랜드의 성공여부는 좀 더 지켜봐야 하겠지만, TS는 샴푸의 전형성이 너무 강해 우유에 샴푸향이 날 것 같다는 부정적인 소비자 반응이 있는 것으로 보아 조금 우려되는 측면이 있습니다. 콘택트렌즈 등 눈과 관련된 제품의 전형성이 매우 높은 바슈롬(Bausch & Lomb)이 구강청결제 시장으로 진출했을 때 실패했던 사례를 보면, 소비자들은 특히 다른 용도로 만들어진 제품이 음식이나 구강청결제와 같이 입속으로 들어올 때 더 불편하게 생각하는 것처럼 보입니다.

브랜드 자산가치 이외에도 모 브랜드에 대해 소비자가 가지고 있는 고정관념의 특성이 모 브랜드의 확장적합도를 평가하는 중요한 기준이 될 수 있습니다. 소비자가 모 브랜드에 대해 가지고 있는 고정관념이 구체적인 경우보다는 여러 제품범주에 적용 가능한 추상적인 경우가 확장의 범위가 넓어 브랜드 플랫폼(Brand Platform)으로 활용될 가능성이 높습니다. 예를 들어, "샘표" 브랜드에 대한 고정관념이 "믿을 수 있는 장류"인 경우에는 확장의 범위가 간장, 된장, 고추장 등 양념소스에 한정될 것입니다. 하지만 2006년 샘표가 재정립한 "60년 발효명가 샘표"라는 추상적인 고정관념은 김치, 요구르트 등 발효와 관련된 보다 다양한 제품범주로 확장할 수 있는 가능성을 열어주고 있습니다. 특정 제품범주에 한정된 구체적인 고정관념을 가진 브랜드가 항상 브랜드 확장의 성공가능성이 낮다거나, 제품범주를 뛰어넘는 추상적인 고정관념을 가진 브랜드가 항상 성공가능성이 높다는 것을 의미하지는 않습니다. 특정 제품범주 내에서 이루어지는 라인확장인 경우에는 구체적인 고정관념을 가진 브랜드가 유리한 반면 제품범주를 뛰어넘는 영역확장의 경우에는 추상적인 고정관념을 가진 브랜드가 유리할 것입니다. 요컨대 확고히 구축된 고정관념을 바탕으로 자산가치가 높으면서도, 특정 제품범주에 대한 전형성이 지나치게 높지 않으며, 브랜드 확장 유형(라인확장 vs. 영역확장)에 적합한 수준의 고정관념(구체적 vs. 추상적)을 가진 브랜드가 확장에 더 적합하다고 할 수 있습니다.

2. 확장할 제품범주의 매력도

다음으로 브랜드가 새롭게 확장할 시장(즉, 제품범주)의 매력도를 분석해 보아야 합니다. 브랜드는 빙산의 일각에 비유할 수 있습니다.[79] 이때 빙산은 제품범주를 의미합니다. 빙산이 녹아 없어지면 브랜드는 자연히 함께 사라지고 맙니다. 따라서 브랜드를 확장할 빙산의 크기와 깊이를 판단하는 일은 매우 중요합니다. 시장의 매력도는 시장의 규모(size)와 구조(structure)에 따라 달라질 수 있습

---

79) Think category first, Brand second: You Can't Survive If Your Entire Environment Disappears, 2007-10-8, AdAge, Al Ries

니다. 먼저, 진입할 시장의 규모가 현재 충분히 크거나, 향후 성장 가능성이 높은 경우에는 매력적인 시장이라고 볼 수 있습니다. 제품수명주기(Product Life Cycle) 이론의 관점에서 본다면 도입기나 성장기의 시장이 성숙기나 쇠퇴기의 시장보다 현재 또는 미래의 수익 창출 가능성이 높기 때문에 매력적이라 할 수 있습니다.

시장구조의 매력도는 브랜드 확장 시 경쟁브랜드들과의 경쟁관계에 영향을 줄 수 있는 여러 요인들을 분석하여 판단할 수 있으며, 마이클 포터(Michael E. Porter)의 5 경쟁요인모형(5 forces model)이 유용하게 사용될 수 있습니다. 즉, (1) 현재 시장에서 경쟁이 치열하지 않으며, (2) 시장의 진입장벽이 높아 새로운 경쟁브랜드의 진입이 어려우며, (3) 구매자의 협상력이 낮고 (4) 공급자의 협상력도 낮으며 (5) 대체재의 위협이 적을수록 시장구조의 매력도가 높다고 할 수 있습니다. 물론 브랜드 확장이 직접적인 수익창출의 목적이 아닌 핵심 브랜드(flagship brand)의 성과를 높이기 위한 전략적 역할 부여라면 (예, 경쟁 브랜드의 위협을 방어) 진입시장의 시장매력도를 분석하기보다 확장브랜드가 역할을 제대로 할 수 있을지를 좀 더 면밀히 검토할 필요가 있습니다. 브랜드 간 역할관계에 관해서는 향후 브랜드 포트폴리오전략에서 좀 더 깊이 있게 다뤄보도록 하겠습니다.

3. 기업의 비전 및 내부역량의 적합도

모 브랜드가 확장에 적합한 특성을 가지고 있으며 진입할 시장의 매력도가 충분히 높다고 판단이 되면, 그 시장으로의 브랜드 확장이 기업의 비전 및 내부역량과 적합한지를 평가해야 합니다. 예를 들면, 풀무원은 담배시장이 아무리 시장의 매력도가 클지라도, 기업의 비전이 "소비자들의 건강한 삶에 기여하는 것"이라면 "풀무원 담배"와 같은 식의 브랜드 확장은 바람직하지 않을 것입니다. 또한 식품회사인 농심은 애플의 iPad와 같은 태블릿 PC 시장이 아무리 매력도가 큰 시장일 지라도, 자신의 내부역량(기술력, 인적자원 등)을 고려해 본다면, 브랜드 확장의 성공가능성이 높지 않을 것입니다. 바이크 전문 브랜드인 할리데이비슨이 출시한 와인냉장고(wine cooler)가 시장에서 외면 받았던 것도 비슷한 이유 때문일 것입니다. 따라서 기업의 목적 및 비전, 경영진의 능력, 보유자원 등이 확장할 제품범주와 적합한지를 면밀하게 분석할 필요가 있습니다.

4. 확장에 대한 소비자의 반응

마지막으로, 브랜드 확장 시 고려해야 할 가장 중요한 요인은 브랜드 확장에 대한 소비자의 반응입니다. 소비자의 반응을 이해하기 위해서는 먼저 소비자가 새로운 대상을 지각하고 평가하는 방법에 대한 이해가 필요합니다. 소비자 새로운 대상을 평가하는 방식은 크게 범주화 정보처리 과정(categorical processing)과 단편적 정보처리과정(piecemeal processing)으로 나눠볼 수 있습니다. 예를 들어, A여학생이 B남학생과 소개팅을 한다고 가정합시다. A여학생은 약속장소에 먼저 도착해서 기다리고 있었습니다. 얼마 후 B남학생이 힙합 스타일의 옷을 입고, 헤드셋을 착용하고 스케이트보드를 타며, 노란색으로 염색한 머리에 귀걸이를 하고 나타났습니다. 그리고 본인은 베토벤보다도 미국의 힙합가수 에미넴(Eminem)을 더 존경한다고 말합니다. 이제 A여학생의 머릿속에서는 B남학생을 "힙합 마니아"로 분류(범주화 과정)하고 힙합 마니아들에 대해 평소 가지고 있던 태도(예, 반항아적 모습을 싫어하거나 자유로운 모습을 좋아하거나)에 근거하여 B남학생을 평가하게 될 것입니다. 이러한 평가방식이 바로 범주화 정보처리 과정입니다. 한편 A여학생은 B남학생이 독특한 외형과는 달리 클래식 음악을 좋아하고, 현대 미술작품에 조예가 깊다는 사실을 알게 될 경우 힙합 마니아로 분류할 수 없게 됩니다. 이 경우 B남학생에 대한 새로운 정보 하나하나를 개별적으로 처리해 평가해야 하는데 이를 단편적 정보처리 과정이라 합니다.

브랜드 확장은 소비자가 확장브랜드를 평가할 때 모 브랜드와 비슷하다고 판단하여 모 브랜드에 대해 평소에 가지고 있는 태도를 전이하도록 하는 것이 목표입니다. 즉, 범주화 정보처리 과정으로 평가하도록 해야 합니다. 소비자는 확장브랜드를 평가할 때 모 브랜드와 유사성이 높은 경우에는 범주화 과정을, 유사성이 낮은 경우에는 단편적 정보처리 과정을 거치게 된다고 볼 수 있습니다. 즉, 유사성이 낮은 확장브랜드에 대한 태도는 확장브랜드가 가진 개별적 속성들을 검토한 결과로 형성되는 반면, 유사성이 높은 확장브랜드에 대한 태도는 모 브랜드로부터 전이된 긍정적 브랜드 연상들을 바탕으로 형성된다고 볼 수 있습니다. 따라서 브랜드 확장 전략의 효과는 유사성이 높은 확장일 때 증가하게 됩니다. 그렇다면 소비자가 브랜드 확장 시 유사성을 판단하는 기준은 무엇일까요?

브랜드 확장 적합도의 3가지 평가기준

브랜드 확장 시 소비자가 고려하는 유사성(또는 확장 적합도)의 판단기준은 그림에서와 같이 크게 세 가지로 나눠집니다. 첫째, 모 브랜드의 제품범주와 확장브랜드의 제품범주간 유사성(Product-to-Product Similarity; 이하 PPS), 둘째, 모 브랜드와 확장브랜드의 제품범주간 유사성(Brand-to-Product Similarity; 이하 BPS), 셋째, 모 브랜드와 확장영역에 속한 브랜드간 유사성(Brand-to-Brand Similarity; 이하 BBS)입니다[80]. 이 세 가지 중 적어도 하나가 충족될 경우, 소비자는 범주화 정보처리 과정을 하게 되고 브랜드 확장이 성공할 가능성이 높아집니다.

---

80) Shen, Y. C., Bei, Lienti, and Chu, C. H. (2011), "Consumer evaluations of brand extension: the roles of case-based reminding on brand-to-brand similarity", Psychology and Marketing, 28(1), pp. 91-113

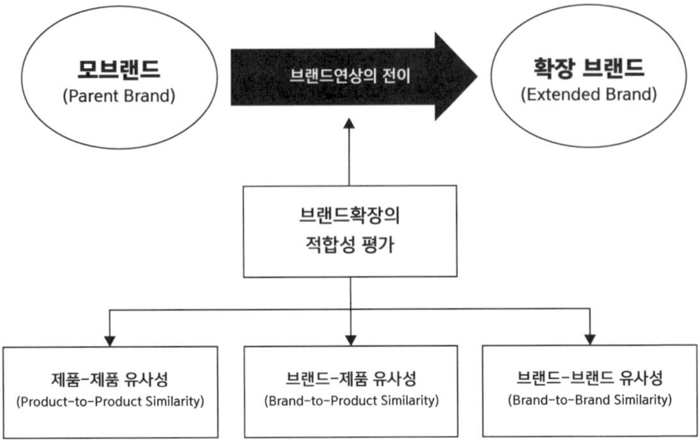

<그림29> 브랜드 확장의 적합성 판단기준

확장적합도를 판단하는 세 가지 기준을 연예인의 활동영역에 대한 확장으로 설명해 보겠습니다.[81] 연예인의 이름을 브랜드라고 생각하고 활동영역을 제품범주라고 생각해 보시기 바랍니다. 여러분은 TV탤런트로 성공한 A연예인은 영화계로 진출할 때가 가요계로 진출할 때보다 일반적으로 성공가능성이 높다고 생각할 것입니다. 이는 TV드라마라는 범주가 가요계의 범주보다는 영화계의 범주와 유사성이 더 높기 때문입니다. 즉, 첫 번째 기준인 PPS가 높기 때문입니다. 하지만 TV드라마를 통해 노래를 매우 잘하는 것으로 알려진 A탤런트(예, 드림하이의 김수현)는 가요계라는 범주로 진출할

81) 김경진, 이창현, 고인곤 (2005), "브랜드 확장 이론을 응용한, 연예계 스타의 활동 영역 확장에 관한 연구", 마케팅연구, 20(4), pp. 181-208

때에도 성공가능성이 높다고 생각할 것입니다. 이는 탤런트와 가요계의 PPS는 낮지만 김수현이라는 브랜드가 가진 특성이 가요계의 범주와 유사성이 높기 때문입니다. 즉 두 번째 기준인 BPS가 높은 것입니다. 한편 A농구선수의 예능프로그램 범주로의 확장은 PPS, BPS 기준에서 본다면 유사성이 낮다고 볼 수 있습니다. 하지만 예능프로그램에 진출한 유사한 특성을 가진 다른 농구스타인 서장훈을 생각한다면 적합도가 높다고 판단할 수도 있습니다. 농구와 예능범주의 유사성은 낮고(PPS), A농구선수와 예능범주의 유사성은 낮지만(BPS), A농구선수와 예능범주에서 성공한 서장훈과의 유사성은 높습니다. 따라서 세 번째 기준인 BBS는 높다고 할 수 있습니다.

1. 모 브랜드의 제품범주와 확장브랜드의 제품범주간 유사성(PPS)

그럼 지금부터 세 가지 기준 각각에 대해 좀 더 구체적으로 알아보도록 하겠습니다. 먼저 모 브랜드의 제품범주와 확장브랜드의 제품범주간 유사성(PPS)은 제품의 물리적 특성(예, 외형), 제품의 기능, 사용·용도의 유사성 등 다양한 기준에 의해 판단됩니다. 특히 소비자는 두 제품범주가 보완관계에 있을 때(complement) 사용·용도 측면에서의 유사성이 높기 때문에 브랜드 확장의 적합성을 높게 평가합니다.[82] 보완관계란 두 제품이 함께 소비될 때 제품의 효용이 증가하여 소비자의 욕구를 더 효과적으로 충족시켜줄 수 있는 제품들의 관계를 의미합니다. 제가 수업시간에 저희 학교 학생들에게 보완관계에 있는 제품의 예를 말해보라고 했더니 한 학생이 맥주와 소주라고 애기했습니다. 얼핏 생각할 때 맥주와 소주는 대체재(효용을 대체하는 관계)인 것 같아 학생에게 이유를 물어봤더니 그 학생은 맥주를 마실 때 꼭 소주를 섞어서 "소맥"을 만들어 먹기 때문이라고 대답하였습니다. 이처럼 두 제품이 보완관계에 있는지에 대한 판단은 소비자마다 달라질 수 있습니다. 하지만 반드시 두 제품이 함께 있어야 소비에게 효용을 줄 수 있는 제품들의 관계에 대해서는 소비자들의 의견차가 크지 않을 것입니다. 예를 들어, (아날로그)카메라와 필름, 치약과 칫솔 등이 그러합니다. "사진을 찍어서 소중한 추억을 남기고 싶다"라는 소비자의 욕구를 충족시키기 위해서 반드시 카메라와 필름이 동시에 소비되어야 합니다. 이들은 동일한 목적을 위해 소비되는 제품으로 분류(goal-oriented categorization)될 수 있기 때문에 제품범주간 유사성, 즉 PPS가 높다고 할 수 있습니다. 따라서 코닥(Kodak)과 후지(Fuji)는 사진과 필름에 동일한 브랜드를 사용하여 성공할 수 있었습니다. 오랄비(Oral-B) 칫솔도 같은 이유에서 치약, 치실 등으로 브랜드를 확장하여 성공할 수 있습

82) Aaker, D. A. and Keller, K. L. (1990), "Consumer evaluations of brand extensions", Journal of Marketing, 54, pp. 27-41

니다. 타이어 브랜드로 유명한 미쉘린(Michelin)이 타이어 휠에 감는 스노우 체인(Michelin Easy Grip Snow Chain)을 출시했을 때 시장의 반응이 좋았던 것도 보완재의 성격을 띠기 때문일 것입니다.

또한 소비자는 모 브랜드가 속한 제품범주에서 중요한 의미를 갖는 핵심역량(예, 인적자원, 설비, 기술력 등)이 확장하려는 제품범주에 효과적으로 전이될 수 있다고 믿는 경우에도 PPS를 높게 인식합니다. 보완관계가 소비자의 제품 사용 측면에서의 유사성을 평가하는 기준이라면, 핵심역량의 전이가능성(transferability)은 기업의 제품 생산 측면에서의 유사성을 평가하는 기준이라고 할 수 있습니다. 예를 들면, 애플의 아이팟(iPod)과 아이폰(iPhone)이 성공할 수 있었던 데에는 전 CEO였던 스티브 잡스의 리더십, 수석디자이너 조나단 아이브(Jonathan Paul Ive)의 디자인 능력, 다양한 특허기술 등의 핵심역량 덕분이라고 할 수 있습니다. 소비자들은 이러한 핵심역량이 태블릿PC인 아이패드(iPad)에도 효과적으로 전이될 수 있을 것이라 믿기 때문에 브랜드 확장의 적합도를 높게 평가하게 됩니다. 다른 예로, 듀오백코리아는 듀오백(DUOBACK)이라는 등받이가 반으로 갈라진 인체공학 기술을 적용한 신개념 의자를 출시하여 "듀오백=척추과학"이라는 긍정적인 고정관념을 성공적으로 구축하였습니다. 이후 2010년 2월 <그림30>에서와 같이 의자에 적용한 인체공학기술을 활용한 가방인 듀오백(DUOBAG)을 출시하여 좋은 반응을 얻고 있습니다. 이는 듀오백 의자에 사용된 척추 과학의 인체공학기술이 가방에도 효과적으로 전이될 수 있을 것이라는 소비자의 믿음 덕분에 브랜드 확장의 적합도가 증가하였기 때문으로 볼 수 있습니다. 참고로 듀오백은 2014년 의자의 범주를 넘어서는 확장을 위해 DBK로 사명을 변경하였습니다. 영역확장에 좀 더 용이해질 수 있도록 조치를 취한 것이라 할 수 있습니다.

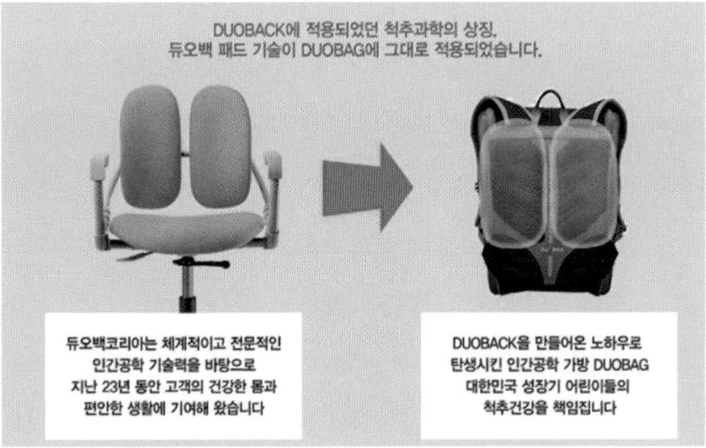

<그림30> 기술의 전이가능성 사례, 듀오백 (출처: 듀오백코리아 홈페이지)

추가적으로 모 브랜드가 속한 제품범주와 확장할 제품범주의 유사성의 크기뿐 아니라 확장의 방향을 함께 고려할 필요가 있습니다. 예를 들어, 메이플 시럽 브랜드가 메이플 가루믹스의 제품범주로 확장한다고 하면 시럽의 진득한 느낌 때문에 믹스가 녹아서 눅

낙해질 것 같은 부정적인 연상을 전달할 수 있습니다.[83] 따라서 확장 적합도는 낮을 수 있습니다. 하지만, 메이플 가루믹스 브랜드가 메이플 시럽의 제품범주로 확장할 경우에는 이러한 우려가 사라져 확장 적합도는 높을 수 있습니다. 따라서 브랜드 확장의 적합도는 비대칭성이 존재할 수 있다는 점을 기억할 필요가 있습니다.

2. 모 브랜드와 확장브랜드의 제품범주간 유사성(BPS)

이제 브랜드 확장에 대한 소비자의 적합도 인식에 영향을 미치는 두 번째 유사성 판단기준인 모 브랜드와 브랜드 확장의 대상이 되는 제품범주간 유사성(BPS)에 대해 좀 더 자세히 알아보도록 하죠. PPS가 낮더라도, 모 브랜드가 확장할 제품범주에서 의미 있는 브랜드 연상들(benefit-related associations)을 가진 경우에는 BPS 관점에서 브랜드 확장의 적합도가 높게 인식될 수 있습니다. 예를 들어, 비누와 물티슈는 제품범주간 유사성을 의미하는 PPS는 높지 않을 것입니다. 하지만 데톨(Dettol)이라는 비누 브랜드가 가진 "99.9% 항균"이라는 브랜드 연상은 확장할 제품범주인 물티슈가 제공해야 하는 핵심혜택과 관련성이 높습니다. 즉 BPS는 높게 인식될 수 있습니다. 따라서 옥시레킷 벤키저는 2009년 데톨 항균 물티

83) David Aaker(2014), "AAKER ON BRANDING" Morgan James Publishing, p. 170

슈를 출시하여 신종플루에 대한 경각심이 높아진 소비자들에게 좋은 평가를 받을 수 있었습니다. 동일한 제품범주에 속한 브랜드들이라도 서로 다른 제품범주에서 중요한 의미를 가지는 혜택과 관련된 연상들을 가지고 있다면, 소비자들이 적합도가 높다고 인식하는 확장영역은 다를 수 있습니다.[84] 치약 브랜드를 예로 생각해보면, 클로즈업(Close-up)은 입안을 개운하게 해주는 혜택과 관련된 연상을 가졌기 때문에 가글로 확장하는 것이 적합한 반면, 크레스트(Crest)는 치아를 보호해주는 혜택과 관련된 연상을 가졌기 때문에 칫솔이나 치실로 확장하는 것이 더 적합할 것입니다.

BPS를 평가하는 또 다른 기준은 브랜드 컨셉의 일관성(brand concept consistency)입니다. 모 브랜드가 기능적 컨셉의 브랜드인 경우에는 기능적 이미지가 중요한 제품범주로의 확장이, 상징적 컨셉의 브랜드인 경우에는 상징적 이미지가 중요한 제품범주로의 확장이 더 효과적입니다.[85] 예를 들어, 타이맥스(Timex)와 롤렉스(Rolex)는 동일한 손목시계 브랜드이지만 브랜드 컨셉이 다르기 때문에 적합도가 높게 인식되는 확장영역에 차이가 있습니다. 타이

---

84) Broniarczyk, S. M. and Alba, J. W. (1994), "The importance of the brand in brand extension", Journal of Marketing Research, 31, pp. 214-228

85) Park, C. W., Milberg, S. and Lawson, R. (1991), "Evaluation of brand extensions: the role of product level similarity and brand concept consistency", Journal of consumer research, 18, pp. 185-193

맥스는 기능적 혜택(뛰어난 내구성, 높은 신뢰성, 정확함 등)이 중요한 브랜드인 반면, 롤렉스는 상징적 혜택(사회적 지위, 부의 수준 표현 등)이 중요한 브랜드입니다. 따라서 타이맥스는 초시계, 건전지, 계산기와 같은 기능적 이미지가 중요한 제품범주로의 확장이, 롤렉스는 팔찌, 반지와 같은 상징적 이미지가 중요한 제품범주로의 확장이 상대적으로 더 적합하다고 볼 수 있습니다. 상징적 컨셉의 브랜드는 기능적 컨셉의 브랜드에 비해, PPS가 낮더라도 브랜드 확장의 적합도가 높게 평가될 가능성이 큽니다. 이는 명품(luxury), 높은 지위(status)와 같은 추상적 분류기준으로 통합할 수 있는 제품범주가 넓기 때문입니다. 이탈리아의 최고급 스포츠카인 람보르기니(Lamborghini)가 "토리노 람보르기니(Torino Lamborghini)"라는 브랜드로 커피, 패션, 가구 등 자동차분야와 이질성이 매우 큰 제품범주로 확장하여 성공한 것이 좋은 예가 될 수 있습니다.[86)]

일회용 볼펜으로 잘 알려진 프랑스 브랜드인 빅(BIC)은 일회용 라이터와 면도기 등 기능적 혜택이 중요한 제품범주로 확장하여 큰 성공을 거둘 수 있었습니다. 이러한 성공에 힘입어 빅은 1989년 "당신 주머니 속의 파리(Paris In Your Pocket)"라는 캠페인과 함께 2,000만 달러를 투자하여, 가격이 5달러인 뚱뚱한 담배라이터 모

86) 마케팅 빅뱅: 브랜드 마케팅의 성공비결 39, 위즈덤하우스, 2009, 이장우, 황성욱, p.135

양의 미니향수를 미국과 유럽시장에 출시하였으나 실패하였습니다.[87] 이는 빅이 "저렴한 가격, 손쉬운 구매, 사용의 간편함" 등의 핵심연상을 가지는 기능적 컨셉의 브랜드였기 때문에, 상징적 혜택(감성적 이미지의 표현)이 중요한 향수와 적합도가 낮았기 때문입니다. 또한 소비자들의 "빅=일회용 제품"이라는 고정관념은 향수의 품질수준에 대한 의구심을 가지도록 하였습니다.

3. 모 브랜드와 확장영역에 속한 브랜드간 유사성(BBS)

브랜드 확장의 적합도를 평가하는 마지막 기준은 모 브랜드와 확장영역에 속한 브랜드간 유사성(BBS)입니다. 앞서 살펴본 두 가지 기준(PPS, BPS)에서 유사성이 다소 낮더라도 확장하려는 제품범주의 브랜드들 중 모 브랜드와 유사성이 높은 브랜드가 있는 경우 이를 상기시켜줌으로써 브랜드 확장에 대한 소비자의 적합도 인식을 높일 수 있습니다.[88] 예를 들어, PPS와 BPS 기준에서 본다면 애플이 자동차로 브랜드 확장을 하는 것은 유사성이 낮은 영역으로의 확장이라고 볼 수 있습니다. 하지만 소비자들에게 벤츠(Benz)와

---

87) Keller, K. L. (2000), "The Brand Report Card", Harvard Business Review, pp. 3-10

88) Shen, Y. C., Bei, Lienti, and Chu, C. H. (2011), "Consumer evaluations of brand extension: the roles of case-based reminding on brand-to-brand similarity", Psychology and Marketing, 28(1), pp. 91-113

스와치(Swatch)가 합작한 "스마트(SMART)" 라는 브랜드의 자동차를 상기시켜 줄 경우, 애플 자동차 "iCar(가칭)"에 대한 소비자의 평가는 개선될 수 있을 것입니다. 이는 컴팩트카인 스마트 자동차는 4인승, 4도어와 같은 전형적인 자동차의 속성들을 가지지 않으면서, 애플과 유사한 "창의적이며, 특이하며, 재미있는 디자인"이라는 스마트만의 독특한 연상들을 가지고 있기 때문입니다. 또한 스와치의 주력 제품인 손목시계를 애플도 애플와치라는 확장브랜드로 출시한 바 있어 유사성이 높게 인식될 수 있습니다. 이는 모 브랜드와 적합도가 낮은 제품범주로 확장할 때, 비록 제품범주에서 전형성은 낮더라도 모 브랜드와 유사한 연상들을 가장 많이 가진 준거브랜드(referent brand)를 선택하여 이를 상기시킴으로써 소비자들의 브랜드 확장에 대한 적합도 인식을 개선할 수 있음을 의미합니다. 예를 들어, 롤렉스 시계가 만년필 또는 핸드백으로 확장하고자 할 때 소비자가 몽블랑의 만년필 광고 또는 루이비통의 핸드백 광고를 먼저 보게 된다면, 확장브랜드에 대한 적합도 평가가 개선될 수 있을 것입니다. 따라서 롤렉스 만년필(또는 롤렉스 핸드백)의 광고를 몽블랑 만년필(또는 루이비통 핸드백) 광고 다음에 배치하거나, 준거 브랜드와 직접적인 비교광고를 하는 것이 적합도 인식을 개선하는 효과적인 전략이 될 수 있습니다.

한편 브랜드 확장에 대한 소비자의 반응은 앞서 언급한 세 가지 적합도를 판단하는 기준 뿐 아니라 개별소비자의 특성에 영향을 받습니다. 새로운 정보를 처리하려는 동기가 강하며, 변화에 대한 수용영역이 넓은 소비자는 다소 적합도가 낮은 영역으로의 브랜드 확장에도 긍정적으로 반응할 수 있습니다. 따라서 적합도가 다소 낮은 영역으로 브랜드를 확장하고자 할 때에는 시장세분화를 통해 혁신적 성향을 가지 소비자들(early adopter)을 목표집단(target segment)으로 설정하고, 브랜드가 이들과 관련이 높다는 점을 적극적으로 소구함으로써 정보처리의 동기를 증가시키는 전략이 효과적입니다.[89)]

하지만 적합도가 매우 낮은 영역으로의 브랜드 확장은 단계적 확장(bridged extension) 전략이 더 효과적일 수 있습니다. 이는 적합도가 매우 낮은 제품범주로 확장하기에 앞서 징검다리 역할을 해줄 수 있는 제품범주로 먼저 확장을 하여, 최종적으로 확장하려는 범주와의 적합도를 높여주는 전략을 의미합니다. 예를 들면, 카메라 브랜드인 니콘(Nikon)은 적합도가 매우 낮은 TV시장으로 바로 확장하기 보다는 제품범주간 유사성(PPS)이 높은 캠코더로 먼저 확장한 후, TV로 단계적인 확장을 할 경우 브랜드 확장의 적합도가 증가할 수 있습니다.[90)] 담배브랜드인 던힐(Dunhill)도 단계적 확장을 통

89) Jung Kwon and Tey leslie (2010), "Searching for boundary conditions for successful brand extensions", Journal of Product & Brand Management, 19(4), pp. 276-285

90) 전략적 브랜드 관리: 이론과 응용 3판, 학현사, 2011, 안광호, 한상만, 전성률 저, p. 339

해 적합도가 낮은 향수와 패션품목으로 성공적으로 진출할 수 있었습니다. 먼저, 파이프, 라이터 등 담배와 적합도가 높은 제품범주(보완관계)로 브랜드를 확장한 후 벨트, 시계, 가방 등의 품위 지향적인(prestige-oriented) 제품범주로 다시 확장하였습니다. 이후 상징적 컨셉과 일치하는 향수와 패션품목까지 확장함으로써 고급제품 및 액세서리 브랜드라는 고정관념을 성공적으로 구축할 수 있었습니다.[91] 또 다른 예로 한샘의 이사전문 서비스 시장으로의 성공적인 브랜드 확장을 들 수 있습니다. 한샘은 1970년 9월 부엌가구 브랜드로 출발하여, 1980년 대 침실, 거실, 서재, 욕실 등 주택 내 여러 공간에서 사용할 수 있는 가구 브랜드로 확장하였으며, 1990년 7월 한샘 디자인연구소를 설립하여 "현대인에게 휴식과 재충전을 줄 수 있는 공간을 창조한다."라는 비전을 가지고 디자인연구에 노력하였습니다. 이를 바탕으로 1997년 1월에는 인테리어 사업에 진출하여 "토탈 홈인테리어 전문브랜드"의 입지를 구축할 수 있었고, 2001년에는 계열사 한샘서비스원을 설립하여 한샘가구를 안전하게 이전 설치해 주는 한샘서비스원무빙이라는 이사전문 서비스 시장에 진출하였습니다. 주방가구와 이사전문 서비스 간 적합도는 매우 낮지만 한샘의 단계적 브랜드 확장 전략은 이러한 이질감을 효과적으로 해결해 줄 수 있었습니다.

---

91) 브랜드 매니지먼트, 케빈 레인 켈러 지음, p. 604, p. 621

브랜드 확장 시 주의할 점

브랜드 확장과 관련된 또 다른 이슈는 동일한 제품범주에서 고가 또는 저가제품으로 브랜드를 확장하는 수직적 라인확장에 각별한 주의가 필요하다는 점입니다. 즉, 고가영역으로 확장하는 상향확장과 저가영역으로 확장하는 하향확장 시 모 브랜드와 확장브랜드에 부정적인 영향이 미치지 않도록 노력해야 합니다. 먼저 상향확장 시에는 소비자들이 모 브랜드에 대해 가지고 있는 저가이미지가 전이되지 않도록 하는 것이 중요합니다. 폭스바겐은 독일 소비자들이 가진 "대중적인 국민차"라는 고정관념을 극복하고 벤츠 S클래스나 BMW 8에 맞설 수 있는 고급화된 브랜드 이미지를 구축하고자 5억 달러를 투자하여 최고급 리무진 브랜드인 페이톤(Phaeton)을 출시하였습니다.[92] 하지만 폭스바겐이 오랜 세월에 걸쳐 구축한 강력한 고정관념(즉, 대중적 이미지)이 브랜드 확장에는 오히려 독이 되어 실패하고 말았습니다. 페이톤은 기존 폭스바겐 자동차보다 크기가 좀 커지긴 했지만 가격이 지나치게 높은 실용성이 낮은 차로 인식되면서 매출이 기대에 크게 못 미쳤습니다.

따라서 모 브랜드의 저가 이미지를 극복하기 힘든 경우에는 브랜드 확장 전략보다는 별도의 브랜드를 출시하는 개별브랜드 전략이 효과적일 수 있습니다. 1989년 도요타(Toyota)는 고급 승용차 시장에 진출 시 저가의 실용적 이미지를 가진 도요타 브랜드를 확장하지 않고 "렉서스(Lexus)"라는 새로운 브랜드를 개발하여 사용하였습니다. 또한 렉서스의 최초 모델 LS400을 도요타와 철저히 분리된 유통망을 이용해 판매함으로써 도요타의 저가이미지가 최대한 전이되지 않도록 노력하여 큰 성공을 거둘 수 있었습니다. 혼다(Honda)와 닛산(Nissan)이 아큐라(Acura)와 인피니티(Infiniti)라는 고급 승용차 브랜드를 별도로 개발하여 사용하고 있는 것도 동일한 이유라고 할 수 있습니다. 이처럼 모 브랜드를 직접적으로 내세우지 않으면서 은밀하게 지원하는 것을 "그림자 보증(shadow endorsement)"이라 부릅니다.

92) 브랜드 인셉션, 비즈니스맵, 2011, 쟈코 발피스 지음, 정윤미 옮김, pp. 151-155

모 브랜드가 가진 저가 이미지의 전이가능성이 상대적으로 높지 않은 상향확장 시에는 브랜드수식어(brand modifier)를 붙여 만든 하위브랜드(subbrand)를 활용할 수 있습니다. 리바이스는 "시그니처"라는 수식어를 이용해 프리미엄 청바지인 "리바이스 시그니처(Levi's Signature)"를 출시하였으며, 샘소나이트는 "블랙라벨"이라는 수식어를 이용하여 프리미엄 가방인 "샘소나이트 블랙라벨(Samsonite Black Label)"을 출시하였습니다. 특히 브랜드 수식어는 획기적인 혁신은 아니지만 어느 정도 의미 있는 브랜드의 변화를 표현함과 동시에 가격상승의 정당성을 확보하기 위한 수단으로 유용하게 사용될 수 있습니다. 예를 들면, 소나타는 EF, NF, YF, LF 등의 수식어를 사용하여 신모델을 출시하면서 지속적으로 가격을 조금씩 상향 조정하고 있습니다. 탈모방지용 한방샴푸 댕기머리도 "골드, 뉴골드, 일품, 명품"등의 브랜드 수식어를 이용해 다양한 가격대의 제품을 판매하고 있습니다. 그 밖에도 업그레이드(upgrade), 프리미엄(premium), 울트라(ultra), 엑스트라(extra), 플러스(plus) 등과 같은 다양한 브랜드수식어들이 상향확장 시 유용하게 사용될 수 있습니다.

하향확장의 경우에도 상향확장 못지않은 각별한 주의가 필요합니다. 먼저 모 브랜드의 이미지가 너무 고급스러운데 비해 확장영역이 너무 저가인 경우, 소비자들은 모 브랜드의 고급스러운 이미지 때문에 확장 브랜드의 가격이 비쌀 것이라는 잘못된 인식을 가져 브랜드의 포지셔닝이 의도한 대로 되지 못하고 고객들이 구매를 주저하게 할 가능성이 있습니다. 따라서 이러한 인식의 벽을 허무는데 적지 않은 시간과 노력이 소요될 수 있습니다. 또한 상향확장과 반대로 하향확장 시에는 저가의 확장브랜드로 인해 고급스러운 모 브랜드의 이미지가 손상되는 것을 경계해야 합니다. 물론 모 브랜드의 이미지 손상에 대한 위험이 상대적으로 낮은 경우에는 SM5가 SM3로 확장한 것처럼 브랜드 수식어를 사용하는 방법도 효과적일 수 있습니다. 하지만 가격변동 차가 큰 경우에는 브랜드 확장보다는 별도의 브랜드를 출시하는 개별브랜드 전략이 바람직할 수 있습니다. 예를 들어 명품 브랜드인 버버리는 고유한 체크무늬를 적용한 애완견 목줄을 출시하여 일시적으로 매출은 상승하였으나 언론의 조롱거리가 된 적이 있습니다.

가격변동 차가 큰 하향확장에는 보증 브랜드 전략(endorsed brand strategy)을 활용하는 것이 하나의 대안이 될 수 있습니다. 특히 호텔업계에서 이러한 전략이 자주 사용되는 듯 합니다. 고급 호텔 브랜드인 메리어트(Marriott)는 중저가 숙박업으로 진출하면서 "Marriott" 브랜드를 직접 확장하지 않고 "Courtyard Inn by Marriott"이라는 방식의 보증 브랜드전략을 활용하였으며, 힐튼(HILTON)호텔의 경우에도 "DOUBLETREE By HILTON"으로 하향확장을 하였습니다. 이는 직접적인 브랜드 확장에 비해 모 브랜드의 고급스러운 이미지가 손상될 위험이 상대적으로 낮은, 안전하면서도 효과적인 전략이라고 볼 수 있습니다. 확장 브랜드에 대한 인지도가 충분히 높아지면 브랜드 네임에서 보증하는 부분(by Marriott or by HILTON)을 삭제하고 독립 브랜드로 성장할 수 있습니다. 한편, <그림31>에서와 같이 베이커리 매장 브랜드인 뚜레쥬르(TOUS les JOURS)도 "우리밀 핫 케익 믹스"라는 소비자가 직접 반죽을 해서 팬케익을 만들어 먹을 수 있는 저가제품으로 확장하면서 제품 패키지의 우측상단에 "by TOUS les JOURS"라고 표기하는 보증 브랜드 전략을 사용하였습니다.

<그림31> 뚜레쥬르의 브랜드 보증 전략 (출처: 홈플러스 인터넷쇼핑몰)

그런데 브랜드 보증전략을 상향확장 시 사용하는 것은 경계할 필요가 있습니다. 예를 들면, IHG 호텔 그룹의 대표적인 브랜드인 Holiday Inn은 고급 비즈니스호텔 또는 리조트인 Crown Plaza를 보증하는 전략을 썼지만 실패한 경험이 있습니다. 더 저렴한 실속형 브랜드가 고급스럽고 품질 좋은 브랜드를 보증한다는 것은 적절해 보이지 않는 것이죠. 이는 엄마가 아이를 보증해야 하는데, 아이가 엄마를 보증하는 격이라 할 수 있습니다. CJ푸드빌에서 운영하는 고급 스테이크 전문레스토랑인 더스테이크하우스(The Steak House)도 처음에는 잘못된 브랜드 보증으로 "더스테이크하우스 바이 빕스(The Steak House by VIPS)"를 사용하였습니다. 브랜드 자산가치가 높은 빕스(VIPS)를 이용하여 긍정적인 확장효과를 노린 것으로 보입니다. 하지만 상향확장에 적용하는 것은 잘못된 선택입니다. 또 다른 빕스의 확장으로 빕스 버거(VIPS Burger)를 들 수 있습니다. 빕스 버거는 빕스에서 판매되는 스테이크를 손질한 후 남는 재료를 갈아서 햄버거의 패티로 사용한다고 들었습니다. 관점에 따라 차이가 있을 수 있으나 빕스 브랜드를 직접적으로 확장한 빕스 버거보다는 오히려 이 경우에는 버거바이빕스(Burger by VIPS)의 간접보증이 더 안전해 보입니다.

한편 명품 브랜드의 하향확장 시에는 기존 브랜드의 충성고객들이 브랜드 확장에 따른 피해를 입지 않도록 하는 것이 중요합니다. 2014년 벨레자(Sivia Bellezza) 교수 연구팀은 이와 관련된 매우 흥미로운 연구결과를 발표하였습니다.[93] 결론부터 말씀드리면, 브랜드 관광객(Brand Tourist)과 달리 브랜드 이민자(Brand Immigrant)는 브랜드의 이미지를 손상시키고 기존 충성고객들이 떠나갈 수 있는 매우 위험한 존재라는 점입니다. 브랜드 관광객과 브랜드 이민자는 어떻게 다를까요? 예를 하나 들어 보겠습니다. 하버드 경영대학원에서 6개월짜리 단기 비학위 프로그램을 만들었다고 가정합시다. 이 프로그램은 별도의 선발절차 없이 직장 경력 3년 이상이면 누구나 신청할 수 있고 합격률도 매우 높은 프로그램입니다. 어렵게 입학한 하버드 경영대학원의 MBA 과정 학생들은 이 프로그램에 대해 어떻게 생각할까요? 아마도 6개월짜리 단기 프로그램 수료생들의 태도에 따라 달라질 것입니다. 예를 들어 자신들도 하버드 졸업생이라고 이력서에 적고 당당하게 얘기하는 경우와 자신은 단기 프로그램에 참여했을 뿐이고 하버드 경영대학원은 매우 좋은 학교이고 그곳에서 공부하는 MBA 학생들이 부럽다고 말하는 경우 분명한 차이가 있겠죠. 전자와 같이 자신도 주류에 편입된 브랜드 이용자라고 주장하는 사람들을 브랜드 이민자라 칭하고 후자와 같이 자신은 비주류이며 브랜드 이용자에 대한 존경을 표하는 사람들을 브랜드 관광객이라 할 수 있습니다. 기존 충성 고객들

93) Bellezza, S. and Keinan, A. (2014), "Brand Tourists: How non-core users enhance the brand image by eliciting pride", Journal of Consumer Research, 41, 397-412

은 브랜드 관광객들을 환영하는 반면, 브랜드 이민자들에 대해서는 매우 좋지 않은 감정을 가집니다. 자신의 소속감과 상징성에 해가 된다고 생각하고 이를 양산하는 브랜드에 등을 돌릴 가능성이 큽니다. 따라서 여러분은 브랜드 확장(특히, 하향확장)을 기획할 때 단기 매출의 증대를 위해 브랜드 이민자를 늘리는 우를 범하지 않도록 주의해야 합니다.

지금까지 여러분들은 전략적 브랜드 관리의 마지막 단계인 브랜드 지식구조의 활용에 대해서 학습하였습니다. 브랜드 확장의 레버리지 효과를 극대화하고 성공가능성을 높이기 위해서는 4단계 질문에 대한 답을 순차적으로 고민해보아야 합니다. 특히 브랜드 확장에 대한 소비자의 반응에 영향을 주는 적합도를 평가하는 3가지 유사성 기준에 대해서 면밀히 검토해 보아야 할 것입니다.

5강

브랜드의 자기다움과 내부 브랜딩

여러분의 지향점은 무엇인가요? 너무 철학적으로 느껴지는 질문인가요? 그럼 좀 더 구체적으로 여러분은 현재 어떤 사람이며, 앞으로 어떤 사람이 되고 싶은가요? 네, 그렇습니다. 이 질문은 여러분의 정체성(identity)에 관한 것입니다. 브랜드도 정체성을 가집니다. 아마 한번쯤은 브랜드 아이덴티티(brand identity; BI)라는 말을 들어본 적이 있을 겁니다. 브랜드 아이덴티티의 의미를 제대로 이해하기 위해서는 브랜드 리얼리티(brand reality), 브랜드 이미지(brand image)와의 차이를 구분할 필요가 있습니다. 브랜드 아이덴티티는 브랜드가 향후 되고자 하는 이상적인 지향점(ideal image)을 의미하는 반면, 브랜드 리얼리티는 브랜드의 현재 모습(actual image)을 의미합니다. 즉, 기업 스스로가 판단하는 미래의 정체성과 현재의 정체성의 차이라 할 수 있습니다. 데이비드 아커 교수는 최근 브랜드 아이덴티티를 브랜드 비전(brand vision)이라는 용어로 대체해서 사용할 것을 권유하고 있습니다. 이는 브랜드 아이덴티티라는 말이 지나치게 시각적인 디자인(graphic design) 중심적 용어로 사용되고 있어 브랜드의 지향점이라는 본래의 의미를 제대로 반영하고 있지 못한다는 판단에서입니다. 저도 아커 교수의 새로운 제안에 동의합니다만, 아직 업계에서는 브랜드 비전보다는 브랜드 아이덴티티라는 말을 더 많이 쓰고 있어서 두 용어를 함께 알아두시면 좋을 것 같습니다. 한편 브랜드 이미지는 현재 소비자가 브랜드에 대해 인식하고 있는 모습(social image)입니다. 따라서 브랜딩의 과정과 목표는 브랜드의 현재 모습을 진단하고(reality), 보다 바람직한 미래의 모습을 목표로 수립한 후(identity), 소비자들이 우리가 목표한 모습을 제대로 인식할 수 있도록 (image)하는 것입니다.

이때 주의할 것은 브랜드 리얼리티와 아이덴티티의 간극이 소비자들이 받아들일 수 없는 수준으로 벌어져서는 안 된다는 것입니다. 마케터의 생각법의 저자 황부영 대표는 허영심에 들떠서 사기와 협잡으로 평생을 살아온 사람이 정의로움을 아이덴티티로 설정하는 것은 브랜드의 진정성을 의심케 하여 장기적으로는 소비자의 호의적 반응을 끌어내기 어렵다고 주장합니다.[94] 또한 인도의 지도자 간디(Gandhi)가 남긴 "내가 걸어온 삶이 나의 메시지이다(My life is my message)"라는 말처럼 브랜드가 걸어온 과거의 모습들과 어느 정도 연속성을 가지는 범위 내에서 보다 바람직한 이상적 지향점을 아이덴티티로 수립할 필요가 있음을 강조합니다. 그래서 브랜드 아이덴티티를 수립할 때는 가장 중요한 것이 브랜드 진정성(brand authenticity)이라고 얘기합니다. 그렇다면 진정성을 판단하는 기준은 무엇일까요? 브랜드 진정성은 소비자와의 약속이행 여부로 가늠할 수 있습니다. 즉, 브랜드가 소비자에게 제안한 가치를 제대로 전달할 수 있느냐의 문제입니다.

94) 황부영 저, "마케터의 생각법: 당신은 레인메이커인가?" 갈라북스

브랜드의 진정성은 제안한 가치가 얼마나 도덕적이며(morality) 바람직한가(desirability)의 기준으로 판단하지 않습니다. 예를 들어, 장기적 관점에서 건강에 좋지 않은 일시적 피로회복을 강조한 에너지 드링크 브랜드나, 순간적 쾌락, 탐닉을 강조하는 담배 브랜드 모두 그들이 소비자에게 제안한 약속을 지킨다면 진정성이 있다고 판단할 수 있습니다. 2014년 호주의 컬틴 대학교(Cultin University)의 나폴리 교수(Julie Napoli)가 제안한 브랜드 진정성을 평가하는 항목들에는 브랜드의 가치제안이 얼마나 도덕적인지에 관한 항목들은 포함되지 않았고, 품질에 대한 열정(quality commitment), 성실함(sincerity), 전승된 유산(heritage) 등이 중요한 항목으로 포함되었습니다.[95] 저는 소비자가 진정성을 판단하는 가장 중요한 기준은 일관성(consistency)이라 생각합니다. 아이덴티티로 설정한 브랜드의 가치제안이 일관성 있게 실현될 수 있을 때 소비자는 진정성 있는 브랜드라 판단할 수 있습니다. 일관성이 유지되기 위해서는 추가로 2가지 요소가 필요합니다. 바로 실행가능성(feasibility)과 지속성(sustainability)입니다. 기업은 제안한 가치를 실행할 수 있는 역량이 있어야 하며 일회성이 아닌 지속적으로 실현할 수 있어야 합니다. 이는 두 가지 요소들이 브랜드 아이덴티티를 정립할 때 중요한 평가 기준이 되어야 함을 의미합니다.

95) Napoli, J., Dickinson, S. J., Beverland, M. B. and Farrelly, F. (2014), "Measuring consumer-based brand authenticity", Journal of Business Research, 1090-1098

일관성을 유지하는 브랜드는 여러 측면에서 유리한 점이 있습니다. 볼보의 안전성, 비자카드의 넓은 커버리지, 코웨이의 깐깐한 물 등의 확고한 고정관념은 경쟁사들이 쉽게 넘보기 어렵습니다. 심지어 경쟁사들이 유사한 아이덴티티를 추구하고 이를 적극적으로 소구하는 광고를 할 경우, 고정관념을 선점한 브랜드의 광고로 오해를 받아 오히려 도움이 되기도 합니다. 뿐만 아니라 마케팅 커뮤니케이션의 효율성도 증가합니다. 적은 비용을 들이고도 기존의 고정관념을 쉽게 유지할 수 있으며 소비자들에게 작은 변화를 빠르게 인식시킬 수 있습니다. 또한 소비자가 일관성을 유지하는 브랜드에 친숙감을 느끼고, 습관적 구매를 하며, 변화를 싫어한다는 측면에서도 일관성 있는 브랜딩은 유리한 측면이 있습니다. 따라서 브랜드와 관련된 모든 마케팅 활동들이 아이덴티티를 일관성 있게 실현할 수 있도록 노력할 필요가 있는데 이를 앞서 설명한 통합적 마케팅 커뮤니케이션(Integrated Marketing Communication; IMC) 또는 통합적 브랜드 커뮤니케이션(Integrated Brand Communication; IBC)이라 칭합니다. 여기서 잠깐 브랜드 아이덴티티와 관련된 용어와 이론을 몇 가지 소개해드리고자 합니다. 이론적 내용이 조금 어렵다 생각되시는 분은 건너뛰셔도 좋습니다.

브랜드 아이덴티티 관련 이론과 모델

데이비드 아커 교수는 BI 정립을 위해 유용한 "브랜드 아이덴티티 모델"을 전략적 프레임으로 제안하였습니다. 참고로 최근 아커 교수는 앞서 설명 드린 바와 같이 BI라는 용어에 대한 잘못된 오해가 확산되자 브랜드 비전이라는 용어를 사용하고 있으며, 브랜드 아이덴티티 모델도 브랜드 비전 모델(Brand Vision Model)이라 바꿔 사용하고 있습니다. 또한 브랜드 비전 모델을 제안하면서 과거의 브랜드 아이덴티티 모델을 매우 단순화시켰으며 양파와 같이 3개 층으로만 구성된 단순한 원형 모델을 제안하였습니다. 브랜드 비전 모델을 구성하는 3개의 원들은 가운데부터 브랜드 에센스(Brand Essence), 핵심 비전(Core Vision), 확장 비전(Extended Vision)입니다. 브랜드 비전 모델은 기업의 구성원들이 참여하는 5

단계 프로세스를 통해 브랜드 비전을 도출할 것을 제안합니다.[96] 우선, 시장환경과 자사의 비즈니스 전략을 면밀히 분석합니다. 다음으로 기업이 향후 가지고 싶은 브랜드 연상들을 50-100개 정도 나열한 후 유사한 연상들끼리 묶고 분류합니다. 현재 브랜드가 가지고 있는 연상들일 필요는 없으며 브랜드가 앞으로 가지길 열망하는(aspirational) 연상들을 중심으로 생각해 보아야 합니다. 이후 도출한 연상들의 우선순위를 고려하여 2-5개의 경쟁 브랜드와 차별화된 핵심 연상들을 핵심 비전으로 분류하고 상대적으로 중요도가 낮은 나머지 연상들(예, 브랜드 개성)을 확장 비전에 둡니다. 다음으로 모든 핵심 비전들을 통합할 수 있는 하나의 키워드를 브랜드 에센스로 정의합니다. 만약, 핵심 비전들을 함축된 하나의 단어로 통합하기가 힘든 경우에는 브랜드 에센스를 굳이 만들지 않아도 됩니다. 아커 교수는 개별 브랜드의 특수한 상황을 고려치 않고 브랜드 비전 모델을 억지로 끼워 맞추는 식의 활용을 지양하라고 조언합니다(Brand vision model is not a "one size fits all, fill in the box."). 마지막으로 도출한 브랜드 비전을 바탕으로 소비자들(또는 내부직원들)과 효과적으로 커뮤니케이션 할 수 있는 포지셔닝 메시지(예, 브랜드 슬로건)를 만듭니다.

---

96) David Aaker, "AAKER ON BRANDING" Morgan James Publishing, pp. 25-34.

한편, 켈러 교수는 BI와 관련된 용어로 브랜드 만트라(Brand Mantra)를 정립할 필요가 있다고 주장합니다.[97] 3-5개의 구절(phrase)로 만들어진 브랜드의 심장이자 영혼(Heart and Soul of Brand)을 담은 브랜드 에센스를 의미합니다. 이는 내부직원의 행동 가이드라인이 되며(internal branding), 고객 커뮤니케이션의 방향을 정해주는(external branding) 중요한 역할을 합니다. 브랜드 만트라는 크게 브랜드 기능(brand function), 서술적 수식어(descriptive modifier), 감정적 수식어(emotional modifier)의 3가지 차원으로 구성됩니다. 브랜드 기능은 경쟁 브랜드가 따라오지 못하는 브랜드의 핵심가치를 의미하며, 서술적 수식어는 브랜드 기능의 본질을 구체적으로 서술하고 그 범위를 명확하게 정의합니다. 마지막으로 감정적 수식어는 브랜드 기능과 서술적 수식어를 어떤 방법으로 제공할 것인지를 규정합니다.

말이 어렵고 잘 이해가 안 되시죠? 쉬운 예를 하나 들어 보겠습니다. 디즈니(Disney)의 브랜드 만트라는 무엇일까요? 먼저 브랜드 기능은 "엔터테인먼트(entertainment)"입니다. 어떤 경쟁 브랜드들보다 즐거움을 주겠다는 핵심가치를 담고 있습니다. 다음으로 서술적 수식어는 "가족(family)"입니다. 엔터테인먼트의 대상이 누

---

97) Strategic Brand Management: Building, Measuring, and Managing Brand Equity, Third Edition, Pearson International Edition, 2008, Kevin Lane Keller 저

구인지 그 범위를 정해주고 있는 것이죠. 마지막으로 감정적 수식어는 "재미(fun)"입니다. 최대한 여러 가지 재미있는 요소들을 살려 가족들의 엔터테인먼트를 책임지겠다는 것입니다. 참고로 나이키(Nike)의 브랜드 만트라는 "성능(performance)-운동(athletic)-진정성(authentic)"의 3가지 차원을 조합한 "authentic athletic performance"입니다. 켈러 교수는 좋은 브랜드 만트라가 되기 위한 몇 가지 조건을 제시합니다. 우선, 브랜드가 속한 비즈니스 영역을 명확하게 정의하고 차별점을 부각시킬 수 있어야 합니다. 둘째, 단순해야 하며, 소비자들이 감각적(crisp and vivid)으로 쉽게 느낄 수 있도록 커뮤니케이션이 용이해야 합니다. 마지막으로 가능한 한 많은 직원들에게 자부심을 줄 수 있고 행동 동기를 자극할 수 있어야 합니다.

브랜드 비전 모델과 브랜드 만트라 중 어떤 프레임이 더 좋으냐에 대한 명확한 답을 제시해 드리기는 어렵습니다. 여러분의 기업에 좀 더 적용하기 쉬운 모델을 선택하시면 됩니다. 다만 브랜드 비전을 도출할 때는 가능한 한 여러 기능을 수행하는 다양한 조직구성원이 참여하는 것이 필요합니다. 전 직원 워크샵 등을 통해서 합의된 결과를 도출해 낼 때 브랜드 비전이 내외부적으로 더 큰 힘을 발휘할 수 있기 때문입니다. 스웨덴에서 500개 기업을 대상으로 진행한 연구결과에 따르면, 브랜드 비전을 고객들에게 마케팅 커뮤니케이션을 하기 위한 수단으로만 활용한 기업에 비해 직원들을 대상으로 하는 내부 브랜딩과 고객들을 대상으로 하는 외부 브랜딩을 함께 강조한 기업의 수익률이 훨씬 높은 것으로 나타났습니다(8.0% vs. 14.4%).[98] 브랜드 전략은 브랜드 비전을 제대로 이해하고 행동으로 옮기는 직원들이 없다면 불가능합니다. 내부 브랜딩(internal branding)이 중요한 이유입니다. 그럼 어떻게 하면 성공적으로 내부 브랜딩을 할 수 있을까요?

98) David Aaker(2014)의 저서 "AAKER ON BRANDING,"의 "chapter 14. internal branding: a key ingredient", p. 131

내부 브랜딩의 중요성 : 시그니처 스토리를 개발하라

브랜드 전략의 성공여부를 가늠하기 위해 내부 직원들에게 반드시 물어봐야 할 중요한 질문 두개가 있습니다. 첫째는 앞서 설명한 브랜드 비전(brand vision)을 머리로 정확히 이해하고 있느냐이며, 둘째는 그 브랜드 비전을 따르고 싶을 만큼 진심으로 좋아하느냐 입니다. 당연한 질문이라 생각하겠지만 가까운 주위만 돌아봐도, 브랜드 비전을 모르거나 좋아하지도 않으면서 소비자에게 제품을 판매하고자 노력하는 마케터와 영업사원들이 적지 않습니다. "저도 알아요, 이 제품 별로라는 거. 본사에서는 왜 이런 제품을 만드는지 잘 모르겠어요. 근데 본사에서 많이 팔면 인센티브 준다니까 열심히 팔아 봐야죠."라고 대답하는 사람들. 어쩌면 평소 여러분들이 가지고 있는 생각인지도 모르겠습니다. 만약 시장에 새로운 브랜드를 출시하고자 할 때, 앞서 말한 두 가지 질문에 대한 내부 직원들의 대답이 명쾌하지 않을 것으로 의심된다면 출시를 당분간 보류하라고 권하고 싶습니다. 지금은 고인이 된 경영학의 아버지라 불리던 피터 드러커(Peter Drucker)는 "문화가 전략을 아침으로 먹는다(culture eats strategy for breakfast)"고 말했습니다. 이는 전략에 앞서는 기업내부 문화의 중요성을 강조한 말입니다. 브랜드 전략의 성패도 내부 구성원들이 항상 브랜드 비전을 기억하고 좋아할 수 있도록 만드는 기업문화에 달려있다고 해도 과언이 아닙니다. 즉, 내부 브랜딩(internal branding)이 중요하다는 얘기입니다.

내부 브랜딩이 잘 된 기업들은 다음과 같은 세 가지 장점을 누릴 수 있습니다. 첫째, 불필요한 커뮤니케이션 비용이 줄어들고 의사결정의 속도가 빨라집니다. 누구에게 물어보지 않아도, 직원들이 각자의 위치에서 무엇을 해야 하고 하지 말아야 하는지를 정확하게 이해할 수 있기 때문입니다. 초저가 항공사의 마케팅 임원이 어느 날 팀장에게 소비자 만족도 조사결과를 보고받고 고민이 생겼습니다. 팀장은 서울에서 방콕으로 가는 장거리 노선을 이용하는 승객들의 상당수가 배고픔을 호소하기에 무료 샌드위치를 제공하면 어떻겠냐고 제안했습니다. 임원은 경쟁사와 차별화할 수 있는 좋은 아이디어라 생각하고 사장에게 보고하자, 사장은 다음과 같이 대답하였습니다. "우리 항공사의 비전은 전 세계에서 가장 저렴한 가격으로 항공 운송서비스를 제공하는 것입니다. 만약 이러한 우리의 목표가 더 이상 불가능해진다면, 그 빌어먹을 샌드위치 아이디어는 당장 그만두세요." 제가 조금 각색을 하긴 했지만, 이 얘기는 미국의 저비용항공사(Low Cost Carrier)인 사우스웨스트 항공사(Southwest Airline)에서 실제로 일어났던 일화로 스틱(stick)[99]이란 책에서 소개된 바 있습니다. 만약, 이 회사의 팀장과 임원이 브랜드 비전을 정확히 기억하고 좋아하며 모든 의사결정의 판단기준으로 생각했더라면, 소비자 만족도 조사결과를 놓고 오랫동안 고심하고 윗선에 보고하는 커뮤니케이션의 비용이 줄어들 수 있을 것입니다. 이처럼 브랜드 비전은 모든 의사결정과 행동의 훌륭한 가이드라인의 역할을 할 수 있습니다.

내부 브랜딩이 잘 된 기업이 누릴 수 있는 두 번째 장점은 직원들의 일관성 있는 행동으로 통합된 고객경험을 제공하여 브랜드의 고정관념을 빠르게 생성하고 유지시킬 수 있다는 점입니다. 긍정적 고정관념이 가장 소중한 브랜드의 자산이기에 기업들은 엄청난 돈을 투자합니다. 예를 들면, 볼보 자동차는 "안전성"이라는 고정관념을 만들고자 오랫동안 노력해 왔고 경쟁사가 쉽게 넘보지 못하는 차별적 요소가 되었습니다. 고정관념은 꽁꽁 언 호수와 같이 매

99) 댄 히스, 칩 히스 저, "스틱! 1초 만에 착 달라붙는 메시지, 그 안에 숨은 6가지 법칙" 엘도라도

우 단단하게 브랜드를 지켜주지만, 한 곳에 금이 가기 시작하면 순식간에 무너져 내릴 수 있습니다. 믿을 수 있는 안전한 제품만을 취급한다는 유통업체의 배달 트럭이 교통신호를 무시하고 무리한 앞지르기를 하는 모습을 보게 된다면 어떨까요? 아주 사소한 일이지만 고정관념에 금이 가게 할지도 모릅니다. 따라서 기업의 직원들이(특히 고객접점 직원) 브랜드 비전을 잘 이해하고 실천해야 오랫동안 축적해온 브랜드 자산이 유지될 수 있습니다.

마지막으로 내부 브랜딩의 성공은 직원들이 좀 더 적극적이고 열정을 가지고 일할 수 있는 조직문화를 조성함으로써 제품 개선 아이디어가 늘어나며 판매 성과가 개선되는 기회를 제공할 수 있습니다. 공사 현장에서 일하는 세 명의 벽돌공에 관한 이야기가 있습니다. 지나가던 행인이 처음 만난 벽돌공에게 지금 어떤 일을 하고 있느냐고 물었습니다. 그는 매우 피곤하고 찌푸린 얼굴로 “보고도 모르시오, 무거운 벽돌을 나르고 있지 않소?”라고 대답했습니다. 잠시 후 행인은 두 번째 벽돌공을 만났고, 같은 질문을 하였습니다. 그러자 그는 한숨을 쉬며 “시간당 만 원짜리 일을 하고 있소.”라고 대답했습니다. 행인은 조금 더 길을 걷다 만난 세 번째 벽돌공에게 또 다시 같은 질문을 했습니다. 그러자 그는 미소를 머금은 얼굴로 “아이들이 공부할 수 있는 세상에서 가장 아름다운 도서관을 짓는 일에 동참하고 있소.”라고 얘기했습니다. 세 명의 벽돌공 중 누가 좀 더 적극적이고 열정적으로 일을 할 수 있을까요? 또 더 멋진 도서관을 짓기 위해 창의적인 아이디어를 내고, 안전한 건물을 짓기 위해 노력할까요? 당연히 세 번째 벽돌공일 것입니다.

그렇다면 직원들이 브랜드 비전을 잘 이해하고 좋아하도록 하기 위해서는 어떤 노력이 필요할까요? 정기적인 교육 프로그램을 운영한다거나, 테스트 결과에 따라 인센티브와 패널티를 제공하는 등 매우 다양한 방법이 있을 것입니다. 디즈니랜드에서는 직원들을 무대에서 연기하는 "배우"라고 부르는 문화를 통해 효과적으로 내부 브랜딩을 하고 있습니다. 특정대상에 이름을 붙여 낙인을 하면 결국 낙인한대로 변화해가는 일종의 낙인효과(labeling effect)를 기대한 것이라 할 수 있습니다. 직원이 스스로를 배우라 생각할 때, 디즈니랜드의 방문객은 소비자가 아닌 관객이며 그들이 입는 유니폼은 무대의상으로 느껴집니다. 무대에서는 옆 사람과 잡담을 하지 않고 담배를 피우지도 않습니다. 오직 관객들의 즐거움을 위해 몰입합니다. 따라서 디즈니랜드는 직원들에게 간접적으로 행동지침을 줌으로써 방문객들에게 전달하고자 하는 "가족들의 즐거움, 행복감"의 핵심가치를 효과적으로 전달할 수 있습니다.

추가적으로 데이비드 아커 교수는 브랜드의 시그니처 스토리(signature story)를 만드는 것이 효과적인 내부 브랜딩 전략이 될 수 있다고 조언합니다. 브랜드에 관한 스토리는 고객들뿐 아니라 내부 직원들의 기억 속에도 효과적으로 각인될 수 있으며 긍정적인 행동을 유발시킬 수 있는 강력한 힘을 지니고 있습니다. 시그니처 스토리를 만들 수 있는 유용한 팁 몇 가지를 말씀드리겠습니다. 첫째, 제품의 탄생 스토리를 활용하는 것입니다. 예를 들어, 화장품 분야 자격증만 6개를 가진 화장품 덕후로 잘 알려진 김한균 대표는 '파파레시피'라는 브랜드를 창업하였습니다. 독특한 브랜드 네임은 창업스토리를 들으면 쉽게 이해가 됩니다. 김 대표는 아토피 피부염으로 고통 받는 딸을 위해 천연재료를 이용한 유기농 화장품을 만들었고, 그 레시피를 자신의 블로그에 소개하면서 유명해져 창업을 하게 되었습니다. 지금은 월매출 100억이 넘는 기업으로 성장하였는데, 그의 창업스토리는 좋은 재료로 딸을 생각하는 아빠의 마음으로 제품을 만들고 판매한다는 브랜드 비전을 고객과 직원들에게 효과적으로 전달해 줄 수 있습니다. 비슷한 사례로 암에 걸린 아내의 건강 회복을 위해 좋은 바다 식재료를 구해 음식을 조리하다, 마침내 음식점을 열게 되었다는 강남의 한 식당은 건강한 음식을 선호하는 이들에게 큰 인기를 끌고 있습니다.

둘째, 믿기 어려울 정도의 놀라운 소비자 경험의 에피소드를 발굴하는 것도 좋은 방법입니다. 예를 들면, 고객 감동 서비스로 유명한 미국의 백화점 노드스트롬은 매장에서 취급하지 않는 타이어를 환불해 달라고 요청한 고객의 청을 정중하게 들어주었다는 에피소드가 두고두고 회자되고 있습니다. 2009년 아마존에 인수된 미국 최대 온라인 신발 쇼핑몰인 자포스(Zappos.com)의 콜센터는 고객 지향적인 상담과 서비스로 매우 유명합니다. 자포스는 타 기업과 달리 콜센터 직원을 모두 정규직으로 채용하고, 상담원의 실적을 고객상담 수가 아니라 고객 문제 해결 여부로 평가하기 때문에 놀라운 고객감동의 사례를 만들어 가고 있습니다. 예를 들면, 호텔에 늦게 도착한 고객이 자포스의 고객센터로 전화하여 룸서비스도 불가하고 주변에 식당도 없다고 하소연하자 호텔로 배달이 가능한 피자가게의 전화번호를 찾아 알려주었다는 등의 유명한 스토리가 있습니다. 또한 자포스의 시그니처 스토리는 어머니에게 선물하고자 신발을 구매한 고객이 어머니가 갑작스레 사망하자 반품기간이 지난 제품의 반품 요청을 한 에피소드입니다. 고객 상담원은 기간이 지났음에도 반품을 받아 주었을 뿐 아니라 고객의 마음을 위로하기 위해 조화를 배달시켜주었습니다.

애플 다음으로 시가총액 1조 달러를 돌파한 세계 최대 전자상거래 업체인 아마존(Amazon.com)의 고객 지향적이며 장기적 관점의 사고를 잘 보여주는 시그니처 스토리가 있습니다.[100] 사업초기 아마존은 라비 수리아(Ravi Suria)라는 월가 애널리스트가 여러 차례 근거 없는 부정적인 보고서를 작성한 덕분에 주가가 지속적으로 하

100) 브랜드 스톤 저, "아마존, 세상의 모든 것을 팝니다", 21세기북스

락하고 있었습니다. 그때 JK롤링의 해리포터 4번째 시리즈인 "해리포터와 불의 잔"이 출간을 앞두고 있었고 아마존의 CEO인 제프 베조스는 주주들과 직원들의 반대에도 불구하고 무리해 보이는 결단을 내렸습니다. 해리포터의 신간 도서를 40% 가격할인을 해 줄 뿐만 아니라 출간당일 일반 배송료의 가격으로 빠른 배송을 해주겠다고 선언하였습니다. 덕분에 주문량은 25만 5천 건이나 되었고 아마존은 건당 몇 달러의 손해를 보았습니다. 하지만 해리포터의 신간을 소개하는 700건이 넘는 언론보도에 아마존이 함께 소개되었고, 이 사건에 관한 인터뷰에서 베조스는 "고객에게 득이 되면 주주들에게는 손해가 된다는 흑백논리는 매우 아마추어적인 생각이다."라고 말했습니다. 이 에피소드는 아마존의 고객지향적이며 장기적 관점의 사고를 잘 보여주는 사례로 기업 내부뿐 아니라 여러 언론매체에서 두고두고 회자되고 있습니다.

세 번째 팁은 브랜드가 자신의 정체성을 지키고자 하는 노력을 보여주는 사례를 수집하여 확산시키는 것입니다. 홍성태, 조수용 저, "나음보다 다름"이란 책에는 이를 잘 보여주는 글로벌 패스트패션 브랜드 자라(zara)의 에피소드가 소개되고 있습니다.[101] 영국의 왕세손비인 케이트 미들턴(Kate Middleton)은 평민 출신으로 검소한 옷차림에도 불구하고 뛰어난 미모 덕분에, 그녀가 입은 옷들은 무서운 속도로 팔립니다. 이를 케이트 미들턴 효과라고 부르

---

101) 홍성태, 조수용 저, "나음보다 다름", 북스톤

기도 합니다. 그녀는 어느 날 자라의 블루드레스를 입고 대중들 앞에 섰습니다. 여러분이 이 모습을 지켜본 자라의 마케터라면 무엇을 해야 할까요? 아마도 공장에서 추가 생산이 가능한지, 물량 확보를 얼마나 할 수 있는지 확인했을지도 모릅니다. 하지만 자라의 마케터는 전 세계 매장에 미들턴이 입고 나온 드레스가 한 장도 없도록 치워버리라고 얘기했습니다. 자라는 패션잡지 보그(Vogue)에서 제안한 패션 트렌드를 반영한 제품을 생산하여 유통매장에 갖다 놓는데 딱 2주를 씁니다. 그리고 다음 보그 잡지가 출간되기 전 2주 동안 해당 제품을 판매합니다. 그런데, 미들턴이 입은 블루 드레스는 출시된 지 3주가 된 제품이었습니다. 따라서 혹여나 남아있는 한 장의 드레스가 고객들의 긍정적 고정관념에 해를 끼칠지 모른다는 판단에서 모두 치워버리라 했다고 합니다. 이 에피소드는 패스트패션으로써 자라의 브랜드 비전을 지키려는 노력과 의지를 잘 보여줍니다. 동물실험을 절대 하지 않는다는 브랜드 비전을 가진 영국의 뷰티 브랜드인 러쉬(lush)가 동물 실험 없이는 판매를 허가하지 않겠다는 중국 정부의 규제에 맞서 중국 시장을 과감히 포기한 사례는 러쉬의 고객들에게 큰 울림을 주었습니다.

기업은 직접 시그니처 스토리를 개발하려는 노력 대신, 고객 스스로가 얘기하는 경험 스토리를 발견하여 활용하는 것도 좋은 전략이 될 수 있습니다. 예를 들면, 일동제약의 피로회복제인 아로나민

골드는 출시 55주년을 기념하여 브랜드 스토리 공모전을 개최하여 발굴된 스토리를 바탕으로 전시회를 개최하기도 하였습니다. 샌드위치 브랜드인 서브웨이(subway)가 유명해진 데에도 고객 스스로 얘기하는 스토리를 발굴한 것이 큰 역할을 하였습니다.[102] 1990년대 후반 제러드 포글이라는 192kg의 거구의 대학생이 3개월 동안 서브웨이만 먹는 다이어트로 50kg을 감량하는데 성공했고, 이 사실이 1999년 4월 대학신문에 소개되었습니다. 서브웨이의 광고회사는 이를 놓치지 않고 시그니처 스토리로 활용하여 상당한 광고효과를 얻을 수 있었습니다.

한편 시그니처 스토리가 반드시 사실(fact)일 필요는 없습니다. 예를 들면, 타이타닉 호가 침몰했을 때 살아남은 사람들 중 일부는 바다위에 둥둥 떠다니는 가방에 매달려 있었다고 합니다. 그 가방이 바로 유명한 명품 브랜드인 루이비통입니다. 물이 들어가지 않고 바다에 떠 있을 만큼 박음질이 견고하고 내구성이 좋다는 얘기입니다. 경쟁 브랜드가 가지지 못한 이 브랜드 스토리는 루이비통의 차별적 장점을 매우 잘 드러내는 훌륭한 시그니처 스토리가 되고 있습니다. 얼마 전 상주에서 블루베리 농사를 짓는 20대 청년과 맥주를 한잔하며 이런 저런 얘기를 나눈 적이 있습니다. 그는 학교

---

102) 댄 히스, 칩 히스 저, "스틱! 1초 만에 착 달라붙는 메시지, 그 안에 숨은 6가지 법칙" 엘도라도

폭력에 시달렸고, 그 때문에 시력을 많이 잃었고 대인관계에 어려움이 있었다고 말했습니다. 그때 혼자 농사짓는 것이 적성에 잘 맞는 직업이라 생각하여 블루베리를 재배하게 되었다고 합니다. 저는 그 청년에게 블루베리가 눈에 좋은 음식이니 이를 바탕으로 제품의 탄생 스토리를 만들어 보라고 조언했습니다. 관점에 따라 차이는 있겠지만 사실에 기반해 약간의 극적요소를 추가해 의미 있는 스토리로 만드는 것은 누군가를 속이는 비윤리적인 행동이라기보다 브랜드에 가치를 부여하는 좋은 전략이라 생각합니다.

내부 브랜딩이 성공하기 위해서는 3단계 프로세스가 필요합니다. 직원들이 브랜드의 비전을 잘 배우고(learning), 그 가치를 믿으며(believing), 브랜드 비전에 따라 살아가는 것(living)입니다. 머리로 이해하고(Head) 가슴으로 느끼고(Heart) 행동으로 보여줘야 한다(Head)는 것이죠. 사실 내부 브랜딩의 범위는 직원들을 넘어 여러 협력사들(예, 광고대행사, 마케팅조사업체 등)에게 적용될 필요가 있습니다. 고객들에게 우리 브랜드를 얘기하기 전에 브랜드를 함께 만들어가는 내부직원과 협력사 직원들이 브랜드 비전을 숙지하고 좋아할 수 있도록 만드는 것이 중요합니다. 이때 통합적 브랜드 커뮤니케이션이 가능하고 소비자의 마음을 사로잡는 강력한 고정관념을 만들 수 있기 때문입니다.

6강

브랜드 개발과 포트폴리오 전략

일반적으로 브랜드 관리 프로세스는 시간의 흐름에 따라 브랜드 개발, 브랜드성과 모니터링, 브랜드 자산관리의 3단계 과정으로 구분해 볼 수 있습니다. 먼저 새로운 브랜드의 컨셉을 정하고 컨셉에 적합한 브랜드 요소들(brand elements; 브랜드 네임, 로고, 캐릭터, 슬로건 등)을 개발하는 NBD(New Brand Development) 프로세스가 있습니다. 다음으로 출시 1년 미만인 브랜드들을 대상으로 앞으로의 사업성을 평가하여 추가투자를 할지, 보류할지, 철수를 할지 등을 결정하는 BPM(Brand Performance Monitoring) 프로세스를 거치게 됩니다. 마지막으로 1년이 지난 브랜드들은 어느 정도 자산가치가 있다는 판단 하에 성과 진단을 통해 브랜드 자산을 강화, 확장, 재활성화 할지에 대한 의사결정을 하는 BEM(Brand Equity Management) 프로세스를 거칩니다. 이번 강의에서는 기업이 보유한 다양한 브랜드들간 관계를 고려하면서 새로운 브랜드를 효과적으로 개발할 수 있는 NBD 전략에 관해서 구체적으로 살펴보도록 하겠습니다. 먼저 여러 브랜드들간 관계를 한눈에 보기 쉽게 정리할 수 있는 유용한 프레임인 브랜드 계층구조(brand hierarchy)의 개념에 대해 알아보도록 하죠.

브랜드 계층구조와 네이밍 전략

하나의 기업이 단 하나의 브랜드를 가지고 있는 경우보다는 아마도 여러 개의 브랜드들을 가지고 있는 경우가 더 많을 듯합니다. 하나 둘 브랜드를 개발하다 보면 그 수가 너무 많아져서 한눈에 볼 수 있는 체계적으로 정리된 그림, 즉 브랜드 계층구조가 필요할 수 있습니다. 브랜드 계층구조는 브랜드를 새롭게 개발할 때 기존 브랜드와의 관계를 생각해서 브랜드요소들을 어떻게 만들고 또 어떻게 관리되어야 하는지에 대한 방향성을 제시할 수 있습니다. 또한 브랜드에 대한 투자와 철수를 고민할 때에도 단순히 숫자 지표(예, 매출액, 영업이익 등)에만 의존하지 않고 브랜드들간 관계와 역할을 한 번 더 고민해보도록 하는 장점이 있습니다.

일반적으로 브랜드 계층구조는 가장 상위에 있는 기업브랜드(corporate brand)로부터 패밀리브랜드(family brand), 개별브랜드(individual brand), 브랜드 수식어(brand modifier)의 순으로 4개 계층으로 구성됩니다.[103] 기업브랜드는 삼성전자와 같은 기업명을 의미하며, 패밀리 브랜드는 여러 제품범주를 하나의 큰 우산 아래 두는 공동 브랜드(umbrella brand)를 의미합니다. 삼성전자의 갤럭시(Galaxy)는 스마트폰뿐 아니라 태블릿PC 등 다양한 모바일 기기에 공통으로 적용되는 공동 브랜드입니다. 업계에서는 기업브랜드 만큼이나 강력한 자산가치를 가진 공동 브랜드를 메가 브랜드(예, CJ 제일제당의 백설, 대상의 청정원)라 칭하기도 합니다. 한편, 개별브랜드는 삼성전자의 냉장고 브랜드인 지펠(zipel)과 같이 단 하나의 제품범주에만 적용되는 브랜드를 의미하며, 브랜드수식어는 너구리 라면의 "순한 맛," 참이슬의 "fresh"와 같이 제품의 성분이나 속성 등을 나타내는 수식어를 의미합니다.

동일한 업종에 속해 있는 기업이라 할지라도 브랜드 계층구조에는 상당한 차이가 있으며, 유형별로 장단점을 가집니다. 예를 들면, 오뚜기㈜는 거의 모든 제품범주에 기업명인 "오뚜기" 브랜드를 사용하는 기업브랜드 중심 전략(예, 오뚜기 카레, 오뚜기 잼 등)

103) Farquhar, P. H., Han, J. Y., Herr, P. M. and Ijiri, Y. (1992), "Strategies for leveraging master brands: how to bypass the risks of direct extensions", Marketing Research, 4(3), pp. 32-43

을 사용하고 있습니다. 이러한 전략은 마케팅 커뮤니케이션 비용이 절감되는 장점이 있습니다. 즉, 모든 제품들이 오뚜기 브랜드를 사용하고 있기 때문에 특정 제품에 대한 광고가 다른 범주의 제품에도 긍정적인 영향을 줄 수 있습니다. 또한 기업 이미지 광고만으로 여러 브랜드들이 긍정적 후광효과(halo effect)를 누릴 수 있습니다. 최근 오뚜기 오너일가의 여러 선행들이 알려지면서, 갓뚜기라 불릴 만큼 기업 브랜드의 이미지가 좋아졌고, 오뚜기 브랜드를 사용하는 여러 제품들이 그 혜택을 톡톡히 누리고 있습니다. 하지만 하나의 제품이 실패하여 기업 브랜드 이미지가 손상될 경우, 같은 기업 브랜드를 사용하는 대부분의 제품들이 부정적인 영향을 받게 되는 위험이 있습니다.

반면, P&G는 모든 제품에 개별적인 브랜드를 별도로 개발하여 사용하는 개별브랜드 중심 전략을 사용하고 있습니다. 따라서 프링글스, 페브리즈, 팸퍼스 등이 P&G의 브랜드라는 사실조차도 모르는 고객들이 많습니다. 이러한 전략은 기업브랜드 중심 전략과는 반대로 특정 제품의 부정적 이미지가 기업 전체 브랜드들로 확산되지 않는다는 장점이 있는 반면, 마케팅 커뮤니케이션 비용이 많이 드는 단점이 있습니다. 기업브랜드 중심 전략과 개별브랜드 중심 전략의 중간형태의 전략이 바로 패밀리 브랜드 중심 전략입니다. 예를 들면, CJ제일제당은 "프레시안"이라는 신선식품의 범주를 대표하는 하나의 공동 브랜드를 사용함으로써 마케팅 커뮤니케이션 비용을 절감하면서도 부정적 브랜드 이미지의 확산을 경계하고 있습니다. 어떤 브랜드 전략이 반드시 더 좋은 전략이라고 할 수는 없습니다. 브랜드의 내/외부 환경을 고려한 선택의 문제이며, 하나의 기업이 제품범주에 따라 여러 전략들을 병행해서 사용하는 경우들도 적지 않습니다.

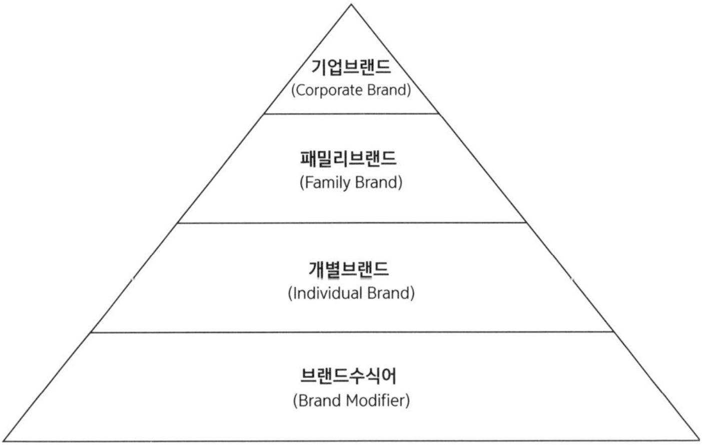

<그림32> 브랜드의 계층구조

새로운 브랜드를 개발할 때 가장 중요하게 고민하는 브랜드 구성요소는 아마도 브랜드 네임일 것입니다. 브랜드 네임은 브랜드와 관련된 다른 연상들을 떠올리게 하는 가장 중요한 기억의 인출단서(retrieval cue)이기 때문입니다. 브랜드 네임의 중요성이 부각되면

서 브랜드 네이밍 활동이 브랜딩의 전부인양 착각하는 오류를 범하기도 합니다. 제 지인 중에도 어릴 적 영화를 보다 영감을 얻어 브랜드 네임을 하나 지어 놓은 후, 몇 년이 지나 사업을 하면서 그 이름을 그대로 사용하는 경우를 본 적이 있습니다. 문제는 브랜드 네임이 브랜드 컨셉과 전혀 관계없는 말 그대로 그냥 예쁜 이름을 지어 둔 것이었습니다. 흔히 브랜드 네임을 브랜드 컨셉을 담는 그릇이라 표현합니다. 요리사는 음식을 만든 후 그 음식을 가장 돋보이게 해 줄 그릇을 고르지, 그릇을 꺼내 놓고 거기에 적합한 요리를 만들지 않습니다. 브랜드 컨셉이 먼저 정해지고 이에 적합한 네임을 정해야 한다는 말입니다.

가끔 제품개발 중에 가칭으로 사용했던 제품명을 브랜드 네임으로 사용해도 되는지 저에게 물어보는 분들이 있습니다. 그건 태명을 출생 후에 사용해도 괜찮은지에 대한 질문과 비슷합니다. 태명을 그대로 사용할 수도 있겠지만 아이의 운명을 결정할 만큼 이름이 중요하다면 작명가에게 좋은 이름인지, 한자로 표현하는 데 문제는 없는지 등을 일반적으로 확인하게 됩니다. 제품 브랜드도 마찬가지로 점검하고 평가하는 과정이 필요합니다. 브랜드 네임은 일반적으로 발음용이성, 기억용이성, 확장유연성, 차별/식별가능성, 컨셉 일관성, 법적 보호가능성 등으로 평가하게 됩니다. 특히 상업적 용도로 사용되는 이름은 상표 전문 변리사를 통해 다른 브랜드의 법적 권리를 침해하지 않는지, 또 우리 브랜드를 상표 등록하여 법적으로 보호받을 수 있을지를 꼼꼼히 확인하는 것이 필요합니다. 브랜드 네임은 의미적 요소, 청각적 요소, 시각적 요소의 3가지 차원으로 구성됩니다. 따라서 상표에 관한 법적 분쟁이 발생한 경우에도 이 세가지 관점에서 권리 침해여부를 판단하게 됩니다.

예를 들어, 남양유업의 불가리스가 매일유업의 불가리아를 대상으로 자사제품과 혼동될 가능성이 높다는 이유로 판매금지 가처분 신청을 한 일이 있었습니다.[104] 매일유업은 오히려 불가리스가 불가리아산이 아닌 독일산 유산균을 사용하면서 소비자를 기만하고 있다고 반격했습니다. 최종적으로 재판부는 남양유업의 손을 들어주었습니다. 또한 그 이유를 "불가리스와 불가리아의 음절수가 동일하고, 그중 3개 음절의 발음과 철자가 같아 소비자들이 오인, 혼동할 수 있다"라고 설명하였습니다. 즉, 두개의 브랜드가 청각적, 시각적으로 비슷하고, 요구르트로 유명한 국가인 불가리아를 의미적 요소로 사용했다고 판단했기 때문으로 이해됩니다. 이는 브랜드 네임을 구성하는 3가지 차원에서 두 브랜드가 유사하다는 의미입니다. 브랜드 네임의 법적 권리에 관해서는 일반인들이 판단하기 쉽지 않으므로, 가급적 전문 네이밍 회사의 자문과 컨설팅을 받으시기를 권해드립니다.

---

104) 중앙일보 (2005.07.31), '불가리아' 상표 못 쓴다

한편 소비자에게 오해를 불러올 수 있는 브랜드 네임은 경계해야 합니다. 개인적으로 겪은 재밌는 일화를 하나 소개해드릴까 합니다. 제 아들이 3살 때 새벽에 갑자기 열이 나고 너무 많이 아파서 병원 응급실로 가야했는데요. 저희 집에서 가장 가까운 병원이 차병원이었습니다. 그런데 기력도 없는 아이가 병원에 가지 않겠다고 다리에 힘을 주고 버티는 것이었습니다. 한참 실랑이를 하다 도대체 왜 그러는지 이유를 물어보니, 사람이 왜 차병원에 가느냐는 황당한 대답을 하는 것입니다. 어이가 없어 실소를 터트렸는데, 이처럼 고객들도 우리가 당연하다고 생각하는 것을 쉽게 오해할 수 있습니다. 따라서 브랜드 네이밍을 할 때에는 고객의 입장에서 부정적 연상을 불러오지는 않는지 꼼꼼히 따져 볼 필요가 있습니다. 특히 소비자가 우리 제품을 어떤 맥락에서 어떤 이유와 목적을 가지고 소비하는 지를 살펴보아야 합니다. 예를 들어 저는 얼마 전 지인의 소셜미디어에서 "잔칫집 식혜"의 브랜드 네임을 비난하는 글을 보았습니다. 왜일까 사진을 유심히 들여다보니, 장례식장 음료로 놓여있었던 것입니다. 장례식장에 잔칫집 식혜가 웬 말입니까? 소비맥락을 염두에 둔 네이밍을 해야 한다고 해서 반드시 고객들의 평가가 가장 좋은 브랜드 네임을 선택하라는 의미는 아닙니다. 고객들이 브랜드 네임을 평가할 때에는 기업이 구상하는 큰 그림 즉, 브랜드의 목표와 역할 또는 확장가능성 등에 대한 고려는 전혀 하지 않기 때문입니다. 따라서 브랜드 네임과 관련된 여러 이해관계자들

(기업, 유통업체, 소비자, 네이밍 회사, 전문가 등)의 의견들을 종합하여 균형점을 찾을 필요가 있습니다.

참고로 브랜드 네임의 유형은 일반적으로 3가지로 나뉩니다. 새우깡과 같이 제품의 특성을 구체적이고 직접적으로 서술하는 서술적 이름(descriptive name), 승리의 여신 나이키(Nike)와 같이 암시적인 의미를 가지는 연상적 이름(associative name), BMW와 같이 특정한 의미를 담지 않고 임의로 만들어진 임의적 이름(freestanding name)이 있습니다. 한편 네이밍을 잘하기 위해서는 언어학, 음성학에 대한 지식이 필요합니다.[105] 예를 들면, 불어(여성적, 섬세함)와 독일어(남성적, 권위적)만의 고유한 이미지가 있으며, 양성모음(ㅏ, ㅑ, ㅗ, ㅛ)과 음성모음(ㅓ, ㅕ, ㅜ, ㅠ) 사용에 따른 언어의 무게와 온도 차가 있습니다. 또한 자음의 유형(예삿소리, 거센소리 등)에 따라 언어의 강약과 세련미의 차이도 있습니다. 그 밖에도 다양한 네이밍 기술들을 적용한 사례들을 최대한 많이 접하는 것도 좋습니다. 예를 들면, 문장형(예, 라라올라), 인명 활용(예, 김정문 알로에), 숫자 활용(예, 여명 808), 캐릭터 활용(예, 물먹는 하마), 지역명 활용(예, 파리바게트), 동음반복(예, 짜요짜요), 순우리말 활용(예, 딤채) 등이 있습니다. 같은 제품범주의 경쟁 브랜드들이 많이 사용하는 작명법을 검토해 보고, 우리 브랜드의 컨셉에 따라 유사

105) 김상률, 이정 저, "브랜드 개발 전략론", 법문사

한 방법을 사용할지 완전히 차별화된 방법을 사용할 지에 대한 검토를 해 볼 수 있을 것입니다.

브랜드 네이밍 전략을 수립할 때 기존 브랜드들간 관계를 보여주는 브랜드 계층구조를 유용하게 활용할 수 있습니다. 먼저 전체 큰 그림 아래에서 새로 개발하는 브랜드의 네임을 짓는데 기업브랜드, 패밀리브랜드, 개별브랜드, 브랜드 수식어를 사용할지 결정하는 것이 중요합니다. 이때 그림과 같은 4개의 질문으로 구성된 네이밍 의사결정 나무(decision tree)를 미리 만들어 두면 좀 더 체계적으로 빠른 의사결정을 할 수 있습니다. 브랜드 계층구조의 최상위레벨인 기업 브랜드를 사용할지 여부에 관한 질문에서 출발하여, 패밀리 브랜드, 개별브랜드, 브랜드 수식어를 사용할 때 적용되어야 할 브랜드 네이밍 방법을 한눈에 보여줍니다. 새롭게 개발하는 브랜드의 전략적 의미에 따라 최종 결정되는 브랜드 네임에는 차이가 있으며 앞서 언급한 바와 같이 마케팅 커뮤니케이션 전략의 장단점이 달라질 수 있습니다.

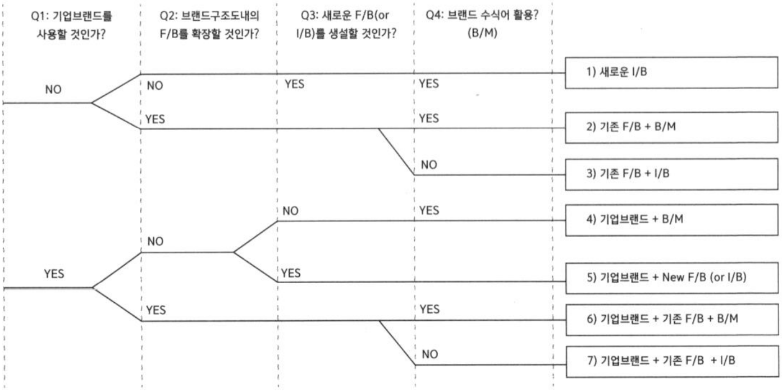

(F/B: Family Brand, I/B: Individual Brand, B/M: Brand Modifier)

<그림33> 네이밍 의사결정 나무

한편 브랜드 네이밍 전략을 고민할 때 함께 알아두면 유용한 개념이 하나 있어 소개드리고자 합니다. 바로 브랜드 개성(brand personality)입니다. 지금부터 브랜드 개성의 개념은 무엇이며 네이밍 전략에 있어 어떤 중요한 의미를 가지는지 구체적으로 살펴보도록 하겠습니다.

브랜드 개성 (Brand Personality)

누구나 좋아하는 브랜드 하나쯤은 있을 겁니다. 출근 전 바쁘게 사용하는 면도기, 출근 길에 구매한 커피 한 잔, 데이트를 위해 아껴둔 레스토랑, 그 어느 것에도 이름이 없는 것은 없습니다. 다만 너무 익숙해서 때로는 잘 기억나지 않을 수도 있습니다. 브랜드를 좋아하고 소비하는 이유야 수십 가지가 될 수 있고 그 이유가 얼마나 심오한 지는 제품범주마다 또 사람마다 차이가 있겠지만, 내 인생을 통틀어 단 하나의 브랜드만 꼽으라고 한다면 여러분은 어떤 브랜드를 선택할까요? 몇 해 전 저는 대학에서 담당하고 있는 브랜드 관리 수업시간에 학생들에게 "자신이 가장 좋아하는 브랜드는 무엇이며, 왜 그렇게 생각하는지" 그 이유를 정리해서 제출하는 과제를 내 준 적이 있습니다. 흥미롭게도 40명이 넘는 수강생들이 선정한 브랜드들 중 겹치는 브랜드는 거의 없었으며, 브랜드를 선정한 기준도 저마다 달랐습니다. 예를 들면, 군복무 때 잠깐 휴가를 나와서 가봤던 음식점, 모태솔로를 벗어나게 해준 예전 남자친구가 특별히 예쁘다고 칭찬해주던 티셔츠 등 읽는 내내 누군가의 사생활을 들여다보는 듯한 느낌에 과제를 평가하는 일이 매우 즐거웠던 기억이 남아있습니다. 그런데 학생들이 브랜드와 첫 만남을 가지게 된 사연은 제각각 다르지만, 특정 브랜드를 좋아하고 지속적으로 소비하는 이유에는 분명한 공통점이 있어 보였습니다. 그것은 바로 자신의 이미지와 잘 맞고 자신을 잘 표현해주는 브랜드라는 점입니다.

브랜드의 이미지가 선명하면 누군가의 마음을 사로잡을 수 있는 가능성이 높아집니다. 소비자가 브랜드의 이미지와 자신의 이미지가 얼마나 일치하는지를 보다 쉽게 판단할 수 있기 때문입니다. 스탠포드 대학의 제니퍼 아커(Jennifer Aaker) 교수는 브랜드의 여러 이미지들 중 특히 브랜드 개성(brand personality)이 소비자의 브랜드 선택에 큰 영향을 미칠 수 있다고 주장합니다.[106] 브랜드 개성은 "브랜드와 관련된 인간적인 특성들의 집합"이라 정의합니다. 쉽게 말하자면, 브랜드를 인간으로 묘사할 때 떠오르는 연상들인 브랜드 개성이 소비자의 구매의사결정 과정에 중요한 역

---

106) Aaker, J. L. (1997), "Dimensions of brand personality", Journal of Marketing Research, 34(3), pp. 347-356

할을 할 수 있다는 말입니다. 예를 들면, 나이키(Nike)를 사람으로 표현하면 "활동적이고 에너지 넘치는 운동선수"라고 할 수 있습니다. 따라서 이러한 모습을 가지고 싶고, 타인에게 보여주고 싶어 하는 소비자는 나이키를 구매하고 소비할 가능성이 높습니다. 브랜드 개성은 인간이 가지는 본능적 특성들 중 하나인 의인화 성향(anthropomorphism)에서 비롯된다고 할 수 있습니다.[107] 자동차에 휘발유를 넣으면서 "배가 많이 고팠지?"라고 얘기한다거나, 자신의 스마트폰을 친구에게 소개하면서 "이 아이는 별로야."라고 하는 경우들을 가끔 볼 수 있습니다. 이처럼 소비자가 브랜드를 더 이상 제품이 아닌 친구 혹은 동반자로 인식하게 되면 자신의 삶에 있어서 더 의미 있는 존재로 생각하게 됩니다.

따라서 브랜드들은 의도적으로 자신의 존재를 사람의 모습으로 형상화하기도 합니다. 대상㈜의 패밀리브랜드인 청정원이 대표적인 사례입니다. 청정원은 한 때 장동건, 이승기와 같은 대중들의 사랑을 받는 남성 배우들이 CF광고에 출연하여 "정원아, 사랑해"라는 말을 함으로써, 청정원이란 브랜드를 20대 후반의 요리에 관심이 많은 사랑스러운 아내의 이미지로 효과적으로 포장할 수 있었습니다. 그 결과, 정원이와 비슷한 이미지를 추구하는 젊은 여성들의 큰

---

107) Freling, T. H. and Forbes, L. P. (2005), "An examination of brand personality through methodological triangulation", Journal of Brand Management, 13(2), pp. 148-162

지지를 끌어내며 타깃집단에 대한 시장지배력을 높이려는 목표를 성공적으로 달성할 수 있었습니다. 롯데주류의 청하도 이와 유사한 사례입니다. 횟집에서 다소 올드한 아저씨들이 즐겨 마실 것 같았던 청하는 최근 허세 가득한 복학생 오빠의 브랜드 개성을 부여 받고 20대들의 마음을 사로잡고 있습니다. 소셜미디어를 통해 시의 적절한 각종 패러디를 선보이는가 하면 댓글을 통해 20대들과 마치 유쾌한 사람인양 소통합니다. 젊은이들은 다소 찌질한 캐릭터를 가진 청하 오빠의 허세 가득한 언어유희에 열광하고 팬덤이 형성되어, 다른 브랜드들의 커뮤니케이션을 청하를 모방한 것이라 조롱하기도 합니다. 그야말로 브랜드 전도사(brand evangelist)의 역할을 충실히 수행하고 있는 것입니다.

마케팅 분야의 연구결과에 따르면, 브랜드 개성이 뚜렷한 브랜드는 소비자로 하여금 좀 더 친숙하고, 안전하고, 편하게 느끼도록 함으로써 구매가능성을 높일 수 있습니다.[108] 따라서 최근에는 처음부터 사람의 이름을 이용해 브랜드 네임을 작명하는 사례들(예, 롯데렌터카의 신차장 다이렉트)도 적지 않습니다. 특히 단기간에 소비자의 인지도를 높이고 새로운 비즈니스에 대한 거부감을 줄여 목표고객에게 좀 더 가깝게 다가가고자 하는 스타트업들에서 이러한

---

108) Freling, T. H. and Forbes, L. P. (2005), "An empirical analysis of the brand personality effect", Journal of Product and Brand Management, 14(7), pp. 404-413

움직임이 포착되고 있습니다.[109] 침대 매트리스를 판매하는 온라인 쇼핑몰 "캐스퍼(Casper)"에 대해 들어본 적이 있나요? 2014년 뉴욕에서 시작한 캐스퍼는 런칭 후 28일 만에 10억 원 이상의 매출을 올리며 세상을 놀라게 했습니다. 소비자들은 매트리스를 압축해서 박스 배송을 한다는 점에 한번 놀랐고, 100일 동안 사용해보고 마음에 안 들 경우 무료 반품이 가능하다는 점에 또 한 번 놀랐습니다. 창업 4년 만에 기업가치가 무려 8,000억 원 이상이 된 캐스퍼의 성공에는 친숙한 브랜드 네임이 한몫 했다는 평가가 있습니다. "Casper"라는 네임은 창업자의 대학시절 룸메이트였던 "Kasper"라는 친구의 이름에서 첫 글자만 바꾼 것이었습니다. 그 친구는 늘 편치 않은 침구류에 대한 불평을 늘어놓았다고 합니다. 따라서 캐스퍼(Casper)라는 이름은 잠자리의 편안함이라는 브랜드의 핵심 컨셉에 흥미로운 스토리를 부여하고 소비자에게 좀더 친근하게 다가가 효과적으로 기억에 남길 수 있는 좋은 브랜드 네임이라 할 수 있습니다.

사람의 이름을 모티브로 한 또 다른 스타트업의 브랜드 네이밍 사례로 온라인 안경점 "와비파커(Warby Parker)"를 들 수 있습니다. 와비파커는 2010년 2월에 창립하여 4년 만에 약 1,100억 원 이상의 매출을 올렸으며, 2015년에는 미국 경영매체 패스트 컴퍼니(Fast Company)가 선정한 지구상에 현존하는 가장 혁신적인 기업으로

109) 김지현 기자 (2018.06.11), "누가 회사 이름을 함부로 짓나!" TTIMES

선정된 바 있습니다. 온라인 안경판매는 유통비용을 줄여 가격을 낮추고, 매장을 방문해야 하는 고객의 번거로움을 줄여줄 수 있는 장점은 있지만, 나한테 어울리는지, 또 착용감이 편한지를 알지 못하는 문제가 있었습니다. 따라서 와비파커는 소비자가 자신의 사진을 웹사이트에 올린 후 관심이 있는 안경을 선택하면 가상의 착용 모습을 보여주는 서비스(virtual try-on service)와 선택한 5개의 안경을 5일 동안 집에서 착용해 본 후 마음에 들지 않는 4개를 무료로 반품할 수 있는 서비스(Home try-on service)를 제공하여 소비자의 마음을 사로잡았습니다. 와비파커의 혁신적인 비즈니스 모델만큼이나 작명 스토리도 유명합니다. 창업자들은 어디서 들어본 것 같지만 조금은 낯설고, 또 브랜드 컨셉을 잘 표현해 줄 수 있는 그런 이름을 찾기 위해 무려 6개월을 고심한 것으로 알려져 있습니다. 와비파커는 1950년대 유명한 미국의 소설가 잭 케루악의 미발표 소설의 와비 페퍼와 잭 파커라는 두 주인공들의 이름을 조합해서 만들어졌습니다. 케루악은 사회통념과 고정관념에 대한 강한 저항정신을 보여준 소설가로 알려져 있으며, 이는 기존 오프라인 안경점을 혁신적으로 변화시키려는 목표를 가진 와비파커의 창립정신을 잘 반영해 줍니다.

만약 창업자가 자신의 이름을 기업 브랜드 네임으로 사용한다면 어떤 장단점들이 있을까요? 2017년 데니스 리 욘(Denise Lee Yohn) 교수는 HBR에 이와 관련된 연구결과를 정리한 아티클을 발표하였습니다.[110] 먼저 장점으로는 소비자가 창업자와 인간적인 관계에 기반한 거래를 하고 있다는 인식을 줄 수 있어 브랜드 개성의 효과를 얻을 수 있습니다. 특히 소비자가 브랜드를 선택할 때 정서적 가치를 기술적 가치보다 중요하게 생각하는 경우 긍정적 효과는 더 크게 나타날 수 있습니다. 또한 동일한 업종의 경쟁 브랜드들이 창업자의 이름을 기업 브랜드로 잘 사용하지 않는 시장에서는 좀 더 독특해 보이고 소비자의 기억에 더 잘 각인시킬 수 있는 장점이 있습니다. 하지만 향후 기업의 인수, 합병 등의 거래에 불리한 점이 있고, 소유권과 경영권 분쟁 시 해결이 어려운 측면이 있습니다. 창업자의 이름을 그대로 사용한 것은 아니지만 떡볶이 프랜차이즈 "아딸"은 창업자인 아버지와 딸을 조합하여 만든 브랜드로 딸이 남편과 이혼을 하면서 상표권 분쟁이 발생하였습니다. 결국 딸이 승소하면서 아딸은 현재와 같이 "감탄 떡볶이"로 상호를 변경하게 되었습니다. 또한 창업자가 자신의 이름을 기업명으로 사용할 때에는 회사를 소유하고 있다는 심리적 애착이 더 크게 나타나 회사의 시장가치를 과대평가하고 운영 최적화를 위한 노력에 소홀해지는 소유효과(endowment effect)가 발생할 수 있음을 경계해야 합니다.

---

110) HBR JUNE 2017, 데니스 리 욘(Denise Lee Yohn), "내가 창업하는 회사에 내 이름을 붙여도 좋을까?"

한편 IT기업들이 앞 다퉈 출시하고 있는 스마트 스피커의 인공지능(AI) 비서 플랫폼들도 사람의 이름을 토대로 한 브랜드 네이밍 전략을 적극적으로 활용하고 있습니다. 예를 들면, 아이폰에 탑재된 인공지능 비서인 "시리(siri)"는 노르웨이어로 "승리를 가져다주는 아름다운 여신"을 뜻하는 이름으로 사용자들에게 친근한 이미지를 전달하고 낯선 기술에 대한 거부감을 효과적으로 줄일 수 있었습니다. 국내에서도 KT의 기가지니에 탑재된 인공지능 비서 "지니"와 SKT의 누구 미니(NUGU mini)에 탑재된 비서 "아리아"(레베카, 크리스탈, 팅커벨 등으로 변경 가능)도 모두 실제 사람의 이름으로 느껴지는 브랜드 네임을 사용하고 있습니다. 반면, 카카오(kakao)의 인공지능 스피커인 카카오 미니(kakao mini)의 경우, 카카오톡의 인기 캐릭터인 라이언과 어피치를 스피커 디자인에는 적용하였으나 명령호출음을 "헤이 카카오"로 설정한 점은 내부 사정과 전략적 목표가 있겠지만 사용자 입장에서 이름만 놓고 보면 브랜드 개성의 관점에서는 조금 아쉬움이 남는 부분입니다. 라이언이나 어피치를 명령호출음으로 사용하였다면 좀 더 친근하게 대화하는 느낌을 줄 수 있지 않았을까요? 네이버의 라인 스피커의 경우에도 캐릭터인 브라운과 샐리를 스피커 디자인에만 적용하고 명령 호출음은 "헤이 클로바(Clova)"를 사용하고 있습니다. 카카오나 클로바는 캐릭터에 비해서는 덜하지만 여전히 사람의 느낌은 나는 반면, 구글 어시스턴트의 명령 호출음인 "헤이 구글(Hey Google)"은 제 개인적으로 사람처럼 느껴지지 않고 좀 더 기계적인 느낌이 나는 것 같습니다.

인공지능 스피커에 대해 조금 관심이 있는 분이라면, 왜 아마존의 에코 스피커에 탑재된 알렉사(Alexa)에 대한 얘기가 빠져 있나 의아해할지도 모르겠습니다. 에코 스피커는 2018년 1분기 기준으로 글로벌 스마트 스피커 시장점유율 조사에서 1위(43.6%)를 차지하였으며 (2위 구글 26.5%, 3위 알리바바 7.6%), 작년 동기대비 102% 성장하였습니다.[111] 최근 에코 스피커의 시장지배력과 함께 인공지능 비서 알렉사에 대한 관심이 증가하고 있습니다. 먼저 미국 메릴랜드 대학교의 필립 코헨(Philip Cohen) 교수의 연구결과에 따르면, 알렉사(Alexa)라는 여자 아이의 이름이 2015년부터 2017년까지 최근 3년 동안 약 30% 이상 줄어들었다고 합니다.[112] 동기간에 알렉사와 비슷한 알렉산드라(Alexandra), 알렉시스(Alexis), 알렉시아(Alexia)라는 이름들도 다소 줄어든 것이 사실이지만, 이들과 비교하면 알렉사 라는 이름의 감소는 훨씬 더 크게 나타나고 있습니다. 이는 아마존의 에코스피커의 인기와 무관하지 않을 것이라고 주장합니다. 내 딸 아이의 이름을 인공지능 플랫폼의 이름으로 짓고 싶지 않다는 부모의 마음이 얼핏 이해가 되다가도, 똑똑한 인공지능의 이미

---

111) 이퓨 (2018.05.21), "지난 1분기 인공지능 스피커 성적표는?" IT칼럼니스트 이퓨 블로그

112) Lee Bongho (2018.5.13), "아마존 때문에 미국 신생아의 이름에서 점차 사라지는 이름, 알렉사", techNeedle

지가 그렇게 나쁜가 하고 반문하게 됩니다. 하지만 에코 스피커를 이용하는 사람들이 알렉사를 대하는 태도를 지켜보면 얘기는 달라질 수 있습니다. 이와 관련하여 최근 "나는 남자를 평가할 때 아마존 에코 스피커인 알렉사에게 어떻게 대하는지 본다"라는 제목의 기사를 흥미롭게 읽었습니다.[113] 그 내용을 간단히 소개해 볼까 합니다.

몇 주 동안 지켜본 새로운 남자친구는 늘 따뜻한 말을 건네는 다정한 사람이었습니다. 하지만 어느 날 그의 초대를 받아 집을 방문한 후, 그가 인공지능 비서인 알렉사를 대하는 모습에서 매우 불편함을 느끼게 됩니다. 평소 다정한 모습은 어디에서도 찾을 수 없었고 로마인들이 노예들을 다루듯 알렉사에게 불을 켜라고 소리 지르고, 좋아하는 음악을 제대로 찾아주지 못한다고 화를 내는 등 매우 권위적인 모습을 보게 된 것입니다. 그녀는 시간이 지나면 남자친구가 자신에게도 똑같은 태도를 보일지 모른다는 생각에 왠지 두려웠습니다. 사람의 이름으로 작명하여 또 하나의 가족 구성원이 되도록 하려는 의도에서 만들어진 인공지능 비서가 어쩌면 권력자의 태도를 학습시킴으로써, 오히려 사람들간 관계를 해치는 도구로 전락하고 있는지도 모르겠습니다. 한편 왜 권력에 저항하지 못하고 시키는 일을 묵묵하게 수행하는 인공지능 비서는 여자여만 하는가

113) 뉴스페퍼민트(2018.05.14), "알렉사에게 소리지르는 사람과 데이트하지 않는 이유" ㅍㅍㅅㅅ

하는 의문도 남습니다. 또한 이렇게 누군가를 막 대하는 모습을 보고 자란 자녀들은 어떤 언어표현의 가치관을 가지게 될까요? 이러한 사회적 우려를 의식해서인지 최근 어린이용 스피커 에코닷에는 "부탁한다(Please)"는 표현을 꼭 사용해야 하도록 기기 설정이 되어있습니다. 알렉사의 사례는 이제 단순히 사람의 이름을 브랜드 네이밍에 활용하여 브랜드 개성의 긍정적 효과를 누리겠다는 생각은 너무 순진한 생각일 수도 있음을 보여줍니다. 사회, 문화적 파급력을 고려한 성찰이 필요할 수 있습니다. 어쩌면 복종하는 여성 비서에 대한 편견을 깨기 위해서 알렉사라는 이름 대신에 남성의 이름인 "알렉스"를 사용하는 것이 더 높은 시민의식을 가진 브랜드 네이밍으로 소비자들에게 호평 받을 수 있을지도 모르겠습니다.

물론 브랜드 개성이 브랜드 네임에만 영향을 받는 것은 아닙니다. 나이키의 브랜드 개성은 마이클 조던이라는 광고모델이 가진 불굴의 도전정신, 성공한 스타, 끊임없는 노력 등의 이미지들의 영향을 받기도 합니다. 또 애플의 브랜드 개성은 창업자인 스티브 잡스의 창의적이고 자신감 넘치는 이미지의 영향을 받기도 하는 것이죠. 그 밖에도 브랜드 개성은 전형적인 브랜드 사용자의 이미지, 제품의 원산지, 디자인, 기업 이미지 등 다양한 요인에 영향을 받을 수 있습니다. 브랜드 개성은 그 원천에 상관없이 소비자의 선택에 강력한 영향을 미치는 만큼 좀 더 체계적으로 관리할 필요가 있습니다. 이를 위해 1997년 제니퍼 아커 교수는 브랜드 개성을 측정할 수 있는 표준화된 측정도구(Brand Personality Scale: BPS)를 제안하였습니다.[114] 그녀는 미국 소비자들로 하여금 60여 개의 유명 브랜드들에 대해 인간의 성격을 측정하는 114개 항목들로 평가하게 한 후, 이를 요인분석(factor analysis)이라는 통계적 분석방법을 이용하여 42개 항목으로 압축하였습니다. 또한 42개 항목을 5개의 상위차원인 유능함(competence), 흥미로움(excitement), 성실함(sincerity), 세련됨(sophistication), 강인함(ruggedness)으로 분류한 후, 이들은 모든 브랜드들의 자산 가치에 긍정적인 영향을 미치는 차원들이므로 각별한 관리가 필요하다고 주장하였습니다. 하지만 그녀가 소개한 브랜드 개성의 5가지 차원들은 특정 제품범주에 대한 미국 소비자들의 평가를 기준으로 도출된 것으로 제품범주와 문화가 다를 경우 그대로 적용하기 힘들다는 지적도 있습니다.[115] 따라서 국내 연구자들은 한국 실정에 맞는 브랜드 개성 측정 도구를 개발하기도 하였습니다. 조금 어렵나요? 그렇다면 한 가지만 기억해주세요. 브랜드 개성을 전략적으로 활용하기 위해서는 "우리 브랜드가 만약 사람이라면 어떻게 표현될까? 소비자가 좀 더 다가가기 쉽고, 편안하고, 안전한 느낌을 줄 수

114) Aaker, J. L. (1997), "Dimensions of brand personality", Journal of Marketing Research, 34(3), pp. 347-356

115) Sung, Y. and Tinkham, S. F. (2005), "Brand Personality Structures in the United States and Korea: Common and Culture-specific Factors", Journal of Consumer Psychology, 15(4), pp. 334-350

있는 사람일까?" 이 질문에 대한 답에 망설임 없이 "그렇다."라고 대답할 수 있어야 합니다.

브랜드 포트폴리오전략

흔히 금융 분야에서는 계란을 한 바구니에 담지 말라는 말을 포트폴리오 전략을 설명하는데 사용하곤 합니다. 분산투자를 통해 위험을 회피하는 것이죠. 브랜드 전략에서도 포트폴리오 전략이 필요합니다. 하지만 브랜드 포트폴리오의 목적은 위험 회피보다는 다양한 브랜드의 조합을 통한 이윤극대화라는 점에서 다소 차이가 있습니다. 아직 무슨 말인지 감이 잘 안 오시죠? 브랜드 포트폴리오 전략의 의미를 "브랜드-제품 매트릭스"의 그림을 이용해 쉽게 설명드리겠습니다. 브랜드-제품 매트릭스는 <그림34>에서 보시는 바와 같이 한 기업이 판매하는 모든 제품범주의 브랜드들을 하나의 표로 정리한 것으로, 얼마나 다양한 범주의 제품을 판매하는 지를 나타내는 열과 각각의 제품범주에 속하는 브랜드들을 나타내는 행으로 구성됩니다. 앞서 배운 브랜드 확장 전략(영역확장)은 브랜드-제품 매트릭스의 폭(breadth)에 대한 의사결정으로 동일한 브랜드를 얼마나 많은 제품범주에 사용할지에 대한 의사결정과 관련이 있습니다. 반면, 브랜드 포트폴리오 전략은 브랜드-제품 매트릭스의 깊이(depth)에 대한 의사결정으로 하나의 제품범주에 얼마나 많은 브랜드를 출시하고 관리할 것인지에 대한 전략을 의미합니다. 브랜드 포트폴리오는 동일한 제품범주에 속하는 브랜드들의 집합을 의미하는 것으로 라인확장을 통해 출시된 확장브랜드들과 새롭게 개발된 개별브랜드들을 모두 포함하는 개념입니다.

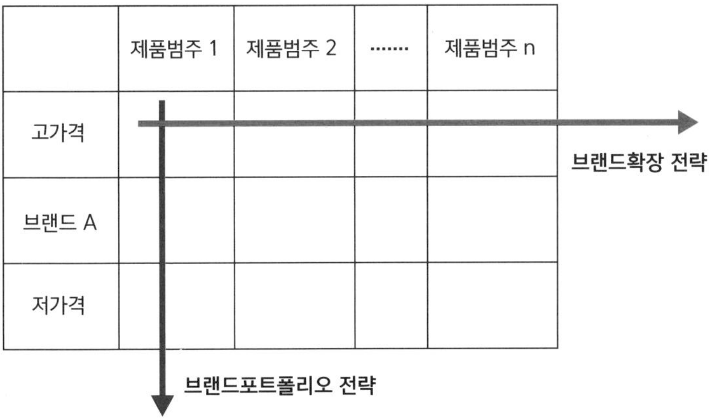

<그림34> 브랜드-제품 매트릭스

기업이 동일한 제품범주 내에서 여러 브랜드를 출시하는 브랜드 포트폴리오 전략을 사용하는 동기는 다양합니다. 미백용, 충치 예방용, 입냄새 제거용 전문 치약들을 출시하는 것과 같이 복수의 세분시장을 효과적으로 공략하기 위해서, 또는 유통매장 내의 진열 면적 확보를 위해서 포트폴리오 전략을 이용합니다. 또한 소비자들의 경쟁브랜드로의 전환방지를 위해, 기업 내 부서간의 경쟁심을 유발하여 직원들의 동기를 부여하기 위해 등 다양한 목적으로 사용될 수 있습니다.[116] 하지만 브랜드 포트폴리오 전략을 사용하는 가장 중요한 이유는 브랜드 간 다양한 역할분담을 통해 시장환경에 효과적으로 대응하기 위함이라 할 수 있습니다. 기업은 주력브랜드(flagship brand)이외에도 방패브랜드, 돈줄브랜드, 저가형 진입브랜드, 고가형 명품브랜드, 실버불렛 브랜드, 린치핀 브랜드 등 다양한 역할을 수행하는 브랜드들을 출시하고 수익을 극대화할 수 있도록 최적의 조합을 만들어 운영합니다. 그럼, 지금부터 포트폴리오에 속한 브랜드들의 다양한 역할에 대해 좀 더 구체적으로 살펴보도록 하겠습니다.

먼저 방패브랜드(flanker brand or fighter brand)는 경쟁브랜드의 주력브랜드에 대한 공격을 효과적으로 막을 수 있도록 도와주는

116) 전략적 브랜드 관리: 이론과 응용 3판, 학현사, 2011, 안광호, 한상만, 전성률 저, pp. 172-176

역할을 하는 브랜드를 의미합니다. 이때 방패브랜드가 지나치게 매력적일 경우 주력브랜드마저 잠식될 가능성이 있음에 주의할 필요가 있습니다. 예를 들어 소비자가 수익률이 높은 주력브랜드를 더 이상 구매하지 않고 저가의 방패브랜드만을 원할 경우 기업성과는 악화될 것입니다. 또한 주력브랜드를 공격하는 경쟁브랜드의 매력도가 높을수록 방패브랜드를 좀 더 신속하게 출시할 필요가 있습니다. 우아하고 섹시한 이미지로 인형계를 장악한 마텔사의 바비인형도 2001년 MGA가 출시한 껌 좀 씹을 것 같은 못생긴 불량소녀의 모습을 한 "브랏츠(Bratz)"인형의 공세를 막아내는 데 쉽지 않았습니다. 전 세계 소녀들은 선생님, 의사, 수의사 등 고상한 직업군을 가진 반듯한 이미지의 바비가 아닌 짙은 화장을 하고 배꼽티를 입은 파티와 패션에 열광하는 마치 할리우드의 악동소녀 린제이 로한(Lindsay Lohan)과 같은 이미지를 가진 브랏츠에 열광하였습니다. 이에 2002년 마텔사는 브랏츠의 컨셉과 유사한 "마이씬(My Scene) 바비"를 방어브랜드로 출시하였으나 뒤늦은 대응으로 시장점유율의 40%를 잃고 말았습니다.[117)]

돈줄브랜드(cash-cow brand)는 새로운 주력 브랜드가 출시되었지만, 특별한 마케팅 노력 없이도 여전히 높은 수익을 얻을 수 있기 때문에 시장에서 퇴출하지 않고 지속적으로 유지하는 브랜드를

---

117) 바비 vs 브랏츠 인형 저작권 법정싸움, 2008-6-18, 매경이코노미, 김다운 기자

의미합니다. 특히 기존 브랜드를 퇴출할 경우 고객들이 반드시 자사의 새로운 주력 브랜드로 전환할 것이라는 확신이 없는 경우에는 시장에서 성급하게 퇴출하기보다 기존 브랜드를 함께 유지할 필요가 있습니다. 예를 들면, KT가 인터넷전화를 출시한 후에도 유선전화 사업을 그대로 유지하면서 미래의 주력 브랜드(future power brand)를 개발하는데 필요한 자금을 확보한 사례가 대표적입니다. 또한 신라면 블랙이 출시되었지만 기존 신라면 고객들이 신라면 블랙으로 모두 전환한다는 보장이 없으며(실제로 기대에 미치지 못해 실망한 것으로 평가받습니다), 별다른 마케팅 노력 없이도 신라면이 상당한 수익을 창출하는 경우 지속적으로 유지하는 것이 바람직하다고 볼 수 있습니다. 이러한 돈줄브랜드는 다른 브랜드들에 투자할 수 있는 자금여력을 마련해 준다는 점에서 매우 중요한 역할을 수행한다고 볼 수 있습니다.

저가형 진입브랜드(entry-level brand)는 동일한 제품범주 내에서 비교적 저렴한 가격에 판매되는 브랜드로, 동일기업이 판매하는 다른 제품들에 대한 소비자들의 관심을 유도하는 역할을 수행하는 브랜드를 의미합니다. 예를 들면, 아모레퍼시픽은 20-30대 여성을 목표고객으로 하는 비교적 저가의 한방화장품인 “한율”을 출시하여 한방화장품에 대한 관심을 유도한 후, 그들이 40-50대가 되었을 때 고가 한방화장품인 설화수를 구매하도록 하는 전략을 사용하고 있습니다. BMW와 벤츠(Benz)도 젊은 고객들을 대상으로 저가의 보급형 자동차(3-시리즈, C-클래스)를 출시하여, 향후 그들이 좀 더 나이가 들고 프리미엄 승용차를 살 수 있는 여력이 되었을 때 자신의 브랜드를 선택하도록 유도하고 있습니다.

반대로 고가의 명품브랜드(high-end prestige brand)는 동일한 제품범주에 있는 다른 브랜드들의 이미지를 제고하기 위한 목표로 출시한 브랜드를 의미합니다. 2008년 현대자동차가 4년간 5천억 원을 들여 개발한 후륜구동의 고급승용차 제네시스는 2009년 북미시장에서 올해의 차로 선정되었습니다. 제네시스가 현대차에서 제조한다는 사실을 직접적으로 알리지 않는 그림자 보증(shadow endorsement) 전략을 사용했음에도 불구하고, 현대자동차가 고가 자동차를 생산할 수 있는 기술력을 가진 기업이라는 이미지를 소비자들에게 간접적으로 전달함으로써 소나타나 그랜저와 같은 다른 주력 브랜드들의 가치를 증가시킬 수 있었습니다. 고가형 명품 브랜드 출시전략의 또 다른 사례로 데낄라 브랜드인 패트론 스피릿(Patron Sprits)에서 출시한 “로카 페트론(Roca Patron)”을 들 수 있습니다.[118] 2톤짜리 맷돌을 돌려 데낄라 원액을 추출하는 로카 페트론은 병당 가격이 69달러로 비싸지만 시장의 반응은 뜨겁습니다. 더욱 고무적인 것은 로카 페트론의 출시로 패트론 스피릿이 생산하

118) Rafi Mohammed (2018), “The Good-Better-Best”, Harvard Business Review

는 다른 브랜드를 수제 데낄라로 오해하는 소비자의 수가 증가하였으며 소량의 고급 술을 생산하는 브랜드로 인식하는 이미지 개선의 효과를 톡톡히 누릴 수 있었습니다.

실버불렛 브랜드(Silver Bullet Brand)는 매출에 대한 기여도는 크지 않지만 기업의 다른 브랜드들의 이미지에 대한 기여도가 상대적으로 높아 시장에서 퇴출하지 않고 지속적으로 유지할 필요가 있는 브랜드를 의미합니다. 늑대인간을 유일하게 죽일 수 있는 것이 은탄환이며, 한발 한발이 매우 고가라 매우 비효율적이지만 생존을 위해서는 반드시 필요한 특성을 가진 브랜드라고 기억하시면 좋을 것 같습니다. 예를 들어, 세계 최초의 성공적인 PC라 칭하는 애플의 매킨토시 컴퓨터는 매출실적에서는 실패한 브랜드였지만 애플의 창의력과 혁신정신을 알리는 데 큰 역할을 한 대표적인 실버불렛 브랜드라고 할 수 있습니다. 딱정벌레차로 유명한 폭스바겐의 뉴비틀도 폭스바겐 브랜드를 대표하는 전형적인 실버불렛 브랜드의 사례라 할 수 있습니다.

마지막으로 린치핀 브랜드(Linchpin brand)는 직접적인 매출기여도는 적지만 주력 브랜드들의 바퀴가 제대로 굴러갈 수 있도록 고정핀(linchpin)의 역할을 하는 브랜드를 의미합니다. 브랜드를 자주 이용하는 고객들에게 특별한 혜택을 주는 고객충성도 프로그램

(reward program)을 브랜딩 한 것이 대표적인 사례입니다. 예를 들어, 힐튼호텔(Hilton Hotel)의 힐튼 아너스(Hilton Honors)나 스타벅스 커피의 e프리퀀시 등이 여기에 속한다고 할 수 있습니다. 특히 연말에 스타벅스 다이어리를 받기 위해 열심히 스타벅스의 e프리퀀시를 모으는 주변인들을 보면 린치핀의 역할을 톡톡히 수행해 내는 것으로 느껴집니다.

브랜드 포트폴리오 전략을 효과적으로 수행하기 위해서는 브랜드 역할별로 명명된 다양한 용어들을 암기하는 데 신경 쓰기보다, 브랜드의 주변상황을 면밀히 분석하여 여러 브랜드들의 역할 분담을 통해 현재와 미래의 주력 브랜드들을 어떻게 성장시킬 수 있을지 고민하는 자세가 필요합니다. 또한 기업이 가진 모든 브랜드가 개별적으로 다 수익성을 가져야 한다는 사고를 버려야 합니다. 전체 바구니에서 가장 높은 수익을 낼 수 있는 조합을 생각해야 하는 것이죠. 마지막으로 휴브라인(Heublein)에서 출시한 스미로프(Smiroff) 보드카의 브랜드 포트폴리오 전략 성공 사례에 대해 말씀드리도록 하겠습니다.[119] 시장점유율 1위의 스미로프는 병당 1달러 정도 더 저렴하면서 비슷한 품질을 가진 "울프슈미트(Wolfschmidt)"라는 보드카가 출시되면서 위기의식을 느끼게 되었

119) Principles of Marketing: A Global Perspective, Pearson Education, 2008, Kotler외 5인, p. 288

습니다. 스미로프는 현재의 시장지배력을 유지하기 위해 가격을 1달러 내릴 것인지 또는 광고와 프로모션을 강화할 것인지를 고민하였습니다. 하지만 두 방법 모두 장기적으로 스미로프의 이익을 감소시켜 실패한 전략이 될 것이라 판단하였습니다. 이에 휴브라인은 제3의 전략을 고안해냈습니다. 그것은 스미로프의 가격을 오히려 1달러 올리는 대신, 울프슈미트에 대한 방패브랜드로 비슷한 가격대의 렐스카(Relska)와 가격이 더 저렴한 포포프(Popov)라는 새로운 브랜드를 출시하는 것이었습니다. 이 전략을 통해 휴브라인은 스미로프의 고품격 이미지를 강화하면서 경쟁브랜드 울프슈미트에 효과적으로 대응하여, 결과적으로 휴브라인의 전체이익을 증가시킬 수 있었습니다. 한 가지 흥미로운 사실은 휴브라인의 스미로프와 렐스카, 포포프는 맛과 생산비용이 거의 비슷한 브랜드들이었다는 점입니다. 단지 가격조정을 통해 소비자의 품질 추론에 영향을 준 것이 브랜드 포트폴리오 전략의 성공 비결이었던 것입니다.

펜티엄(Pentium)이라는 CPU프로세서 브랜드를 제조, 판매하는 인텔은 이와 비슷한 전략을 사용한 바 있습니다.[120] 경쟁 브랜드 AMD가 저가공세를 하자, 위기를 느낀 당시 CEO였던 앤디 그로브(Andy Grove)는 "우리가 오늘 저가 시장을 잃게 되면, 내일은 고가

---

120) Kevin Lane Keller (2008), "Lessons from the world's strongest brands" Pearson Education

시장을 잃게 될 것이다."라고 말하며 AMD에 대응할 방패브랜드로 펜티엄보다 30% 가격이 저렴한 셀러론(Celleron)을 출시하였습니다. 또한 서버와 네트워크 시장을 겨냥한 펜티엄 보다 훨씬 비싼 제온(Xeon)이라는 브랜드를 출시하여 프리미엄 시장을 강화하였습니다. 인텔은 이러한 브랜드 포트폴리오 전략을 통해 1998년 4사분기에 AMD의 시장점유율을 16%에서 13%에서 낮추며, 자사의 시장점유율을 75%에서 80% 이상으로 끌어올릴 수 있었습니다.

참고로 컬처오브프로빗(Culture of Profit)의 설립자이자 가격 전문가로 알려진 라피 모하메드(Rafi Mohammed)는 여러 가격대의 브랜드를 출시하는 브랜드 포트폴리오 전략으로 GBB(Good-Better-Best)전략이 효과적이라 주장합니다.[121] 이는 가격대에 따라 저가제품(good), 보통제품(better), 프리미엄(best) 제품을 3단계로 구분해 출시함으로써 시장성과를 극대화하기 위한 전략을 의미합니다. 이때 저가제품은 보통제품 가격의 75% 이하로 설정되어야 하며, 프리미엄 제품은 보통제품 가격의 150%를 넘지 말아야 합니다. 또한 등급별 혜택요소를 설계함에 있어서 저가와 보통, 보통과 프리미엄 사이의 차별적 혜택 요소가 4개를 초과하지 말아야 하며 등급별 증가하는 혜택이 한눈에 파악 가능하도록 해야 한다고 주장합니다. 현재 기업이 가진 제품을 보통제품(better)으로 생각하고 여

121) Rafi Mohammed (2018), "The Good-Better-Best", Harvard Business Review

기에 새로운 혜택 요소를 더하거나 뺌으로써 GBB 포트폴리오를 완성할 수 있습니다. 소비자들은 3가지 옵션이 있을 때 선택이 가장 쉽고 빠를 수 있기에 이미 너무 많은 브랜드들을 보유하고 있는 경우 3가지 항목으로 묶거나 포트폴리오에서 제거할 것을 권합니다. 모하메드가 주장하는 GBB 설계 방법에서 언급된 여러 숫자지표들은 그의 경험에 기반해서 제안된 것입니다. 이는 절대적 기준이 아니라 문화, 제품범주, 시장상황 등에 따라 차이가 날 수 있음을 의미합니다. 따라서 실험에 따른 인과관계가 밝혀진 부분이 아니라 개인의 경험에 근거한 주장의 경우에는 현업에 적용할 때 시행착오를 겪을 수 있는 용기와 도전정신이 필요하다고 하겠습니다.

브랜드는 늙어서 죽는가?
살해당하는가?

2009년 맥도날드의 전 마케팅총괄이사(CMO)인 래리 라이트(Larry Light)는 광고전문매체인 애드에이지(Adage)에 "브랜드 재활성화를 위한 6가지 원칙(Six Rules for Brand Revitalization)"이란 제목의 칼럼을 기고하면서 "브랜드는 자연사하는 것이 아니라 잘못된 경영에 의해 살해당하는 것이다(Brands do not die natural death. However, brands can be murdered through mismanagement)."라고 주장하여 많은 이들의 공감을 얻었습니다.[122] 얼핏 생각하면 브랜드도 제품생애주기 이론인 PLC(Product Lifecyle)에 따라 도입기, 성장기, 성숙기, 쇠퇴기를 거치면서 자연히 도태되고 말 것이라고 생각할 수 있습니다. 하지만, 이는 200년 이상의 역사를 가진 영국

---

122) Larry Light (2009.6.29), "Six rules for brand revitalization", AdAge

의 남성 면도 전문 브랜드인 '트루핏 앤 힐(Trufitt & Hill)'과 같은 브랜드가 여전히 세대를 거듭하면서도 사랑받고 있는 이유를 명확하게 설명해주지 못합니다. 이 브랜드를 누가 성장기 또는 성숙기라 단언할 수 있을까요? 오히려 인터브랜드(Interbrand)의 창업자인 존 머피(John M. Murphy)가 주장한 바와 같이, 브랜드는 생애주기 이론을 따르지 않으며 관리만 잘 하면 죽지 않고 영원할 수 있다고 보는 것이 타당해 보입니다. 브랜드의 생애주기와 관련된 재미있는 일화가 하나 있습니다.[123] 2002년 투자금융회사인 모건 스탠리(Morgan Stanley)의 한 애널리스트는 투자보고서에 루이비통(Louis Vuitton)을 성숙기에 도달한 브랜드(mature brand)라고 표현하였습니다. 이에 대해 LVMH는 투자자들이 루이비통이 곧 쇠퇴기에 접어들어 시장에서 퇴출될 것이라고 오해할 수 있다는 점을 들어, 모건 스탠리를 상대로 법적 소송을 제기한 사건이 있었습니다. 1854년 시장에 첫 선을 보인 루이비통이 아직도 건재한 것을 보면, 생애주기 이론에 적용하여 루이비통을 성숙기에 접어든 브랜드라고 표현한 애널리스트의 주장이 무색해 보입니다.

그렇다면 불멸의 브랜드를 만들 수 있는 비결은 무엇인가요? 우선 브랜드가 약을 쓸 수 없을 만큼 심각한 병에 걸리지 않도록 꾸준히 건강검진을 해, 병의 초기 징후를 빠르게 포착하는 것이 중요합니다.

123) 아커, 켈러, 캐퍼러 브랜드워크숍, 유나이티드북스, 2009, 윤경구, pp. 56-58

일반적으로 브랜드가 허약해지는 징후는 3가지 측면에서 나타납니다.[124] 먼저, 제품측면에서 신제품 출시 주기가 길어지고, 제품 업그레이드가 미흡하여 진부한 브랜드의 이미지가 빠르게 굳어져갑니다. 다음으로 고객측면에서는 브랜드의 충성도가 약해지고 습관에 의존한 구매만 남아있으며, 경쟁사 브랜드로 이탈하는 고객들이 빠르게 증가하는 것입니다. 마지막으로 커뮤니케이션 측면에서는 메시지의 초점이 불분명하고 전달방식이 지루하며 반복적인 프로모션 활동이 누적되는 것입니다.

이러한 브랜드의 체력저하는 단순히 브랜드가 출시한 지 오래되어서라고 치부하기보다 그 원인을 좀 더 면밀하게 들여다 볼 필요가 있습니다. 마케팅 학자들은 그 원인을 크게 3가지 측면에서 분석합니다.[125] 첫째, 경영의사결정의 실패입니다. 이는 잘못된 가격 조정, 품질 변화 등을 의미합니다. 예를 들어, 식기세척기용 세제 브랜드인 캐스케이드(CASCADE)는 원가절감을 위해 성분을 조금 변경하였는데 그 결과 세척력이 떨어지게 되었습니다. 경쟁 브랜드인 선라이트(SUNLIGHT)는 이를 눈치 채고 캐스케이드와 세척력 비교

---

124) Lehu (2004) "Back to life! Why brands grow old and sometimes die and what managers then do: an exploratory qualitative research put into the French context", Journal of Marketing Communications, 10, 133-152

125) Thomas & Kohli (2009), "A brand is forever! A framework for revitalizing declining and dead brands", Business Horizons, 52, 377-386

광고를 내보냈습니다. 이에 위기감을 느낀 캐스케이드는 다시 원재료를 원래대로 변경하였으나, 그 과정에서 적지 않은 브랜드 가치의 하락을 경험할 수밖에 없었습니다. 둘째, 비즈니스 환경의 변화입니다. 이는 정치적, 법적 제도의 변화 또는 목표 고객집단의 변화를 의미합니다. 담뱃값의 인상이나 규제강화 등은 오랫동안 번영을 누려왔던 브랜드들을 순식간에 위기로 몰아넣을 수 있습니다. 또한 젊은 세대를 목표고객으로 꾸준히 성장해온 패션브랜드인 갭(GAP)이나 리바이스(Levi's)는 고객들이 점점 노후화되고, 새로운 젊은 세대들이 자라, H&M, 유니클로 등의 패스트패션 브랜드를 선호함에 따라 진부한 브랜드로 추락하여 매출이 급격히 하락하였습니다. 셋째, 뜻하지 않은 강력한 경쟁자의 출현입니다. 예를 들어, 2차 세계대전 후 독특한 디자인과 뛰어난 성능의 엔진으로 큰 인기를 끌었던 할리데이비슨(Harley-Davidson)은, 1970년대 일본 기업들이 저가의 소형 오토바이를 시장에 내놓으면서 판매량이 급감하는 위기를 맞게 되었습니다. 할리데이비슨은 대응전략으로 일본 기업들과 비슷한 가격대의 소형 오토바이를 출시하였으나, 오히려 프리미엄 브랜드의 정체성을 모호하게 만듦으로써 기존 고객들마저 떠나고 말았습니다. 이후, 할리데이비슨은 다시 프리미엄 시장에 집중하는 브랜드 회생 전략(brand rejuvenation)을 통해 간신히 위기를 극복할 수 있었습니다.

브랜드 전략 전문가들은 브랜드의 수명은 허약한 브랜드의 체력을 보완하는 브랜드 재활성화(brand revitalization) 전략에 달려 있다고 주장합니다. 학자들마다 '브랜드 재활성화'라는 용어의 의미를 다르게 해석하는 경향이 있어 커뮤니케이션에 다소 혼란이 있는 것도 사실입니다. 하지만 브랜드 재활성화가 하락한 브랜드 자산가치를 회복하기 위한 노력이라는 점에는 이견이 없어 보입니다. 앞서 언급한 바와 같이 브랜드 자산은 브랜드 인지도와 브랜드 이미지에 의해 결정됩니다. 즉, 목표고객이 브랜드에 대해 잘 알고 있으며(인지도), 긍정적으로 알고 있을 때(이미지) 자산가치가 높습니다. 따라서 브랜드 재활성화 전략의 목표는 브랜드 인지도를 강화하고 브랜드 이미지를 개선하는 것이라 할 수 있습니다. 이는 앞서 살펴본 3단계 브랜드 전략 프로세스 중 2단계에 해당하는 브랜드 지식구조의 관리와 관련이 있습니다.

먼저 인지도의 깊이와 폭을 강화하는 것이 필요합니다. 인지도의 깊이는 "특정 상황에서 해당 브랜드를 얼마나 잘 떠올릴 수 있는가"를, 인지도의 폭은 "얼마나 다양한 상황에서 해당 브랜드를 떠올릴 수 있는가"를 의미한다고 설명한 바 있습니다. 일반적으로 오래된 브랜드의 경우 제품 카테고리의 리더가 가지는 특성상 인지도의 깊이는 큰 문제가 없는 경우가 대부분입니다. 따라서 인지도의 폭을 넓히는 전략이 브랜드 재활성화를 위한 효과적인 방법이 될 수 있습니다.

쉽게 말하자면, 치료목적의 건강식품으로만 활용되는 꿀을 볶음 요리에 물엿대신 사용하고, 음료에 시럽 대신 사용할 수 있음을 소비자들에게 알려주는 것입니다. 저희 가족은 탄산음료를 좋아하지 않아 배달음식을 주문할 때마다 따라오는 콜라가 매우 불편합니다. 버리기도 애매하고 늘 주방 한 편을 불필요하게 차지하고 있습니다. 그런데 어느 날 소셜미디어를 통해 콜라의 다양한 사용용도를 알게 된 후 이런 불편함이 사라졌습니다. 특히 콜라를 넣고 전기 포트로 끓이면 좀처럼 닦이지 않는 물때가 깨끗이 사라지는 것입니다. 이처럼 브랜드의 새로운 활용용도를 제안함으로써 인지도의 폭을 넓히는 것은 브랜드의 새로운 가치에 눈을 뜨게 하는 장점도 있습니다.

다음으로는 브랜드 이미지를 개선하는 전략이 필요합니다. 마케팅 담당자들 중에는 브랜드 관리에서 일관성이 중요하다는 말을 브랜드가 변화해서는 안 된다는 말로 오해하는 경우가 가끔 있습니다. 브랜드 관리에서 말하는 일관성의 원칙은 일관성을 유지하기 위해 지속적으로 변화하는 것을 의미합니다. 즉, 시장환경이 끊임없이 변화함에도 불구하고 우리 브랜드의 컨셉이 여전히 고객들에게 의미 있는 차별화가 될 수 있도록 다양한 변화를 모색해야 한다는 말입니다. 고객이 변하는데 브랜드가 변하지 않으면 브랜드 컨셉은 유지될 수 없습니다. 물론 고객들이 기존 브랜드 컨셉을 의미 없는 것으로 받아들이고 이를 개선하는 것이 불가능하다고 판단되는 경우에는 새로운 브랜드 컨셉으로 전환하는 것이 바람직합니다. 이와 관련된 두 가지 리브랜딩(rebranding) 활동이 브랜드 리뉴얼(brand renewal)과 브랜드 리포지셔닝(brand repositioning)입니다. 브랜드 리뉴얼은 브랜드의 컨셉은 변경하지 않고 이를 좀 더 잘 전달하기 위해 전술적 변화를 시도하는 것을 의미합니다. 구체적으로, 브랜드가 기존에 제안한 핵심가치(value proposition)를 변경하지 않고 이를 전달하는 마케팅믹스(marketing-mix efforts) 중 문제가 있다고 판단되는 부분들만 조정하는 것을 말합니다. 반면, 브랜드 리포지셔닝은 새로운 브랜드 컨셉을 만들고 이를 효과적으로 전달하기 위해 마케팅믹스 전체에 변화를 주는 것을 의미합니다. 일반적으로 마케팅믹스(이른바 4P; Product, Price, Place, Promotion)만을 부분적으로 조정하는 브랜드 리뉴얼은 매출이 하향곡선을 그리기 전 미리 도입할 경우 효과가 큰 것으로 알려져 있습니다.[126] 이미 심각한 매출하락을 경험하고 있는 브랜드의 경우에는 브랜드 컨셉의 근본적인 변화를 동반하는 브랜드 리포지셔닝 전략이 필요합니다.

---

126) Dev, C. S., & Keller, K. L. (2001). Brand revitalization. Cornell Hospitality Quarterly, 55(4). 333-341

<그림35> 칼스버그 맥주 (출처: 칼스버그 홈페이지)

브랜드 리뉴얼 전략의 대표적인 성공사례 중 하나는 1847년 창업한 덴마크의 대표 맥주 브랜드인 칼스버그(Carlsberg)입니다. 아마도 맥주에 조금이나마 관심이 있는 독자라면 초록 빛깔 패키지에 흰 글씨로 적힌 칼스버그라는 브랜드 네임을 기억할 것입니다. 칼스버그는 덴마크에서 시장점유율이 약 70%로 독보적인 지위를 가지고 있는 맥주 브랜드입니다. 약 170년 이상 유지해 온 브랜드 리더십의 비결 중 하나는, 오래된 브랜드의 진부함에서 오는 피로감(brand fatigue)을 없애기 위해 패키지(병 또는 캔)의 디자인을 끊임없이 바꿈으로써 새롭고 신선한 브랜드 연상을 지속적으로 불어넣고자 했다는 점입니다. 맥주 원료로 사용되는 보리, 효모 등의 패턴을 시각화하여 패키지 전면을 화려하게 수놓는가 하면, 맥주 홉의 잎사귀 모양에서 착안한 시각적 로고를 개발하고 캔 따개의 디자인에도 이를 적용하였습니다. 또한 세계 최초로 자연 분해가 가능한 천

연섬유로 만든 맥주병을 출시할 계획이라고 합니다. 브랜드 리뉴얼의 또 다른 성공사례로 P&G의 대표적인 세제 브랜드인 타이드(Tide)를 들 수 있습니다. 타이드는 '강력한 세척력'이란 브랜드 컨셉을 지속적으로 전달하기 위해 여러 차례 제품형태에 변화를 주었습니다. 즉, 파우더 형태에서 액상으로, 다음에는 농축액으로 된 제품을 출시함으로써 노후된 이미지를 벗고 강력한 세척력을 가진 브랜드로서의 컨셉을 효과적으로 지켜나갈 수 있었습니다.

한편 브랜드 리뉴얼에는 감각마케팅(sensory marketing) 전략이 효과적일 수 있습니다. 최근 여러 지점의 인테리어를 지속적으로 리뉴얼 하고 있는 교보문고는 2018년 5월 "책향(The Scent of Page)"이라는 시그니처 향 제품을 출시하였습니다.[127] 교보문고 매장을 거닐 때 고객들이 나무숲을 지나고 있다는 편안한 느낌을 주기 위해 2015년 처음 개발하여 매장에 사용해 왔던 향기를 담은 디퓨저, 향초, 종이방향제 등을 정식 판매용으로 발매한 것입니다. 집안 곳곳에 놓여진 향 제품들이 교보문고 매장의 편안함을 떠올리게 하고, 노후화된 교보문고의 브랜드 연상들을 신선한 이미지로 바꿔줄 수 있습니다. 한국에서 진행한 던킨 도넛의 감각마케팅도 매우 인상적입니다.[128] 버스 안에서 로고송과 함께 던킨의 커피향을 뿌렸

127) 권익도 기자 (2018.05.8), 교보문고, 시그니처 향 '책향' 출시, 뉴스토마토

128) HBR 2015년 3월호 "감각마케팅(sensory marketing)의 진화"

더니, 버스정류장 인근 매장의 고객수가 16%, 매출이 29%가 증가하였다고 합니다.

다음으로 브랜드 리포지셔닝 전략의 대표적인 성공사례로는 미국의 물류회사인 페덱스(Fedex)를 들 수 있습니다. 페덱스는 미국에서 최초로 '익일 배송'을 내세워 빠른 배송에 대한 니즈를 가진 미국 소비자들을 사로잡을 수 있었습니다. 하지만 팩스(fax)가 나오면서 서류 배송에 있어서는 페덱스의 익일 배송이 더 이상 의미가 없게 되었습니다. 이에 페덱스는 빠른 배송이 아닌 "정확하고 안전한 배송"으로 브랜드 컨셉을 바꾸고 분실의 위험이 없으며, 수신자가 정확히 받았음을 확인해 줄 수 있다는 점을 강조하였습니다. 때마침 온라인 쇼핑몰이 성장하여 배송 물량이 늘어나면서 페덱스는 새로운 도약을 할 수 있었습니다. 국내 사례로는 즉석 밥의 대명사로 자리 잡은 햇반을 들 수 있습니다. CJ제일제당이 모든 가정에서 전기밥솥을 몰아내겠다는 야심 찬 포부를 가지고 출시한 햇반 브랜드는 초기에 "편리함"을 컨셉으로 소비자의 마음을 두드렸습니다. 하지만, 빠르게 성장하던 시장이 정체되어 그 이유를 조사해보니 간편식을 가족들에게 제공하는 주부들이 죄책감을 느끼는 것이 문제라는 사실을 알게 되었습니다. 이에 따라 브랜드 컨셉을 "미안해하지 않아도 될 만큼 잘 만든 맛있는 밥"으로 바꾸어 주부의 마음을 사로잡을 수 있었습니다.

한편 오래된 브랜드의 경우, 브랜드 확장전략을 통해 브랜드 인지도의 폭을 넓힘과 동시에 브랜드 이미지를 효과적으로 개선할 수 있습니다. 단, 브랜드의 자산가치가 확장을 할 만큼 충분히 큰 경우(인지도가 높고 확실한 긍정적 고정관념이 있음)에만 활용할 수 있는 전략입니다. 오래되었다고 브랜드 자산가치가 반드시 높은 것은 아닙니다. 인지도는 높지만 이미지가 좋지 않은 경우도 많기 때문입니다. 따라서 신중한 접근이 필요합니다. 맥도날드에서 파는 가장 비싼 메뉴가 무엇인지 아시나요? 시그니처 버거일까요? 아닙니다. 가장 비싼 메뉴는 인당 $26(50명에 $1,300)에 판매되고 있는 맥웨딩(McWedding)입니다. 맥도날드가 홍콩에서 내놓은 이 웨딩 패키지 상품은 겉치레를 싫어하고 스몰웨딩을 추구하는 홍콩의 젊은이들 사이에서 큰 인기를 끌고 있습니다. 맥도날드의 브랜드 컨셉은 행복(happiness)입니다. 하지만 몸에 좋지 않은 패스트푸드를 파는 부정적 이미지가 있어, 소비자들에게 행복을 소구하는데 한계가 있었습니다. 따라서 맥웨딩은 인생에서 가장 행복한 순간인 결혼과 관련된 긍정적 연상들을 소비자의 기억 속에 각인시키면서, 브랜드의 이미지를 효과적으로 개선할 수 있다는 점에서 높이 평가할 수 있습니다.

오래된 것 자체가 문제가 아니라 변함없이 오래된 것이 문제입니다. 지속적인 브랜드 확장을 통해 끊임없이 새로운 연상을 만듦으로써 효과적으로 브랜드 피로감을 잘 극복한 사례가 있습니다. 1974년 출생하였고, 편의점 판매매출 1위 음료이며, 빙그레 전체 매출(약 8천억 원)의 약 25%를 차지하는 이 브랜드는 무엇일까요? 네, 맞습니다. 바나나맛 우유입니다. 이 브랜드가 대단한 것은 단순히 추억에 소구하는 감성 브랜드에 머무르지 않고 다양한 범주의 경계를 허물며 변화를 거듭하고 있다는 사실입니다. 예를 들면 CJ올리브영과 "바나나맛 우유 보디케어"를 6개월 한정 판매하였는데 10만 개 이상 팔리는 대박상품이 되었습니다. 또한 서울 동대문과 제주도에 바나나맛 우유로 만든 음료와 디저트를 주로 판매하는 옐로우카페를 오픈하기도 하였습니다. 특히 이곳에서 하루 제한물량으로 판매하는 바나나맛 우유 열쇠고리를 구매하기 위해 아침부터 매장 앞에 길게 늘어 선 줄은 매우 인상적입니다. 최근에는 옐로우카페의 인기 제품을 음료브랜드로 확장하여 "옐로우카페 컵 바나나"를 출시하여 대만 등 해외국가에서 큰 인기를 끌고 있습니다. 바나나맛 우유와 같이 최근 우유 브랜드의 카페로의 브랜드 확장이 트렌드가 되고 있습니다. 예를 들면, 파스퇴르 우유는 유기농 우유로 만든 아이스크림 카페인 파스퇴르MILKBAR를, 매일유업은 폴바셋(Paul Bassett)이라는 프리미엄 커피전문점을, 남양유업은 백미당이라는 아이스크림 전문점을 오픈하여 인기를 더해가고 있습니다. 물론 폴바셋과 백미당은 브랜드 확장이라고 보기는 힘들고 간접적으로 지원하는 그림자 보증이라 보는 게 맞을 듯합니다.

<그림36> 옐로우 카페 (출처: 빙그레 홈페이지)

앞서 언급한 칼스버그 맥주는 최근 한 화장품회사(Urtegaarden)와의 콜라보를 통해 남성용 미용 제품인 "비어 뷰티 시리즈(Beer Beauty Series for Men)"를 출시하였습니다.[129] 영국에서 진행한 시장조사 결과, 칼스버그의 주 고객층인 18-40세 남자의 65%가 매일 미용에 신경을 쓰고 있으나, 이중 50%가 여자친구 또는 아내의 제품을 사용한다는 사실을 발견하였습니다. 이에 칼스버그는 맥주가 비타민 B 등을 함유하고 있어 실제로 몸에 좋은 영향을 미친다는 것을 보여줄 수 있는 그루밍 제품을 선보였습니다. 500ml의 칼스버그 맥주 하나를 얼린 후 이를 파우더로 만들어 원료로 사용한 이 제

129) Marko Ursic (2015. 6. 23), "Probably the best invention for men after beer: Carlsberg launches beer beauty series", brandingmag.com

품은 칼스버그에 혁신적인 이미지를 불어넣음과 동시에, 주 고객층이 매일 사용하는 제품으로 인지도의 폭과 깊이를 동시에 높일 수 있는 전략이라 할 수 있습니다. 참고로 샴푸, 컨디셔너, 바디로션 각 250ml로 구성된 프리미엄 한 세트의 가격이 $74라고 합니다.

<그림37> 칼스버그 비어 뷰티 시리즈 (출처: 헤럴드 경제)

신발 한 켤레를 사면 가난으로 허덕이는 제 3 세계 아이들에게 한 켤레를 기부하는 원포원(one for one) 캠페인으로 인기를 모았던 탐스슈즈(TOMS Shoes)는 최근 원두 한 팩 양의 커피가 판매되면 물이 부족한 나라에 140리터의 식수(1주일 분량)를 공급하는 커피전문점인 탐스로스팅(TOMS ROASTING CO.)을 출시하여 큰 관심을 받고 있습니다. 또 다른 예로 1세대 명품 브랜드인 구찌(Gucci)

는 브랜드 확장을 통해 카페와 다이닝 레스토랑을 오픈하였습니다. 칼스버그, 탐스슈즈, 구찌와 같은 브랜드들의 확장전략이 갖는 공통점은 상대적으로 제품 구매주기가 긴 카테고리에서 리더십을 갖춘 브랜드들이 소비자들이 일상에서 더 자주 반복적으로 구매할 수 있는 제품 카테고리(커피, 화장품, 레스토랑 등)로 확장함으로써 브랜드 인지도를 높이고 새롭고 신선한 연상들을 좀 더 쉽게 만들 수 있는 환경을 구축했다는 점입니다.

1952년 태어나 60세가 넘은 고령(?)의 나이에도 불구하고 최근 다양한 굿즈(Goods)를 출시하며 1020세대들에게 뜨거운 관심을 끌고 있는 브랜드가 있습니다. 바로 대한제분의 밀가루 브랜드인 곰표입니다. 최근 곰표는 노후화된 브랜드를 재활성화하기 위해 젊은 감성이 가득한 온라인 박물관인 "곰표 레트로 하우스(RE:TRO HOUSE)"[130]를 오픈하였습니다. 이곳은 곰표의 오래된 역사를 소개함과 동시에 메모지, 스케치북, 연습장, 에코백, 선크림 등 곰표의 문양이 새겨진 다양한 굿즈를 판매하고 있습니다. 또한 세대를 아우르는 흥미로운 이벤트를 지속적으로 진행하여 뜨거운 반응을 얻고 있습니다. 예를 들면, 곰표 레전드 마켓을 열어 집에 혹시 있을 지 모르는 곰표의 옛날 제품들을 전문가들이 가격을 매긴 후 매입하기도 하고, 매일 럭키백을 100개씩 100원에 파는 이벤트를 진행하기도

---

130) 곰표 레트로 하우스 (https://www.gompyo.net:444/main.php)

하였습니다. 지하 4층부터 1층까지 모두 5개 층으로 구성된 온라인 전시관은 1층 브랜드 전시관(브랜드의 역사소개), 지하 1층 제품관(다양한 굿즈 판매), 지하 2층 쇼핑관(다양한 레트로 아이템 판매), 지하 3층 전시관(각종 캠페인 전시), 지하 4층 나눔관(곰표와 레트로를 주제로 다양한 이야기를 나눔)으로 구성되어 있습니다. 제과점 앞에나 놓여있을 법한 밀가루 포대 디자인이 생활 속 굿즈로 들어와 소비자들에게 새로운 얘기들을 건네면서 젊은 감성을 지닌 브랜드로 새롭게 인식되고 있습니다.

<그림38> 곰표 레트로 굿즈 (출처: 곰표 레트로하우스 홈페이지)

한편 브랜드가 오래되었다는 것이 단점만 있는 것은 아닙니다. 오래된 브랜드는 두 가지 측면에서 장점을 가지며, 이를 잘 활용하는 것도 좋은 전략이 될 수 있습니다. 즉, 오래된 브랜드는 오래된 고객과 오래된 추억이 있다는 장점이 있습니다. 최근 소셜미디어를

통해 큰 화제가 되고 있는 패션잡화 브랜드인 로우로우(RAWROW)는 자신의 가방을 최초로 구매한 고객과 함께 새로운 제품을 기획하였으며, 그 첫 고객의 이름을 따 "민우가방"이란 이름으로 전 세계 소비자에게 판매하고 있습니다. 이는 새로운 경쟁브랜드가 갖지 못한 오래된 고객을 어떻게 활용할 수 있는지를 보여주는 대목입니다. 현대자동차도 수입차들의 시장공세로 수세에 몰리자 대한민국 국민이라면 누구나 자신의 첫차로서 현대차에 대한 소중한 기억이 있을 것이라는 점을 이용하여 추억을 회상시키는 "브릴리언트 메모리즈(Brilliant Memories)" 캠페인을 통해 소비자들의 큰 공감을 끌어낸 경험이 있습니다.

브랜드 재활성화를 위해서는 때로는 기업문화의 변화가 필요가 경우가 있습니다. 지속적인 매출 하락세를 이어가던 구찌(Gucci)가 2015년을 기점으로 성장의 터닝포인트를 만드는데 성공한 사례가 이를 잘 보여줍니다.[131)] 매우 고무적인 것은 최근 매출의 50% 이상이 35세 이하의 젊은 세대에서 나오고 있다는 점입니다. 속된말로 브랜드가 회춘을 한 것이라 할 수 있습니다. 구찌는 그 동안 루이비통이나 샤넬과 같은 고급스러움을 갖지 못하고 다소 올드해 보이는 명품 브랜드였습니다. 그런데 최근 "Gucci"라는 단어가 젊은 이들 사이에 매우 쿨하고 끝내 준다는 의미로 쓰이고 있다고 합니

---

131) 배소진 (2017.12.4), "신입사원들이 임원들 가르쳐 다시 살아난 구찌" TTIMES

다. 예를 들어, I'm feeling so Gucci. (지금 기분 끝내줘.)라는 식으로 말이죠. 구찌에 어떤 변화가 있었던 것일까요? 전문가들은 리버스 멘토링(reverse mentoring) 제도의 도입이 큰 효과를 거두었다고 평가합니다. 일반적인 멘토링은 선배 직원이 멘토가 되어 신입 직원이 적응하는 것을 돕는 것을 의미합니다. 하지만 리버스 멘토링은 신입사원이 선배 직원 특히 임원들을 멘토링하는 것을 의미합니다. 독특한 가치관과 소비행태를 보이는 밀레니얼 세대들을 사로잡기 위해서는 40, 50대 임원들의 변화가 필요하고 이를 신입사원들이 도와준다는 개념입니다. 소셜미디어에 계정을 만들고 자료를 올리는 방법을 시작으로, 젊은이들이 어떤 콘텐츠에 열광하는지 등을 설명함으로써 나이든 임원들이 새로운 소비행태에 빠르게 적응하고 대응할 수 있도록 도와주는 것입니다. 구찌는 CEO가 주도하는 임원회의가 끝나면 임원들을 모두 내보내고 같은 주제로 30살 이하의 직원들과 다시 논의함으로써 의사결정의 타당성을 재확인하고 새로운 통찰을 얻고 있습니다. 그 결과 젊은 세대들이 열광하는 "구찌 플레이스"라는 여행 앱을 론칭하였으며, 젊은 세대들이 혐오하는 모피라인이 2018년 봄 시즌부터 사라졌습니다. 이처럼 브랜드 재활성화는 때론 기업문화가 변해야 효과가 제대로 나타날 수 있습니다.

제가 브랜드 재활성화 전략이 필요하다고 주장하였지만, 살릴 수 없는 브랜드에 인공호흡을 해서 간신히 살려놓는 것은 그리 바람직하지 않습니다. 브랜드의 상태를 진단하여 털어야 할 때는 과감히 털어버리는 결단도 필요합니다. 심리학자들이 얘기하는 매몰비용(sunk cost) 효과가 그 이유를 잘 설명해 줍니다. 한 가지 가상의 시나리오를 생각해봅시다. 여러분은 일본으로 가는 비행기표를 30만 원의 특가상품으로 예약했습니다. 그리고 며칠 후 우연히 중국으로 가는 비행기표가 15만 원의 특가로 타임세일하고 있음을 발견하고, 이때다 싶어 기회를 놓치지 않기 위해 서둘러 예약을 했습니다. 그런데, 여러분은 급히 예약을 하느라 비행기표의 출국일을 제대로 확인하지 못했고, 뒤늦게 두 비행기표의 출국날짜가 동일함을 알게 되었습니다. 하지만 두 비행기표는 모두 특가 상품의 예약조건으로 구매하여 환불이 불가합니다. 여러분은 두 여행지 중 중국이 일본보다 재미있을 것으로 예상하고 있습니다. 그렇다면 이제 한 곳의 항공권을 포기해야 하는 여러분의 선택은 무엇입니까? 1980년대 행동 경제학자들이 이와 비슷한 주제(동일한 날짜의 스키장 2곳을 예약한 후 한 곳 포기)로 진행한 연구결과에 따르면, 미래의 효용이 더 클 것으로 기대되는 중국 항공권을 포기하고 더 비싼 돈을 주고 구매한 일본 항공권을 선택하는 사람이 더 많을 것으로 보입니다. 즉, 내가 이미 지불한 금액이 아까워 미래의 더 나은 효용을 포기하는 매우 비합리적인 의사결정을 하는 사람들이 더 많을 것이라는 얘기입니다. 이는 새로운 브랜드를 만드는 것에 투자하는 것이 더 바람직하나 기존 브랜드에 집착해서 불필요한 투자를 이어갈 수 있음을 의미합니다. 브랜드 전략에도 손절매가 필요합니다. 밑 빠진 독에 물을 붓는 일은 없어야 합니다.

마지막으로 브랜드 재활성화 전략과 관련하여 꼭 한 가지 당부 드리고 싶은 말이 있습니다. 데이비드 아커 교수는 정상적인 궤도를 돌고 있는 멀쩡한 브랜드에 대해 변화가 필요하다는 잘못된 주장(change bias)을 경계해야 한다고 주장합니다.[132] 누구나 흠을 잡으려는 관점으로 대상을 바라보면 중립적인 것들도 부정적으로 볼 수밖에 없습니다. 예를 들어, 기업의 임원들은 브랜드에 대한 새로운 통수권을 맡게 되면 선임이 했던 전략을 유지하기보다 뭔가 변화를 줌으로써 자신의 브랜드 가치를 입증하고자 노력하는 경향이 있습니다. 즉, 자신의 커리어에 도움이 되는 퍼스널 브랜딩(personal branding)을 위해 오랫동안 쌓아온 브랜드의 자산에 해가 되는 행동들을 서슴지 않고 행하기도 합니다. 특히 이러한 성향을 가진 임원들이 비슷한 동기를 가진 브랜드 컨설턴트와 손을 잡는 경우 상황은 더 심각해질 수 있습니다. 한편, 변화에 대한 잘못된 요구는 브랜드매니저와 고객들이 느끼는 기존 전략에 대한 온도 차이에서 발생하기도 합니다. 브랜드매니저들은 고객과 달리 현재 브랜드가 실행하고 있는 전략에 대한 노출빈도가 높아 더 빠르게 지

132) David Aaker, “AAKER ON BRANDING”, Morgan James Publishing, pp. 121-122

겨움을 느끼고 새로움을 갈구하는 경향이 있습니다. 따라서 쉽지 않겠지만 고객의 시선으로 내가 아닌 우리 브랜드에게 정말 도움이 되는 변화인가를 스스로에게 되물어 보는 노력들이 필요합니다.

지금까지 우리는 오랜 세월이 지나도 소비자에게 사랑받을 수 있는 브랜드가 될 수 있는, 이른바 브랜드의 안티에이징 전략에 대해 살펴보았습니다. 유니레버(Unilever)의 전 CEO였던 피츠제럴드(FitzGerald)가 남긴 명언을 끝으로 오늘의 강의를 마치고자 합니다.

"브랜드들은 그냥 죽지 않는다. 브랜드의 사망진단서에 적힌 사망원인은 일반적으로 거만함, 욕심, 현실안주이다(There is no need for brands to die. Under cause of death on a brand's death certificate it should usually read arrogance, greed or complacency)."

7강

디지털 시대의 브랜딩 전략

디지털 시대의 브랜딩, 소비자 참여

디지털 시대 브랜딩의 가장 큰 특징은 온브랜딩(On-Branding)이라 할 수 있습니다. 온브랜딩은 유니타스브랜드(Unitas BRAND)에서 제안한 개념으로 "브랜드에 대한 지식(즉, 기억과 경험)이 온라인(Online)에서 24시간 불이 켜진 채(ON) 소비자들 간의 따뜻한 관계(溫: 따뜻할 온)속에서 지속적으로 생성됨"을 의미합니다.[133] 브랜드 자산의 원천이라 할 수 있는 브랜드에 대한 소비자의 지식은 브랜더(Brander)와 브랜든(Brandon)이라는 두 종류의 사람들에 의해 주로 형성됩니다. 먼저 브랜더는 브랜드의 성장과 관리를 책임지는 브랜드매니저(또는 마케터)를 의미하며, 브랜든은 자발적으로 자신이 좋아하는 브랜드의 성장을 위해 사명을 완수하는 기업에

133) 브랜딩 UnitasBrand Vol. 13, UnitasBrand, 2010, 권민 저, pp. 254-267

소속되지 않은 일반인들을 말합니다. 따라서 브랜더는 지식관리자의 성격이 강한 반면, 브랜든은 지식공유자의 성격이 강합니다. 인터넷이 발달하기 전에는 브랜드 지식구조를 구축하는 데 있어 브랜더의 역할이 상대적으로 중요하였지만, 오늘날과 같은 디지털 시대에는 브랜든의 역할이 점점 더 중요해지고 있습니다. 브랜드 인셉션(Brand Inception)의 저자인 쟈코 발피스(TJACO WALVIS)는 브랜드 지식구조의 70%가 기업과 소비자의 관계가 아닌 소비자와 다른 소비자의 관계에서 생성되고 있기 때문에 브랜드 구축과정에 있어 소비자의 참여를 전략적으로 활용할 필요가 있다고 주장합니다.[134] 지금으로부터 10년도 더 전인 2006년에 벌써 미국의 광고잡지 애드에이지(AdAge)는 올해의 광고대행사로 "소비자"를 선정한 바 있습니다. 최근 소셜미디어와 같은 디지털 매체가 성장하면서 소비자들간 소통이 가능한 온라인 채널이 더욱 다양해지고 있습니다. 따라서 브랜든의 역할은 점점 더 중요해지고 있다고 할 수 있습니다.

우리는 브랜든들을 브랜드커뮤니티(brand community)라는 그들만의 놀이터에서 쉽게 만나볼 수 있습니다. 예를 들면, 애플의 노트북 브랜드인 맥북(MacBook) 동호회에는 수많은 맥북 애호가들이 모여들어 맥북과 관련된 각종 정보들을 공유하고 있습니다. 이

134) 브랜드 인셉션, 비즈니스맵, 2011, 쟈코 발피스 지음, 정윤미 옮김, pp. 214-218

들은 서로에게 동종의식을 느낄 뿐 아니라 도움이 필요한 사람들에게 정보를 제공해야 한다는 일종의 도덕적 책임감마저 느낍니다[135]. 또한 브랜드에 대한 애정이 깊어지면 브랜드와 관련된 특정 기념일에 이를 축하하는 이벤트 행사를 주최하고 기념의식을 거행하기도 합니다. 국내 1위 배달앱인 배달의 민족의 팬클럽 "배짱이"가 거행한(?) "한삽 프로젝트"가 이를 잘 보여줍니다.[136] 2016년 9월 배달의 민족이 처음으로 적자를 벗어났다는 소식을 듣고 배짱이들은 배달의 민족 직원들을 놀라게 하는 선물을 보냈습니다. 전국 각지에 배짱이들이 자신의 지역에 있는 흙을 플라스틱 컵에 담고 씨를 뿌린 후 자를 꽂아 이른 바 "흙자"를 만든 후 아이스박스에 곱게 담아 보낸 것입니다. "쓸데없는 것 보내요! 흙자 달성 축하합니다."는 메시지와 함께 씨앗을 잘 키워 전국으로 뻗어 나가는 배달의 민족이 되길 바라는 배짱이들의 마음을 전했습니다. 브랜든이 자발적으로 브랜더를 위해 노력하고, 지켜보는 다른 소비자들의 마음에 잔잔한 울림을 준 감동적인 사례라 할 수 있습니다. 켈러 교수는 소비자들이 브랜드에 대한 고마움을 느끼며 스스로 브랜드를 위해 뭔가 노력하려는 것을 브랜드 공명(brand resonance)이라 정의하고, 브랜드 전략의 궁극적인 목표라고 말합니다. 배짱이의 사례는 브랜드 공명을 잘 보여준다고 할 수 있습니다. 또한 브랜든은 기업의 마케

135) Muniz, A. M. and O'guinn, T. C. (2001), "Brand Community", Journal of Consumer Research, 27, pp. 412-432

136) 김지헌 저, "당신은 햄버거 하나에 팔렸습니다", 중앙books, pp. 165-166

터 즉, 브랜더가 활동하지 않는 시간에도 늘 깨어 있으면서 다른 소비자들의 브랜드 지식구조를 생성하고 변화시켜 나가기도 합니다. 여러분이 이른 새벽 갑자기 브랜드에 관한 궁금증이 생겼다면, 문을 닫은 기업의 콜센터와 달리 브랜드 커뮤니티는 항상 열려 있으며 여러분의 질문에 좀 더 빠른 답을 줄지도 모릅니다.

오늘날 브랜든의 역할이 상대적으로 중요해졌다고 해서 그들에게 브랜딩 과정을 일임해야 한다는 얘기는 아닙니다. 브랜딩에 악영향을 미치는 위협적인 일반 소비자들도 존재하기 때문입니다. 소위 얼리어답터(early adopter)라고 불리는 사람들 중 일부는 제품이 출시되자마자 제품에 대한 악의적인 평가들(특히, 제품리뷰)을 쏟아내어, 제품 출시를 위해 브랜더들이 오랫동안 준비한 브랜드 구축전략의 방향을 뒤흔들어 놓을 수 있습니다. 따라서 브랜드를 소유한 기업들은 브랜드전략을 설계할 때 브랜든은 물론 그와 상반된 역할을 하는 소비자들도 있음을 미리 고려할 필요가 있습니다. 악의적인 의도를 가진 소비자의 입장에서 현재의 브랜드 전략을 점검해보고 나쁘게 왜곡될 가능성이 없는지 끊임없는 모니터링이 필요합니다. 브랜드매니저는 자신의 자식을 바라보는 부모와 같이 브랜드를 편향된 관점에서 지나치게 긍정적으로 보려는 경향이 있는데 이를 경계할 필요가 있습니다.

또한 브랜든을 소극적인 관리의 대상으로 볼 것이 아니라 브랜드 지식구조를 함께 구축하는 적극적인 동료로 활용할 필요가 있습니다. 저는 "드라마 만들기"라는 연극을 대학로에서 관람한 적이 있습니다. 관람시간 100분이 10분처럼 느껴질 만큼 몰입하게 만드는 연극이었습니다. 이 연극이 저를 사로잡았던 이유는 배우들의 연기력이 뛰어난 점도 있었지만 무엇보다 관객들이 연극에 참여하는 독특한 구성방식으로 진행되었기 때문입니다. 연극에는 3명의 남자와 3명의 여자가 등장하지만 관객들은 단지 두 쌍의 연인들이 만들어 가는 사랑이야기 만을 볼 수 있습니다. 연극이 시작되면 약 20분가량 6명(남녀 각 3명)의 등장인물들이 각자 자신의 독특한 캐릭터를 소개합니다. 이후 관객들은 드라마에 출연할 커플들을 정하는 투표를 하여, 총 9쌍의 커플조합 중 가장 많은 표를 얻은 두 쌍의 커플들이 주연하는 드라마를 보게 됩니다. 관객들은 자신이 가장 보고 싶은 커플들이 출연하는 드라마를 봄으로써 연극에 몰입하게 되고, 보지 못한 다른 커플들의 이야기가 궁금해서 다시 연극을 찾게 됩니다. 또한 연극을 보고 행복했던 감정을 자신의 소셜미디어를 통해 공유함으로써 잠재 관람객들이 연극을 선택하는 데 유용한 정보를 제공합니다. 이 연극이 관객들의 사랑을 받는 이유는 브랜드에 대한 통제권의 일부를 관객들에게 위임함으로써 브랜든들이 브랜드의 스토리를 스스로 만들어가도록 하였으며, 즐거운 경험을 다른 소비자들과 공유할 수 있는 공간을 만들어 주었기 때문입니다.

레고는 1932년에 설립되어 3대째 운영되고 있는 덴마크에 본사를 둔 회사로 80년이 넘는 긴 역사와 전통을 가지고 있습니다. 요즘 경영상의 어려움을 겪는다는 소식도 간간이 들려오긴 하지만 요즘처럼 온라인게임이 세상을 평정한 시대에 단순한 오프라인 게임인 레고가 그래도 매우 선전하고 있지 않나 생각됩니다. 여러분들도 아마 한번쯤 직접 레고 장난감을 가지고 놀아본 경험이 있거나 자녀분들이 가지고 노는 모습들을 보았을 것입니다. 하지만 레고팩토리(factory.lego.com)에 대해서는 잘 모르는 분도 계실 것 같습니다. 레고는 한때 브랜든들이 소통하고 즐길 수 있는 참여형 공간으로써 레고팩토리를 제공하여 세간의 화제가 되었습니다. 레고팩토리에 접속하면 클릭 몇 번으로 <그림39>에서 보이는 "레고 디지털 디자이너(LEGO Digital Designer)"라는 프로그램을 다운로드 받을 수 있습니다. 이 프로그램은 소비자들의 무한한 상상력을 바탕으로 하는 가상의 레고 블록을 이용하여 자신만의 작품(?)을 만들어 볼 수 있는 환경을 지원합니다. 가상의 작품이 완성되면 소비자는 이를 직접 오프라인에서 만들어 보기 위해 필요한 레고 블록들을 그대로 주문할 수 있습니다. 주문한 작품의 블록들은 소비자가 가상으로 만든 작품사진이 들어간 패키지에 담겨 배송됩니다. 또한 소비자는 자신이 만든 가상의 작품을 포토갤러리에 올려서 다른 소비자들과 공유할 수 있으며, 마음에 드는 소비자들은 해당 작품을 직접 만들어 보기 위해 같은 레고 블록을 주문할 수도 있습니다. 레고는 소비자들의 지식공유를 자극하기 위해 작품들에 대한 투표를 통해 시상을 하는 콘테스트를 주최하기도 하였습니다.

<그림39> 레고팩토리 (출처: 레고팩토리)

오늘날과 같이 소셜미디어가 막강한 힘을 발휘하는 시대에는 고객참여마케팅이 브랜드를 구축하는데 매우 효과적일 수 있습니다. 2011년 12월 15일, 세계 각지의 예술품을 소장한 것으로 유명한 호주의 아트시리즈 호텔에서 '스틸 뱅크시(Steal Banksy, 뱅크시의 작품을 훔쳐라)'라는 매우 흥미로운 프로모션을 진행해 눈길을 끌었습니다.[137] 그라피티 화가인 뱅크시(banksy)가 그린 1,600만 원짜리 "No Ball Games"라는 그림 작품을 멜버른에 위치한 3개 지점들 중 한 곳에 전시하고 투숙하는 고객들이 들키지 않고 훔쳐가면 그림을 공짜로 주겠다는 게임을 제안한 것입니다. 트위터를 통

137) 박성지 (2018.2.5), "고객에게 도둑질 시켰는데도 수익률이 300%나 증가한 이상한 호텔" 인터비즈

해 몇 가지 힌트만을 제공할 뿐 그림을 어느 지점의 어떤 곳에 전시했는지는 알려주지 않았고, 직원들은 합법적인(?) 투숙객들의 도둑질을 막기위해 CCTV와 GPS를 통해 철저히 감시했습니다. 도둑질을 하는 모습을 담은 CCTV 영상 등을 홍보자료로 활용하면서 세간의 화제가 되었고, 캠페인에 대한 내용이 61개국에 소개될 만큼 주목을 받았습니다. 흥미롭게도 그림은 4일 만에 소셜미디어 전문가인 두 여성에 의해 도난당했는데, 이들은 트위터에서 본 그림의 이동경로에 대한 힌트를 이용해 운반 직원으로 가장하여 그림을 훔쳐 유유히 달아났습니다. 이 사실이 알려지면서 미국의 유명 테니스 선수인 세리나 윌리엄스와 같은 유명 인사들이 참여할 만큼 캠페인이 유명해졌으며 행사를 진행한 4주 동안 1,500개의 방이 꽉 찼고, 300%의 투자수익률을 올리는 대성공을 거뒀습니다. 이처럼 고객 참여마케팅은 소비자들의 관심을 집중시키고 브랜드의 성과를 극대화하는 데 큰 도움이 될 수 있습니다.

동영상 스트리밍 서비스를 제공하는 넷플릭스(Netflix)는 2017년 6월 "장화신은 고양이: 동화책 어드벤처"를 인터랙티브 콘텐츠로 제작 발표하면서 큰 관심을 모았습니다. "가지 치는 이야기(branching narrative)"라 불리는 이 서비스는, 시청자의 선택에 따라 상영시간과 내용에 차이가 발생하도록 한 이용자 주도형 서비스로 고객맞춤형 콘텐츠를 제공하려는 넷플릭스의 강한 의지가 담겨있다고 할 수 있습니다. 넷플릭스는 첫 작품을 어린이 작품으로 선택한 배경은 부모들뿐 아니라 아이들과 수차례 인터뷰한 결과 호기심 많은 아이들이 이야기의 감독역할을 하고 싶어 한다는 사실에 주목했기 때문이라고 설명합니다. 최근에는 성인들을 위한 영화들도 인터랙티브 콘텐츠로 제작하여 고객참여 마케팅을 좀 더 활발히 진행하려 노력하고 있습니다. 한편 영국의 BBC 방송국도 최근 인공지능 기술을 적용한 인터랙티브 라디오 드라마인 검사실(The inspection chamber)에 대한 제작 발표를 해 관심을 끌었습니다.[138] 우리는 20분 분량의 이 드라마를 아마존의 인공지능 비서인 알렉사가 적용된 에코 스피커나 구글 어시스턴트가 적용된 구글 홈 스피커를 통해 들으면서 드라마 속 내래이터와 소통하고, 그 결과를 반영하여 드라마의 내용을 주도적으로 완성해 나갈 수 있습니다. 내레이터의 질문에 우리가 어떻게 응답하느냐에 따라 드라마의 스토리 구성(plot)이 달라집니다. 어쩌면 주인공을 죽이지 말라고 드라마 작가에게 항의하고 압력을 행사하던 열혈 드라마 시청자들의 과거 모습이 이제 합법적(?)으로 가능하게 된 것인지도 모릅니다. 내가 원하는 콘텐츠를 볼 수 있다는 상상만으로도 청취자들의 호감을 자극하기에 충분해 보입니다.

138) 최홍규, "진정한 인터랙티브 콘텐츠의 시대가 온다", 방송트렌드 & 인사이트 (2017년 3호 vol. 12)

화가들이 담벼락에 광고를 그리는 컬러솔 미디어(colossal media)라는 회사에 대해 들어본 적이 있나요?[139] 이 회사는 미국 전역에 위치한 120개의 벽에다 매년 400건 이상의 광고 그림을 그리면서 연간 250억의 매출을 달성하고 있습니다. 전문가들은 성공 비결을 아날로그의 벽화를 디지털로 재해석했기 때문이라 평가합니다. 예를 들어, 2011년 뉴욕 맨해튼에서 진행한 질레트 광고는 첫날 턱수염이 더부룩한 남자의 얼굴을 그린 후, 둘째 날에는 턱에 면도 크림을 잔뜩 바른 그림을 그리고, 셋째 날 수염을 말끔히 제거한 깨끗한 모습을 보여주는 식입니다. 정적인(static) 그림이 동적(dynamic)으로 바뀌면서 사람들은 열광했고 소셜미디어를 통해 수없이 공유되었습니다. 유튜브는 좀 더 효과적인 광고를 위해 그림에 디지털 미디어의 가장 큰 장점이라 할 수 있는 소비자와의 상호작용을 반영하였습니다. 예를 들면, 유명 크리에이터가 출연해 자신의 모습을 어떻게 변화시킬지 대중들에게 묻고 투표를 진행하여(파티광 vs. 게으름뱅이) 한 달 동안 지속적으로 투표결과에 따라 변화된 모습으로 그림을 그렸습니다. 투표에 참여한 소비자들은 자신과 관련성이 높은 콘텐츠에 열광하였고 광고의 효과가 매우 높아 컬러솔 미디어가 더 주목받는 계기가 되었습니다.

---

139) 배소진 기자 (2018.2.1), "벽 하나 밑천으로 250억 버는 화가들의 광고회사" TTIMES

한편 기업들이 단순히 소비자들과 소통하는 것을 넘어 그들을 판매채널로 적극적으로 활용하려는 움직임도 증가하고 있습니다. 예를 들어, 소셜커머스 1위 업체인 쿠팡은 지난 7월 인플루언서 마케팅(influencer marketing)을 시작했습니다.[140] 일반 소비자들이 쿠팡에서 판매하는 제품 광고를 자신의 소셜미디어에 배너링크로 소개하고, 이 광고를 통해 매출이 발생할 경우 3%의 중개수수료를 가져가는 것입니다. 쿠팡은 이를 위해 쿠팡 파트너스라고 하는 온라인 제휴 마케팅 시스템을 구축하였고, 소비자는 이를 통해 실시간으로 판매량과 수익금을 확인할 수 있습니다. 다만 반품, 환불 등의 가능성이 있어 정산은 매출발생 두 달 후 이뤄집니다. 소셜미디어의 팔로워를 많이 가진 특정 인플루언서를 이용하던 과거와 달리 일반인들이 모두 참여할 수 있다는 점에 큰 차이가 있습니다. 판매를 원하는 일반인들은 쿠팡의 제품 정보를 자발적으로 보게 되고 구매욕구가 증가하여 판매자 뿐 아니라 구매자가 될 수 있기 때문입니다.

또 다른 사례로 신라면세점의 모바일 상품평 서비스인 "신라팁핑(TIPPING)"을 들 수 있습니다.[141] 팁핑은 "꿀팁을 쇼핑하다"를 줄여서 만든 말로 신라면세점을 이용하는 고객이 구매후기를 작성하

---

140) 신건웅 기자(2018.7.17), "쿠팡, 온라인 제휴마케팅 쿠팡 파트너스 선보여" NEWS1

141) 배윤경 기자(2018.10.10), "신라면세점 신라팁핑 누적방문자 150만 명 돌파" 매일경제

고 이 후기를 통해 매출이 발생할 경우 최대 3%까지 보상금을 지급하는 것이 서비스의 핵심입니다. 2018년 10월 기준으로 일평균 6만 명이 서비스를 이용하고 있으며, 한 달 만에 누적 방문자 150만 명, 등록된 구매후기가 6,000개 제품에 1만 3,000건이나 되었습니다. 실제로 탑핑을 통해 구매한 건수도 3천 건이 넘었으며 일평균 매출도 20%나 증가하였습니다. 탑핑은 이러한 성과를 인정받아 2018년 세계 면세점 박람회에서 수여한 Sunglass Awards 2018의 최고 디지털 혁신상(best digital initiative)을 받았습니다. 다만 소비자를 판매채널로 이용하는 전략은 장기적 관점에서 보면 구매후기의 진실성을 왜곡시켜 소비자들이 필요로 하는 유용한 정보를 얻지 못하게 할 가능성도 있어 조금은 우려가 되기는 합니다. 또한 소비자의 순수하게 브랜드를 좋아하는 마음을 외적 보상을 통해 왜곡시킬 가능성이 있어 주의가 필요합니다.

이처럼 고객참여 마케팅은 기업이 소비자와의 소통을 통해 좀 더 특별한 경험을 제공할 수 있을 뿐 아니라, 자신과 관련된 얘기를 하고 싶어 하는 소비자들의 본능을 자극할 수 있는 매우 효과적인 전략이라 할 수 있습니다. 하지만 참여한 고객들을 다른 고객들과의 소통 채널로 활용할 때에는 한 가지 주의사항이 필요합니다. 캠페인에 참여하는 고객들을 마케팅의 도구로 봐서는 안 된다는 점입니다. 그들은 물론 새로운 잠재고객을 끌어올 수 있는 훌륭한 채널의 역할을 수행하겠지만, 그들 역시 우리의 소중한 고객이며, 어쩌면 충성심 높은 결코 놓쳐서는 안 될 덕후고객일 수 있기 때문입니다. 따라서 기업과 참여고객이 함께 윈윈할 수 있는 건전한 공유 생태계를 구축하는데 힘써야 합니다.

이제 브랜드 커뮤니티에 대한 얘기로 다시 돌아가 볼까요? 일반적으로 브랜드 커뮤니티는 기업 주도형 커뮤니티와 소비자 주도형 커뮤니티로 구분됩니다. 기업 주도형 커뮤니티를 운영할 때에는 기업이 커뮤니티를 통해 지나치게 영리를 추구하고 있다는 이미지를 주어서는 안 됩니다. 소비자들은 자신과 동일한 관심과 고민을 가진 소비자들과 따뜻한 정을 나누고 싶어 하며 필요에 의한 의도적 접근은 경계하게 됩니다. 그렇다고 커뮤니티가 기업에 의해 운영되고 있다는 사실을 숨겨서는 안 됩니다. 이후에 소비자들이 알게 되면 커뮤니티에 대한 신뢰가 하락하고 배신감마저 느끼게 할 수 있기 때문입니다. 2006년 소니(Sony)는 플레이스테이션(PSP) 게임기를 홍보하기 위해 "찰리"라는 일반 아이가 운영하는 듯 위장한 블로그를 개설한 것이 소비자들에게 알려지면서 곤욕을 치러야 했습니다.[142] 찰리는 친구 부모님들이 크리스마스 선물로 친구들에게 PSP를 사주도록 설득하기 위해 랩과 댄스를 하는 모습을 블로깅하여

142) 오픈 브랜드: 소비자를 끌어들이는 웹 마케팅 전략, 2009, 켈리무니, 리타 롤린스, pp. 185-186

사람들의 관심을 끌었습니다. 하지만, 머지않아 소니의 광고대행사가 운영하는 블로그인 것이 밝혀지면서 화가 난 소비자들은 600건이 넘는 항의 글을 올렸으며 소니본사는 결국 공식적인 사과를 해야 했습니다. 요컨대 기업 주도형 커뮤니티를 운영할 때 가장 중요한 원칙은 투명성(transparency)입니다. 최근 기업 커뮤니티에서 운영하는 마케팅 공모전이나 이벤트에서 추첨을 통해 선물을 주는 경우들이 있습니다. 하지만 어떤 과정과 절차로 선물 받을 대상자를 선정하는 지에 대한 투명성이 부족해 보입니다. 소비자들의 참여가 부족한 이유는 어쩌면 이미 당첨자를 선정해 두고 진행하는 것이 아닌가 하는 의심 때문인지도 모릅니다.

소비자 주도형 커뮤니티를 운영할 때도 주의할 점이 있습니다. 소비자 주도형 커뮤니티의 회원들은 일반적으로 기업 주도형 커뮤니티 회원들보다 브랜드에 대한 열정과 애착이 강한 경향이 있습니다. 이들은 자신들이 커뮤니티를 개설해야 하는 수고를 감수하고 특별한 기업의 지원이 없음에도 불구하고 브랜드에 대한 애정으로 모인 사람들이기 때문입니다. 따라서 기업은 금전적인 보상을 지급하고 이들을 이용하려 해서는 안 됩니다. 예를 들어, 제품 출시 전 커뮤니티 운영자에게 돈을 지급하고 호의적인 제품리뷰를 부탁하는 것과 같은 행동들은 호의적인 브랜든을 피해를 주는 악동으로 변하게 할 수 있습니다. 그들이 브랜드를 홍보하고, 브랜드와 관련해 도움이 필요한 사람들을 돕는 것은 브랜드에 대한 애정과 소명의식, 또는 자존심의 문제이지 어떤 대가를 바라고 하는 일이 아니기 때문입니다.

이와 관련된 재미있는 일화가 하나 있습니다. 어느 마을의 할아버지는 담벼락에 낙서를 하는 아이들이 늘 골칫거리였다고 합니다. 아이들을 혼내 주려고 소리치며 뛰쳐나가면 벌써 한참을 도망간 후였습니다. 그러던 어느 날 할아버지는 작전(?)을 변경하였습니다. 낙서를 한 아이들에게 그림이 너무 멋지다며 칭찬을 하고 천 원씩 용돈을 주었습니다. 세 차례 이 일은 반복되었고, 네 번째 낙서를 한 날 할아버지는 용돈을 더 이상 주지 않았습니다. 그러자 실망한 아이들은 더 이상 낙서를 하지 않았다는 내용입니다. 왜 그랬을까요? 할아버지는 아이들이 즐거움에서 시작한 낙서에 대한 내적동기(intrinsic motivation)를 용돈을 줌으로써 보상에 대한 기대감으로 행동하게 하는 외적동기(extrinsic motivation)로 바꿔 놓았기 때문입니다. 내적동기를 가진 브랜든에게 보상으로 행동을 요구하기 시작하면 이와 같은 일이 벌어질 가능성이 높습니다.

잘못된 내용을 성실히 공부하는 학생만큼 불운한 경우가 없습니다. 스스로 학습하는 것이 공부의 왕도라고 하지만 잘못된 내용을 잘못된 방법으로 열심히 공부하는 학생들이 생겨나지 않도록 학습의 방향을 잡아주는 선생님의 역할은 매우 중요합니다. 일반 소비자들이 올바른 방향으로 브랜드 지식을 학습할 수 있도록 30%의 브랜더가 70%의 브랜든이 필요한 정보와 자료를 아낌없이 지원하되 어떤 내용을 어떤 방법으로 학습하고 있는가를 늘 예의주시하고 바른 길을 가도록 도와줄 필요가 있습니다. 이는 브랜든의 활동에 적극적으로 개입하고 통제하는 것을 의미하지 않습니다. 그들이 소통하고 즐길 수 있는 기회와 공간을 제공하라는 의미입니다. 또한 브랜드에 유해한 방향으로 그들의 놀이문화가 확산되지 않게 안전한 환경을 구축해야 합니다. 물론 이는 말처럼 쉽지는 않습니다. 하지만 오늘날 브랜드가 생존하기 위해 반드시 필요한 조언입니다. 켈리무가 쓴 오픈브랜드(The Open Brand)의 책에는 이런 구절이 있습니다.[143]

"브랜드 장악이 아닌, 브랜드의 핵심을 유지하면서 소비자들과 함께 그들 안에서 협력하는 새로운 브랜드 관리법을 배워야 한다. 그리고 무엇보다도 중요한 것은 브랜드의 미래를 함께 만들어 갈 사람들로서 소비자를 대하는 것이다"

143) 오픈 브랜드: 소비자를 끌어들이는 웹 마케팅 전략, 2009, 켈리무니, 리타 롤린스, pp. 8-9

브랜드 저널리즘 vs 문화브랜딩

디지털 기술의 발전이 브랜딩에 미친 가장 큰 영향은 브랜드 저널리즘(brand journalism)의 확산이라고 해도 과언이 아닙니다. 브랜드 저널리즘은 기업이 자신의 브랜드를 직접적으로 홍보하기보다 언론사의 보도국과 같은 전문적인 미디어 환경을 구축하고 브랜드의 목표고객들이 관심을 가질 만한 콘텐츠를 꾸준히 생산, 유통, 관리함으로써 그들이 브랜드 가까이에 늘 머물게 하는 것을 목표로 하는 브랜딩 활동입니다. 2005년 맥도날드의 글로벌 마케팅 총괄이었던 래리 라이트(Larry Light)가 브랜드 저널리즘의 개념을 처음 제안한 것으로 알려져 있으며, 2012년 코카콜라가 기업 홈페이지를 "코카콜라 저니(Coca-Cola Journey)"라는 디지털 매거진(Digital Magazine)의 형태로 전환하면서 본격화되어 현재 많은 기업들이 동참하고 있습니다.[144] 코카콜라는 브랜드 저널리즘을 위해 본사 직원 5-6명뿐 아니라 300명 이상의 외부 필진을 참여시켜 엔터테인먼트, 건강 등 다양한 유형의 콘텐츠를 생산하고 있습니다. 코카콜라 저니는 2013년 한 해 동안 1,000개 이상의 스토리를 발행하였고, 약 1,300만 명의 방문객이 스토리 당 약 4분 40초를 소비한 것으로 알려져 있습니다.

하지만 초기에 엄청난 주목을 받았던 브랜드 저널리즘에 대한 회의론이 점차 제기되고 있습니다. 시간이 지날수록 소비자들의 콘텐츠 소비의 방향이 폭보다는 깊이가 중요해졌기 때문입니다. 다시 말해 소비자들마다 원하는 콘텐츠의 종류가 너무나 이질적이고 또한 자신이 관심을 가지는 영역에서만 아주 깊은 내용을 가진 콘텐츠를 선호하는 성향이 짙어 졌습니다. 브랜드 저널리즘은 막대한 예산을 투입함에도 불구하고 이러한 소비자의 콘텐츠에 대한 깊이의 욕구를 충족시키는 데에는 한계가 있을 수밖에 없었습니다. 예를 들어, 게임 마니아들이 원하는 콘텐츠는 기업의 브랜드 저널리즘에 의해 생산되는 것이 아닌 해당 분야의 전문성을 가진 1인 방송인들(예, 대도서관 게임해설)에 의해 생산되는 것이었습니다. 따라서 2016년 미국에서 발표된 조사결과에 따르면, 유튜브 구독자 기준으로 상위 500위권에 포함된 기업 브랜드의 수는 단 3개에 불과하

144) 안선혜 기자(2014.9.2), "해외 사례 통해 본 브랜드 저널리즘" 더피알

며, 대부분 1인 방송인들이 상위권을 차지하고 있습니다.

그렇다면 브랜드 저널리즘을 대체할 수 있는 새로운 브랜딩의 방향은 무엇일까요? 바로 더글라스 홀트(Douglas Holt) 교수[145]가 제안한 문화 브랜딩(cultural branding) 전략입니다. 문화 브랜딩은 관심사별로 모래알처럼 흩어져 있는 소규모 디지털 클라우드들이 함께 공감할 수 있는 사회, 문화적 이슈를 브랜드가 앞장서 제기하고 그 해결에 리더십을 발휘함으로써, 대규모 집단이 향유하는 새로운 문화혁신 과정의 중심에 서는 것을 말합니다. 예를 들면, 게임, 만화, 영화를 좋아하는 디지털 클라우드들도 위안부 할머니 문제에 대해서는 공통의 관심을 가질 수 있습니다. 2013년 자본금 525만으로 창업한 마리몬드(Marymond)는 "꽃 할머니 프로젝트"를 통해 위안부 할머니 개개인의 삶을 들여다보고 각 할머니에게 가장 어울리는 꽃 패턴을 개발(예, 김복동 할머니, 목련)하여 다양한 제품의 디자인으로 활용하였습니다.[146] 또한 의류, 화장품 등 다양한 분야의 대기업들에게 플라워 패턴을 라이센싱하여 연 매출 45억 원(2016년 기준)을 달성하였으며, 착한 브랜드로 알려지면서 폭넓은 마니아층을 확보할 수 있었습니다. 그 밖에도 저소득층 아이들이 생리대 살 돈이 없어 신발 깔창을 대신 사용하는 문제를 제기하고 공익연계 마케팅을 수행해 유명해진 이지앤

145) Holt, Douglas, "Branding in the age of social media", Harvard Business Review, 2016
146) 김지헌 저, "당신은 햄버거 하나에 팔렸습니다" 중앙books

모어(ease and more) 등 문화 브랜딩 전략으로 골리앗을 흔들고 있는 작은 다윗 브랜드들이 적지 않습니다. 이처럼 공유와 확산이 빠른 소셜미디어 시대에 문화 브랜딩은 브랜드 저널리즘을 극복할 수 있는 매우 효과적인 전략이 될 수 있습니다.

디지털 시대의 핵심 코드 : 공정과 공생

디지털 시대의 소비자들이 특히 중요하게 생각하는 핵심가치는 공정과 공생입니다. 먼저 공정성을 판단하는 첫 번째 잣대는 투명성(transparency)입니다. 우리는 과정과 결과의 투명성이 보장될 때 공정하다고 생각합니다. 수제쿠키인줄 알고 사먹었는데 대형마트에서 판매하는 제품을 소포장해서 속여 판매한 것이라는 진실을 마주할 때 소비자는 분노합니다. 생산자와 소비자간 정보의 비대칭성이 거의 사라져가고 제품의 절대가치(absolute value)가 쉽게 드러나는 오늘날 투명하지 못한 방법으로 소비자를 기만하려는 시도는 매우 위험할 수 있습니다. 예를 들어 소셜미디어에서 소비자 참여를 높이기 위해 공모전을 개최했는데, 오히려 부정적인 콘텐츠만 양산되는 역효과가 발생한다면 여러분은 어떻게 대응해야 할까요?

한 때 현대자동차에서 페이스북을 이용한 제네시스 브랜드 사행시 짓기 공모전을 진행하였는데, 기획자의 의도와 달리 브랜드를 조롱하는 매우 부정적인 사행시들이 넘쳐났습니다. 또한 참여자들은 가장 뜨거운 호응(예, 댓글 수, 좋아요 수)을 보였던 부정적인 사행시를 시상하라고 요구하는 사건이 있었습니다. 그러자 당황한 담당자는 해당 글들을 삭제하였고, 이에 참가자들은 공정하지 못하고 약속을 지키지 않는다는 또 다른 비난의 목소리를 냈습니다.

최근 야나 세이츠 교수(Jana Seijts)는 HBR에 역효과를 불러온 소셜미디어 공모전에 어떻게 대응해야 하는지를 주제로 한 케이스 스터디를 다루기도 하였습니다.[147] 아티클에서는 두 명의 전문가가 서로 반대되는 의견을 보여줍니다. 월풀(Whirlpool)의 임원인 신시아 솔레다드는 브랜드 이미지의 손상을 최소화하기 위해 조용히 빠르게 공모전을 마무리해야 한다고 주장합니다. 반면, 맥도널드의 릭 와이어언은 공모전을 바로 끝낸다고 비난은 멈추지 않고 오히려 약속을 지키지 않는 브랜드라는 또 다른 나쁜 이미지를 만들 수 있기에 긍정적인 글을 올린 사람들을 중심으로 공모전의 초점을 바꿔 나갈 필요가 있다고 주장합니다. 특히 이벤트의 해시태그를 변경하는 것이 좋은 전략이 될 수 있다고 제안하고, 성공사례로 2012년 맥도날드가 트위터에서 "#McDStories"라는 해시태그를 이용해

147) HBR 2014 March, 야나 세이츠(Jana Seijts), "트위터가 공격을 가해왔을 때"

소비자들의 긍정적 경험 스토리들을 모으려 했으나 의도와 다른 방향으로 흘러가자 "MeettheFarmers(농부들을 만나보세요)"라는 해시태그로 변경하여 관심을 다른 곳으로 돌린 사례를 제시하였습니다. 또한 "#Improve브랜드"와 같은 새로운 해시태그를 이용해 소비자들의 불평을 수용하고 개선해 나가려는 태도를 보여주는 것도 좋은 방법이 될 수 있습니다. 하지만 무엇보다도 사전 예방이 중요합니다. 맥도날드에서는 소셜미디어 이벤트를 기획하는 과정에서 "비평가 세션"을 통해 맥도날드를 싫어하는 사람들이 이벤트에 어떻게 반응할지를 사전에 미리 검토하고 대비하는 시간을 가진다고 합니다.

한편 투명하지 못해 발생한 문제를 소극적으로 대응하기보다, 투명성을 브랜드의 차별화된 경쟁력으로 활용하여 성공한 사례도 있습니다. 2011년 미국 샌프란시스코에 설립된 패션 브랜드 에버레인(everlane)은 제품의 원가와 마진을 공개하여 큰 호응을 얻고 있습니다.[148] 예를 들어 안젤리나 졸리가 공항에 들고 나와 화제가 되었던 페트라 토트백은 이탈리아 가죽 100달러, 인건비 50.96달러, 항공운송비 12.82달러 등을 종합하여 총생산원가가 205달러이며 160달러의 마진을 붙여 365달러에 판매된다고 당당히(?) 밝히고 있습

---

148) 박현영 (2017.4.13), "[인사이트] 가죽, 장식 133달러, 원가 공개했더니…졸리도 이 가방 든다", 중앙일보.

니다. 동일한 제품이 만약 백화점에 입점되면 유통마진이 1,095달러나 붙어 1,300달러에 판매된다는 비교 자료를 제시함으로써 에버레인에서 구입하는 것이 얼마나 경제적이고 실용적인지를 강조합니다. 또한 제조공정의 투명성을 위해 전 세계의 공장을 돌아다니며 근무환경이 공정한 지를 평가하여 90점 이상을 받은 공장들만 생산 계약을 맺고 있습니다. 에버레인의 창업자인 마이클 프레이스먼은 패션유통 분야만큼 불투명하고 비효율적인 곳이 없으며 소비자들이 전혀 제조공정과 가격정책에 알 길이 없다는 점을 해결하고자 창업을 결심하였다고 합니다. 저는 앞으로 투명성이 부족한 다양한 산업에서 시장파괴자인 에버레인과 같은 브랜드들이 투명성을 무기로 소비자의 마음을 파고들 것이라 생각합니다.

공정성을 판단하는 또 다른 잣대는 공평함(impartiality)입니다. 받아들일 수 없는 이유로 차별적인 대우를 받을 때 우리는 불공평하다고 생각합니다. 유명 연예인과 스포츠 스타의 병역비리, 인종차별, 성차별, 갑질 문제 등에 관한 얘기를 들을 때 소비자는 분노합니다. 뷰티 브랜드인 도브(Dove)는 흑인여성이 백인여성으로 변화하는 바디클렌저 광고를 해서 인종차별의 논란이 있었습니다. 오랜 세월 도브가 진정한 아름다움은 여성의 자신감에서 비롯되고 어떤 인종이든, 피부색과 헤어컬러에 상관없이, 뚱뚱하든 날씬하든, 나이가 많든 적든 모두가 아름답다고 주장해왔기 때문에(real beauty campaign) 소비자들은 브랜드의 진정성을 의심하고 있습니다. 반면, 가수 리한나가 출시한 펜티뷰티(Fenty Beauty)라는 브랜드는 "어떤 여성도 소외되지 않는 모두를 위한 아름다움(beauty for all)"이라는 컨셉으로 파운데이션의 색깔만 무려 40가지를 출시하여 큰 호응을 얻고 있습니다.

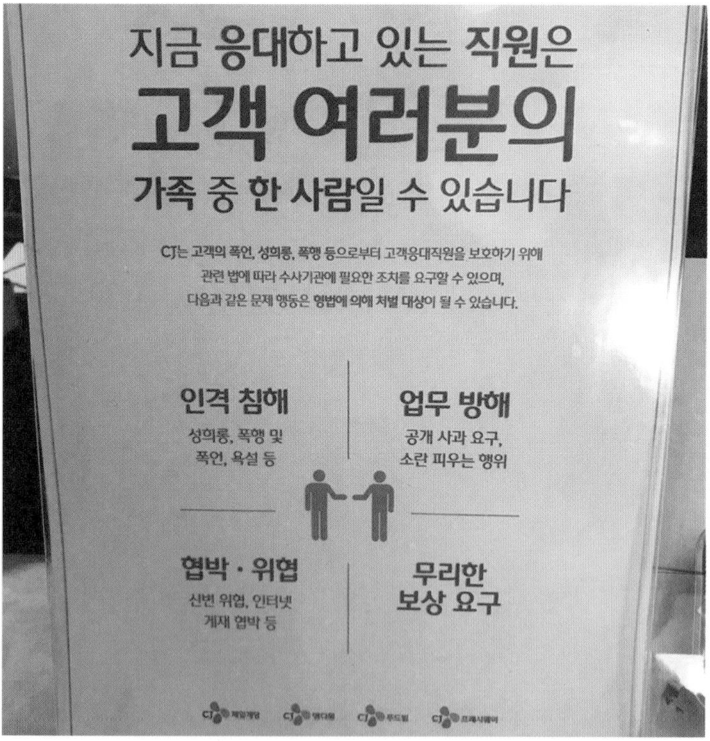

<그림40> CJ 직원 존중 안내문 (출처: VIPS 어린이대공원점)

한편 고객 갑질에 대한 심각성이 부각되고 불공평함을 해결하라는 사회적 요구가 증가함에 따라 서비스 브랜드들의 고객응대 자세에 변화가 일어나고 있습니다. 고객 갑질은 고객을 왕으로 생각하는 관점에서 발생할 수 있으며, 고객접점 직원들에게 고객과 동등한 지위를 부여하려는 노력을 하고 있습니다. <그림40>은 제가 패밀리 레스토랑인 빕스(VIPS)를 방문했을 때 찍은 사진이며 과거와 달리 고객 갑질 문제에 좀 더 적극적으로 대응하려는 모습을 보여줍니다. 얼마 전 저는 공정서비스 안내문을 매장에 붙여 유명해진 도시락 전문업체 스노우폭스 코리아의 백현주 대표와 인터뷰를 한 적이 있습니다. 공정서비스 안내문은 고객에게 무례한 행동을 한 직원을 내보내겠지만, 우리 직원에게 무례한 행동을 한 고객도 내보내겠다는 선언문입니다. 이 선언문은 얼핏 보면 갑질 고객들에 대한 경고문으로 보이지만, 사실 직원들이 당당하게 더 나은 서비스를 제공할 수 있도록 자신감을 제공한다는 의미가 있습니다. 또한 백 대표의 주장에 따르면 이 선언문은 근무만족도를 높이고 우수한 직원을 채용하는 데에도 도움이 된다고 합니다. 오래 전부터 심리학자들은 사람 간 관계에서 생성된 심리적 파워(psychological power)가 정보처리와 태도, 행동에 미치는 영향에 대해 연구해왔습니다. 사람들은 자신의 심리적 파워가 높다고 생각하면 남의 말을 듣지 않으려 하고 자신의 고정관념에 따라 행동하며, 상대방에게 무례한 행동을 할 가능성이 증가합니다. 고객을 왕으로 대하는 자세는 소비자들의 심리적 파워를 높이게 되고 갑질 문제를 발생시키는 주요 원인이 될 수 있습니다. 따라서 오히려 소비자가 아무것도 모르는 철부지 아이라는 관점에서 전문성을 가진 직원들이 돌봐야 할 대상으로 바라보는 관점이 더 바람직할 수 있습니다. 장기적으로 볼 때 이러한 관점은 자신감 넘치는 브랜드의 이미지를 구축함으로써 자산가치를 제고하는 데 도움이 될 것입니다.

디지털 시대에 소비자들에게 주목받고 있는 두 번째 핵심가치는 공생입니다. 다수의 희생으로 행복한 소수가 아니라, 사회구성원 다수가 조금씩 희생하더라도 모두가 행복할 수 있는 함께 살아가는 세상을 만들고 싶다는 소비자들의 열망을 의미합니다. 미니멀리즘을 추구하는 대표적인 일본 브랜드인 무인양품이 최근 무지호텔(MUJI HOTEL)을 런칭하여 큰 관심을 끌고 있습니다. 두터운 마니아층을 가진 패션 브랜드의 호텔산업 진출이라는 사실 그 자체가 호기심을 끌기에 충분하지만, 호텔을 디자인할 때 이용고객이 아닌 주변에 함께 살아가는 지역민들을 먼저 생각했다는 디자인의 철학과 가치가 매우 인상적이었습니다.[149] 지역사회에 더 나은 가치를 제공하지 못하는 호텔은 향락 산업에 불과하고 주변 환경과의 어울림, 시너지가 부족한 호텔은 오랜 기간 생존하기 힘듭니다.

149) 폴인(fol:in) 기자 (2018.11.9), "일본이 만든 MUJI 호텔, 中 젊음이는 왜 열광하나" 중앙일보

영국의 대형 슈퍼마켓 체인인 모리슨(Morrisons)은 매주 토요일 오전 9시-10시 동안은 불빛을 줄이고, 소음을 없애는 등 매장 분위기를 평소와 다르게 각별한 신경을 쓴다는 신문기사를 본 적이 있습니다.[150)] 그 이유는 자극에 민감한 자폐증 환자들이 좀 더 편한 환경에서 쇼핑을 할 수 있도록 배려하기 위함이라 합니다. 어쩌면 한 시간 동안 직원들과 일반 고객들은 좀 불편하고, 매장은 불필요한 추가비용을 조금 더 부담해야 할지도 모릅니다. 하지만 공생의 가치를 중요시하는 오늘날 이 신문기사만큼 완벽한 브랜드의 홍보가 있을까 생각됩니다.

공생을 위해 반드시 강자들이 사회적 약자에게 무언가를 내어주는 희생이 필요한 것은 아닙니다. 약자들의 부족한 점을 약점이 아닌 다른 점으로 바라보고 이를 장점으로 바꿀 수 없는지 고민해 보아야 합니다. 호주의 에마 리남이라는 20대 여성은 어릴 적부터 다운증후군, 자폐증, 청력손실, 구개열 등의 신체적 장애를 겪으면서 글을 읽고 쓰지 못하는 문맹이 되었습니다.[151)] 어떤 직업도 가지지 못할 것이라는 주변인들의 우려와 달리 그녀는 퀸즐랜드 신용조합의 취업, 기밀문서 파기 전문가가 되었습니다. 그녀의 읽지도, 듣

---

150) 임성훈 기자 (2018.7.24), 슈퍼마켓 진화의 끝은 어디? 英 모리슨, 사회약자 배려 '사일런 쇼핑시간' 도입, 글로벌이코노믹스

151) 방승언 기자 (2015.9.25), 단점을 장점으로… '기밀문서 파기 전문가'된 문맹 다운증후군 여성, 나우뉴스

지도, 말하지도 못하는 장애가 비밀을 유지해야 하는 보안 업무에서는 오히려 장점이 될 수 있었기 때문입니다. 또한 다운증후군 환자들의 성실함과 인내력은 반복적인 일을 잘 참아내고 소화하는데 꼭 필요한 역량이었습니다. 그녀의 숨은 장점이 알려지면서, 추가로 4개 업체로부터 러브콜을 받게 되었고, 주변 사람들에게 큰 용기를 주고 있습니다.

일본의 한 레스토랑의 주의사항은 주문한 음식이 제대로 나오지 않을 수 있다는 것입니다. 내가 주문한 음식이 아닌 엉뚱한 음식을 먹을 수 있다니, 이 얼마나 황당한 레스토랑인가요? 하지만 레스토랑의 이러한 큰 단점이 공감할 수 있는 이유를 만나면 달라질 수 있습니다. 이 레스토랑에서는 치매를 앓고 있는 20명의 종업원들이 일을 하기 때문입니다.[152] 레스토랑의 주인은 치매에 걸린 사람들에 대한 선입견을 줄이고, 그들이 격리된 공간이 아닌 일반인들과 같은 공간에서 더불어 살 수 있음을 보여주고 싶어 이러한 레스토랑을 만들게 되었다고 얘기합니다. 일본에서는 치매라는 말 대신 인지증이라는 용어를 사용한다고 합니다. 어리석을 치, 어리석을 매를 합성한 단어는 잘못된 선입견을 줄 수 있어, 중립적인 병명을 사용한다는 것입니다.

---

152) 임미나 기자 (2018.8.9), "치매라도 괜찮아… 주문을 틀리는 요리점이라도" 연합뉴스

저는 지난 해 겨울 베트남의 작은 마을 호이안에 위치한 "리칭아웃 티 하우스(reaching out teahouse)"라는 카페를 다녀왔습니다. 입구에 들어서자 빈자리가 없을 만큼 사람들이 빼곡히 들어선 모습이었지만, 누구 하나 큰 소리로 얘기하는 사람이 없는 정말 조용한 카페였습니다. 이유는 이 카페가 "소리 없는 카페"라는 컨셉을 가지고 있었기 때문입니다. 사실 이 카페의 종업원들은 모두 청각 장애인들로 구두로 대화가 불가능하기 때문에, 종업원과 얘기하기 위해서는 수화를 하거나 테이블에 놓인 종이에 도장(예, ice, hot water)을 찍어 전달해야 했습니다. 종업원들과 말로 대화하지 못하는 단점을 소리 없는 카페라는 공감할 수 있는 멋진 이유를 내세우며 장점으로 포장한 것입니다. 이처럼 공생이 중요한 소비가치가 되고 있는 시대에 사회적 약자의 단점을 장점으로 돋보이게 하는 브랜드 컨셉은 구매동기를 자극하는 강력한 힘을 발휘할 수 있습니다.

함께하는 강력한 힘 : 공동 브랜딩(co-branding)

디지털 시대의 마케팅 트렌드 중 하나는 그 어느 때보다 콜라보 마케팅이 활발하게 진행되고 있다는 점입니다. 브랜드 전략 관점의 용어로 얘기하자면, 두 개 이상의 기존 브랜드가 함께 새로운 제품을 출시하거나 마케팅 커뮤니케이션을 함께 진행하는 "공동 브랜딩(co-branding)"이 유행하고 있다고 할 수 있습니다. 특히 패션분야에서 매우 흥미로운 사례들이 많이 있습니다. 예를 들면 패스트패션 브랜드 스파오(SPAO)가 빙그레와 협업하여 메로나, 쿠앤크와 같은 막대 아이스크림을 로고로 한 셔츠를 출시하는가 하면 에잇세컨즈(8 seconds)는 새우깡과 협업하여 새우깡의 디자인과 로고를 사용한 다양한 패션 아이템을 선보였습니다. 또한 패션 브랜드 게스(Guess)는 이름이 비슷하다는 이유에서인지 부채표 "가스" 활명수과 협력한 패션 아이템을 출시하여 세간의 화제가 되기도 하였습니다.

한편 편의점의 성장과 함께 제조업체와의 공동 브랜딩이 매우 활발히 진행되고 있습니다. 2017년 롯데제과의 수박바는 출시 31년 만에 CU편의점과 협업으로 녹색과 붉은 색의 위치를 바꾼 "거꾸로 수박바"를 출시하였는데 여름시즌에만 약 700만 개를 판매하였고, 원조 수박바의 매출도 덩달아 10% 증가하는 큰 성공을 거두었습니다.[153] 이는 앞서 설명한 브랜드 확장을 통한 브랜드 재활성화의 성공사례라고도 볼 수 있습니다. 이런 예기치 못한 재미를 주는 공동 브랜딩이 항상 성공하는 것은 아닙니다. 예를 들어, 국순당이 CU 편의점과 협업으로 출시한 "막걸리카노"는 흥미를 끌었으나 실제 매출성과는 그리 좋지 않아 보입니다. 막걸리와 아메리카노를 섞어 만들었다는 막걸리카노는 술과 커피를 마시는 TPO(Time, Place, Occasion; 언제, 어디서, 어떤 경우에 소비하는지)가 너무 달라서 소비자들이 선뜻 지갑을 열기 어렵지 않았나 생각됩니다. 특히 카페인에 민감한 커피는 술과 달리 저녁에 잘 소비하지 않는 반면, 술은 아침에 마시기에는 어색한 것이죠.

153) 이주희 기자 (2017.12.17), "[2017 대한민국 No.1] CU-롯데제과 협업상품 '거꾸로 수박바', 계절 모른다" 에너지경제

겉으로 보면 우리와 참 비슷한 것처럼 보이지만, 조금만 들여다 보면 매우 다른 일본인들의 브랜딩 협업은 배울 점이 많습니다. 일본에서 협업을 통해 위기를 기회로 전환한 몇 가지 사례를 살펴보도록 하시죠. 먼저 일본 교토지역에 위치한 무코시에는 게키카라(激辛) 상가가 있습니다.[154] 게키카라는 일본어로 격하게 맵다는 의미로, 상가 전체가 "매운 맛"을 테마로 통일성 있는 공동 브랜딩을 성공적으로 수행하였습니다. 이는 사실 대형 할인마트의 공세에 대응하기 위한 위기 극복의 일환이었습니다. 이 상가에는 라면집부터 떡집에 이르기까지 다양한 종류의 상점들이 있는데, 한 가지 재미있는 특징은 어떤 곳에 가더라도 매운 테마의 음식이 적어도 한 가지가 있다는 점입니다. 방역마스크(?)를 쓰고 도저히 먹기 힘든 정도의 매운 맛을 지닌 볶음밥을 만드는 종업원의 모습은 매우 인상적입니다. 이 상가를 방문한 고객들은 매운 음식을 먹을 때마다 도장을 하나 얻을 수 있는데, 6개 이상 도장을 찍을 경우 상가를 대표하는 고추캐릭터의 인형이 달린 열쇠고리를 선물로 받을 수 있습니다. 또한 상점의 주인들은 순번을 정해 고추캐릭터의 인형 탈을 쓰고 매장 곳곳을 돌아다니며 손님들과 사진을 찍는 등 특별한 경험을 제공하기 위해 노력하고 있습니다. 매년 3월에는 누가 매운 음식을 더 잘 먹는지 경쟁하는 이벤트 대회를 개최하여 상가 전체를 축제의 분위기로 만들고 있습니다. 게키카라의 성공은 상가의 모든

---

154) 김지헌 저, "가치를 사는 소비자 공감을 파는 마케터", 갈매나무, pp. 261-262

매장들이 하나의 브랜드 컨셉으로 일관된 공동 브랜딩을 수행한 결과라 할 수 있습니다.

또 다른 예는 일본 미야기현 센다이시에 위치한 도시형 대규모 쇼핑센터인 "셀바"입니다.[155] 셀바는 역세권의 좋은 위치 덕분에 이미 고객들의 많은 사랑을 받고는 있지만, 인근에 유사한 쇼핑센터가 들어설 경우 큰 위기가 찾아올 수 있다는 생각에 지금보다 좀 더 "색깔 있는" 쇼핑몰이 되기 위한 협업 마케팅을 진행하였습니다. 셀바의 마케팅홍보 담당자인 요시다 구미코는 임대점포 100개를 대상으로 "알고 있었나요?"라는 이벤트를 기획하였습니다. 이는 각각의 임대점포가 상단에 "알고 있었나요?"라고 적힌 포스터를 받고, 나머지 빈 공간의 내용을 채워 자신의 매장 정면에 부착하는 것이었습니다. 예를 들어, 꽃집은 "알고 있었나요? 이런 순위! 1위 꽃다발, 2위 반지, 3위 세계 일주여행. 이것, 사실은 받고 싶은 선물 순위입니다. 선물하실 때 참고하시면 어떨까요?"라는 글을, 구두전문점은 "알고 있었나요? 방수 스프레이를 뿌리는 타이밍. 1) 직전, 2) 약 3시간 전, 3) 약 8시간 전, 답은 직원에게!!!"라는 글을, 서점은 "알고 있었나요? 신간도서가 매일 200권이나 나온대요."라는 글을 통해 자신의 매장에 관심을 끌 수 있는 포스터를 완성하여 부착하였습니다. 고객들의 눈길을 끈 재치 있고 유용한 포스터는 소셜미디어를

155) 후지무라 마사히로 저, "고객님이 팔로잉하셨습니다" 시그마북스

통해 확산되었고, 이를 보기 위해 일부러 쇼핑센터를 찾는 고객들의 숫자도 급증하였습니다.

한편, 매장의 특성과 무관한 내용들로 채워진 포스터도 인기가 있었습니다. 예를 들어, "알고 있었나요? 직원의 특기"라는 포스터에는 함께 일하는 직원 4명의 캐릭터를 그림으로 그린 후, 그들의 특기(예, 전직 배구선수 등)를 재미있는 글씨체로 적어 넣었습니다. 이는 매장을 방문한 고객들과 편하게 대화의 물꼬를 틀 수 있는 단서가 되어 주었고, 자신과 비슷한 특기를 가진 직원들에 대한 친근감을 느낀 고객들을 좀 더 쉽게 단골고객으로 확보할 수 있는 계기가 되었습니다. 셀바는 모든 임대점포의 참여를 의무화하지 않았음에도 불구하고, 100개 점포 중 프랜차이즈 본사가 반대하는 단 한 개의 점포를 제외한 모든 점포들이 이벤트에 자발적으로 참여하였고, 이러한 협업 마케팅의 노력으로 고객들의 쇼핑센터 체류기간이 길어지고 전반적으로 매출이 향상되는 효과를 얻을 수 있었습니다. 또한 상점들 간에도 협업의 문화가 확산되면서 서로 사이가 좋아졌고, 이에 따라 쇼핑몰의 이미지가 밝아지고 에너지가 넘치면서 더 많은 신규고객을 유치할 수 있는 계기가 되었습니다.

여담이지만, 오늘날과 같은 디지털 시대에 의외로 아날로그식 프로모션들이 고객들의 긍정적 반응을 유도하는 데 성공하는 사례들이 적지 않아 보입니다. 좀 더 엄밀히 말하자면 "알고 있었나요?"의 사례와 같이 아날로그에서 시작된 프로모션(오프라인 포스터)이 소셜미디어와 같은 디지털 방식으로 확산(온라인 공유)될 경우, 처음부터 디지털 방식으로 기획한 프로모션보다 효과적인 모습들이 자주 확인됩니다. 만약 "알고 있었나요?"의 이벤트를 인스타그램과 페이스북과 같은 소셜미디어에서 출발했다면 이와 같은 성공을 거두지 못했을 가능성이 있습니다. 국내에서도 브랜딩의 협업은 오래전부터 진행되고 있습니다. 하지만 성공하지 못한 사례들을 들여다보면 "마케팅"은 있으나, "협업"이 부족한 듯 보입니다. 셀바의 사례를 소개한 일본의 고객경험 컨설턴트인 후지무라 마사히로는 "사람은 어두운 곳보다 밝고 즐거운 곳에 모여든다."라고 강조합니다. 공동 브랜딩에 참여하는 사람들이 흥이 나서 기쁨에 넘칠 때, 이러한 기운들이 온전히 고객들에게 전달될 수 있는 것입니다. 한 사람이 내딛는 긴 호흡의 열 걸음보다, 열 사람이 발맞춰 내딛는 짧은 호흡의 한 걸음이 더 효과적인 이유입니다.

한편 디지털 문화가 발달하면서 최근 소셜미디어를 중심으로 경쟁 브랜드들과 협업 마케팅을 하는 경우도 종종 관찰됩니다. 일본 최대 규동 체인인 요시노야(yoshinoya)의 마케터는 트위터에 "이번 주 짤린 기획. 고기관련 외식기업들을 5개 모아서 레인저스를 만들자. 짤린 이유: 5개 기업을 어떻게 꼬시냐? 심지어 경쟁사까지"

라는 글을 올렸습니다.[156] 이에 불가능해 보이던 일들이 며칠 만에 기적처럼 일어나기 시작합니다. 햄버거 스테이크로 인기가 많은 일본 유명 레스토랑인 가스토의 마케터는 트위터에, "재밌겠는걸요? 레드는 저희가 해도 될까요?"라는 글과 함께, 레드 옷을 입은 레인저 캐릭터를 만들어 올렸습니다. 요시노야 담당자는 매우 놀라면서도 한편으로 자신도 아직 캐릭터를 선택하지 않았다는 사실을 깨닫고는 급히 만든 후 가스토의 캐릭터와 함께 트위터에 올렸습니다. 다음 날 KFC가 흰색 캐릭터를 만들어서 합세하고, 이후 모스버거가 녹색 캐릭터로 동참하였습니다. 그리고 마지막으로 요시노야의 직접적인 경쟁자인 마쯔야(matsuya)가 조금 늦어서 미안하다는 글과 함께 노란 캐릭터로 등장하면서 <그림41>과 같이 마침내 5인의 레인저스가 완성되었습니다. 우연히 함께 만들어낸 흥미로운 공동 브랜딩이 놀랄 만큼 사람들의 관심을 끌었고, 미리 함께 기획한 브랜딩 그 이상의 효과를 누린 사례로 볼 수 있습니다. 소셜미디어에서는 유쾌한 놀라움을 주는 의외성과 공생하려는 협업의 모습들에 사람들이 열광적으로 반응하기 때문입니다.

---

156) 최한우 브런치 글, "니쿠레인져 출동!!: 일본유행백서, 재미있는 트위터 마케팅" 참조

<그림41> 요시노야의 협업 마케팅 (출처: 요시노야 트위터)

사실 브랜드 번들링(brand bundling) 또는 브랜드 제휴(brand alliance)라 불리는 공동 브랜딩은 장단점이 있습니다. 먼저 브랜드가 가지지 못한 전문성을 쉽게 빌려올 수 있고, 신제품 생산 비용과 시간을 줄일 수 있으며, 적합도가 낮은 새로운 제품 영역으로 확장이 가능하다는 장점이 있습니다. 하지만, 브랜드와 관련된 다양한 이슈에 대한 통제가 자유롭지 않고, 파트너의 실수로 실패한 경우에도 부정적인 피드백 효과를 받을 수 있는 단점도 있습니다. 이러한 단점에도 불구하고 요즈음 트렌드라는 이유로 공동 브랜딩에 대한 의사결정이 너무나 쉽게 이뤄지는 것이 아닌가 하는 우려가 있습니다. 과자 브랜드인 내비스코(Nabisco)의 임원은 브랜드를 빌려주는 것은 아이를 빌려주는 것과 같으며, 완벽하게 안전하다는 확신이 필요하다

고 말했습니다. 누차 강조하지만 오랜 기간 구축해온 브랜드 자산도 한번 균열이 시작되면 순식간에 깨지고 마는 빙판이 될 수 있습니다. 따라서 공동 브랜딩을 결정할 때는 적어도 공동 브랜딩에 대한 이유를 소비자들이 공감할 수 있는지에 대한 질문은 스스로에게 꼭 해 보길 권해드립니다. 앞서 소개한 로우로우(RawRow)라는 패션잡화 브랜드는 경영난을 겪고 있는 대한하이텍과 협력하여 티타늄 안경 브랜드인 "알아이(R EYE)"를 출시하면서 세계적인 스타 브랜드들이 협력 기업들의 가치를 인정해주지 않는 것을 안타깝게 여겨 안경테에 "RAWROW"와 함께 "DAEHAN"을 새겨 넣게 되었다고 말해 소비자들의 큰 호응을 끌어낸 적이 있습니다.

마지막으로 공동 브랜딩의 여러 유형들 중 하나로 B2B(Business-to-Business)영역에서 많이 활용되는 요소 브랜딩(ingredient branding)에 대해 간단히 소개해 드리고자 합니다. 요소 브랜딩은 다른 브랜드에 반드시 포함되어야 하는 구성요소(components), 부품(material)의 브랜드 자산가치를 만드는 활동을 의미합니다. 예를 들면, 듀폰(Dupont)에서 개발한 고어텍스(Gore-text)는 땀을 밖으로 잘 배출하고 방수, 방풍 기능을 갖춘 소재로 여러 아웃도어 브랜드의 원료로 많이 사용됩니다. 우리는 아웃도어의 브랜드도 중요하지만 고어텍스 마크가 부착된 경우 제품의 가치를 더 높게 평가하는 경향이 있습니다. 커피전문점에서 부착한 일리 커피(illy logo)의 로고나, <그림

42>에서 보는 바와 같이 요즘 음식점에서 이물질이 흡수되지 않은 깨끗한 뚝배기의 안내문을 붙이는 것 모두 요소 브랜딩의 사례라 할 수 있습니다.

<그림42> 깨끗한뚝배기 안내문 (출처: 장수마을 정육식당)

부품을 만드는 기업이 최종 소비자에게 영향력을 행사함으로써 협상력을 높이려는 전략인 요소 브랜딩이 성공하기 위해서는 몇 가지 주의사항이 있습니다. 먼저 소비자들이 구성요소가 최종 제품의 성능에 매우 중요한 영향을 미칠 수 있다는 인식이 필요합니다. 또한 소비자들이 구성요소 브랜드들간 품질의 차이가 존재한다고 생각해야 하며, 이를 알리는데 필요한 차별적인 로고나 심볼이 필요합니다. 마지막으로 기업이 소비자를 설득하여 유통업체에 영향을 미치는 풀 전략(pull strategy)과 기업이 유통업체에 영향을 미치고 유통업체가 다시 소비자를 설득하는 푸시전략(push strategy)을 병행해야 성공가능성이 높아집니다. 요소 브랜딩의 가장 유명한 성공 사례로 손꼽히는 인텔 인사이드(Intel Inside)의 사례로 그 의미를 좀 더 구체적으로 설명 드리도록 하겠습니다.[157)]

컴퓨터의 CPU 프로세서를 만들어 제조회사에 납품해오던 인텔은 일반 소비자들이 잘 알지 못하는 브랜드였지만, 1991년 인텔 인사이드 캠페인을 통해 소비자들이 컴퓨터를 구매할 때 꼭 확인하는 요소 브랜드가 되었습니다. CPU프로세서는 컴퓨터의 성능에 매우 큰 영향을 미칠 수 있는 부품이었고 인텔이 개발한 펜티엄 브랜드는 경쟁사와 차별화되는 고품질이라는 자신감이 있었습니다. 따라

---

157) Kevin Lane Keller (2008), “Lessons from the world’s strongest brands” Pearson Education

서 인텔은 그림과 같이 파란색 원과 글씨로 표현된 인텔 인사이드 로고를 개발한 후, 이 로고를 부착하는 컴퓨터 제조사들에게 납품가를 할인해 주었습니다(푸시전략). 하지만 중견 제조기업들과 달리 높은 브랜드 자산가치를 가진 컴퓨터 제조사(예, 컴팩)들은 이 제안을 거부하였습니다. 소비자가 자신의 브랜드가 아닌 인텔만 확인하고 제품 구매를 결정할 경우, 중견업체들과 차이가 없어 자신들의 브랜드 자산에 득이 되지 않는다고 판단했기 때문이죠. 이에 인텔은 소비자들을 대상으로 컴퓨터를 구매할 때 반드시 인텔 인사이드 로고를 확인할 것을 제안하는 광고를 실시하였습니다(풀전략). 마침내 유통업체들은 소비자들이 인텔 로고 확인을 요구한다고 대형 제조사들을 압박하자 부담을 느낀 제조사들이 인텔로고 부착에 동참하게 되었습니다. 참고로 인텔은 2006년부터는 inside라는 글자 대신 “leap ahead(지금 만나는 미래)”를 넣은 로고로 변경하여 사용해오고 있습니다.

<그림43> 인텔 로고 (출처: 인텔 홈페이지)

이로써 7회의 브랜드 전략 강의가 모두 끝났습니다. 높은 자산 가치를 가진 브랜드로 거듭나기 위해서는, 새로운 정보를 긍정적으로 통합하는 기준이 될 수 있는 하나의 확고한 고정관념을 소비자의 머릿속에 심어주어야 한다는 사실을 명심하시기 바랍니다. 소비자들이 브랜드에 대한 긍정적 고정관념을 갖도록 하고 잊어버리지 않도록 하는 것, 그것이 바로 브랜드 전략의 핵심입니다. 공자는 지혜를 배우기 위해서는 사색, 모방, 경험의 세 가지 방법이 필요하다고 하였습니다. 본 강의를 통해 배운 지식들을 스스로 곰곰이 생각해 보시고, 또 따라 해 보신 후, 실제 경험을 통해 노하우를 축적하는 지혜로운 브랜드매니저가 되시길 바랍니다. 여러분, 그동안 수고 많으셨습니다.

THANKS TO

이 책은 출판사 턴어라운드 패널단 분들의 소중한 의견과 진정성이 반영되어 있습니다. 출판에 도움을 주신 패널단 분들께 진심으로 감사드립니다.

김광석 qhrwkqgksdlq
김성래 sr3d
김승리 bbsk1212
류지희 ma_pick
박중혁 leejagu
박철민 davle9073
송혜은 hyeeun0127
오용화 dkqor
이지현 coachmate
이현심 teo1983
전유경 youqing2
최영민 bloground
김광열 486nanana
김성숙 kss3500
김영미 freed77
박서연 algml8215
박 철 parkchul1128
배순학 soonhakbae
오미경 qooque
이원진 wjlee984
이태수 boooooooooooooooooook
장재훈 hl4gnn
정의석 transartists
허순실 sunsil2079

실명 공개를 원치 않으셨던 패널단 분들께도 진심으로 감사의 말씀을 전합니다.